탈출기 해설서

탈출기 해설서

황미숙 지음
최안나 감수

성서와함께

책을 펴내며

구약성경은 하느님이 이스라엘이라는 특정 민족의 역사 한가운데 개입하셔서 그들을 구원으로 이끌어가신 방대한 이야기를 우리에게 전해줍니다. 이스라엘의 이집트 탈출 여정과 시나이 계약을 담은 탈출기는 진정 하느님이신 주님이 어떤 분인지 알려주는 책입니다. 처음 이집트에서 종살이하던 이스라엘 백성에게 하느님의 현존은 드러나지 않고 숨어 있습니다. 하지만 이집트 탈출과 시나이 계약, 광야 여정 속에서 주님은 점차 당신의 모습을 드러내십니다. 그리고 마지막에 이르러 하느님의 영광이 성막 안에 충만히 내리는 것으로 종결됩니다. 탈출기 여정을 함께하고 있는 우리도 참 하느님이신 주님의 충만한 현존 안에 머물며, 주님의 영광을 체험하는 은총을 얻으면 좋겠습니다.

이 해설서는 가톨릭성서모임 탈출기 그룹원들을 염두에 두고 쓴 것으로, 본문에 대한 해설을 충실히 담으려고 노력하였습니다. 그렇기에 몇몇 작은 부분에 대해서는 다루지 않았습니다. 탈출기 해설서의 구조와 전체적인 내용은 교황청립 성서대학 교수이며 오경 연구의 대가인 장 루이 스카(Jean Louis Ska) 신부님의 강의를 요약하였습니다. 구문이나 단어의 의미를 더 뚜렷이 해야 할 경우나 스카 신부님이 다루지 않은 부분을 설명할 때는, 다른 주석학자들의 주석서와 사전을 참조하였습니다.

해설서를 마무리하면서 주님의 말씀을 잘 알아듣고 말씀 안에 담긴 진리를 파악하는 데 인간이 지닌 한계를 절감합니다. 하지만 이 한계가 오히려 주님의 말씀이 얼마나 신비스럽고 힘이 있는지 깨닫게 하는 단초가 되었기에 그것을 은총이라 믿고 싶습니다.

탈출기 해설서를 작업한 지난 시간을 돌아보면, 마치 이집트에서 해방을 고대하던 이스라엘 자손들과 같았습니다. 밤새워 탈출을 준비하고, 거대한 갈대 바다를 건너고, 황량한 광야를 걷고, 어마어마한 시나이산에 주님과 홀로 머문 여정이었습니다.

파란만장하고 긴 여정을 사랑과 격려로 동반하며 원고를 감수해주신 최안나 수녀님께 깊이 감사드립니다. 책이 출간되기까지 수고를 아끼지 않은 '성서와함께'에 감사드리며, 동고동락하는 이세의집 공동체 수녀님들께도 감사드립니다.

2019년 12월 8일 원죄 없이 잉태되신 복되신 동정 마리아 대축일에

영원한도움 성서연구소 연구실에서

황미숙 수녀

차례

제3장 모세의 이집트 귀환 4,18-7,13

제4장 재앙 이야기 7,14-11,10

제2부 시나이 계약과 성막 봉헌 15,22-40,38

제1장 광야에서 15,22-18,27

제2장 시나이 계약 19-24장

제3장 이스라엘의 배반과 하느님의 자비 32-34장

제4장 이스라엘 가운데 현존하시는 주님 25-31;35-40장

입문

1. 탈출기

이스라엘 자손들이 종살이하던 이집트 땅에서 나온 것을 이집트 탈출이라고 한다. 이집트에서 떠나옴은 단순히 물리적인 장소의 이동만을 의미하는 것이 아니다. 즉 '이집트 탈출'이라는, 어느 시점에 있었던 하나의 역사적 사건만을 전하는 것이 아니다. '탈출기'는 주님의 도움으로 파라오의 종살이에서 해방되고, 억압에서 구원받고, 이를 통해 주님의 백성으로 태어나는 여정을 서술한다. 이 여정은 이집트 땅에서 약속의 땅으로, 구속과 억압에서 자유와 해방으로, 노예에서 자유인으로, 죽음에서 생명으로, 보잘것없는 작은 민족에서 하느님의 백성으로 '건너가는' 여정이다.

그러므로 탈출기 전반부에 노예로 살던 이스라엘 자손들은 후반부에서는 주님을 섬기는 백성으로 변모된다. 또 파라오가 명령하는 대로 파라오의 건물을 짓던 사람들이 자신의 소유물까지 봉헌하며 주님의 성소를 짓는 사람들로 전환된다. 이들은 이집트에서 종살이하던 때에 하느님을 모르는 사람들이었으나 점차 하느님을 아는 자유롭고 숭고한 사람들로 변모되어 간다. 이집트를 떠나 젖과 꿀이 흐르는 약속의 땅으로 옮겨가는 여정은 진정한 하느님의 백성이 되기 위해, 그것을 가로막는 구속과 속박에서 벗어나는 지속적인 해방의 여정이다.

2. 구조

탈출기의 구조는 다양하게 볼 수 있는데, 크게 두 부분이나 세 부분으로 구분한다. 전승별로 1,1-15,21과 15,22-18,27 그리고 시나이 전승 부분인 19,1-40,38로 나눌 수 있다. 이스라엘이 머무는 장소에 따라 이집트에서의 이스라엘(1,1-13,16), 광야에서의 이스라엘(13,17-18,27), 시나이에서의 이스라엘(19,1-40,38)로 나누기도 한다.

이 책에서는 크게 1-15,21을 제1부, 15,22-40장을 제2부로 나누었다. 시간상으로 보면 제1부는 긴 시간을 다룬 이야기이고 제2부에서 19-40장은 약 1년 사이에 일어난 일을 길게 서술한다.

3. 탈출기의 내용과 편집의 특성

탈출기의 내용을 요약하면 다음과 같다. 하느님께서 이스라엘 자손들을 종살이하던 이집트 땅에서 이끌어내시려고 모세를 부르시어 구원 사명을 주신다. 당신 권능을 펼치시어 열 가지 기적을 일으키시고 마침내 이스라엘이 갈대 바다를 건너게 인도하신다. 이스라엘 자손들은 이집트 노예 생활에서 해방된 후에 광야 여정을 거쳐 시나이산에 이른다. 시나이산에서 하느님께서는 이스라엘 백성에게 율법을 주시고 그들과 계약을 맺으신다. 또 이스라엘의 배반에도 불구하고 계약을 다시 맺으시고 당신 지시대로 성막을 만들게 하신다. 이 성막에서 주님께서는 이스라엘 백성과 함께 머무시고, 이스라엘은 주님과 함께 약속의 땅으로 떠난다는 내용이다.

이 내용은 이야기와 시, 법적 자료와 제의적 자료들이 혼합되어 있다. 사제계 본문에서는 감동을 주는 묘사보다는 사건 자체에만 집중하여 서술하는 형식을 취하는데 이는 사제계 편집의 특징이기도 하다. 사제계 편집자는 여러 세기 동안 전승된 자료들을 다시 잘 정리하여 탈출기 본문을 최종 편집하였다. 즉, 탈출기의 현재 형태는 왕정 시대에 형성된 본문으로 보는 모세 생애 이야기, 법률 모음집 등과 유배 시기 자료들을 모아, 바빌론 유배 이후 시기에 사제계 편집자들이 보충하고 편집한 것이다. 그런데 초기 전승과 후기 전승을 모두 존중하여 공존하도록 편집하였기 때문에 본문에서 간혹 모순되는 부분도 발견된다(예: 12장 4절과 6절). 이 편집자들은 유배 이후 파괴된 예루살렘의 회복을 위해 힘썼다.

바빌론 유배를 겪으면서 이스라엘은, 자신들이 하느님께 저지른 불충실함 때문에 심판을 받아 바빌론으로 끌려와 고통을 겪고 있다는 점에서, 이집트에 있던 조상들과 같은 처지에 놓여 있다고 여겼다. 탈출기는 이스라엘의 하느님이 고통에 무심한 분이 아니라, 억압받고 고통받는 이스라엘과 함께하시며 구원하시는 분임을 드러낸다. 따라서 그 하느님을 기억하는 방편으로 예식과 예배의 필요성을 강조한다.

4. 탈출기의 주제들

탈출기는 이집트 탈출과 연관되는 파스카와 무교절 축제, 맏아들과 맏배의 봉헌, 율법, 하느님의 현현, 성소 건립 등 다양한 주제를 담고 있다. 이스라엘 백성은 이 가운데에서도 파스카 축제와 안식일 규정 그리고 시나이 계약 등 이스라엘의 근본적인 신앙 유산들을 통해, 그들을 구원하신 주님만을 섬기며 그분의 백성으로 거듭나는 온전한 회복을 희망했다. 따라서 하느님이 이스라엘과 맺으신 시나이 계약을 중시했다. 탈출기는 계약에 대한 이스라엘의 충실성을 엄격하게 요구하지만, 이 계약이 유지될 수 있는 것은 이스라엘의 잘못에도 불구하고 용서하시는 하느님의 자비와 충실함 때문이라는 것을 강조한다.

탈출기에 나오는 주요 주제들을 네 가지로 정리해볼 수 있다.

1) 하느님께서 이스라엘을 해방하시다

하느님은, 억압자에게 짓눌려 탄식하며 부르짖는 이들의 소리를 들으시는 분이다(2,23; 3,7.9; 6,5). 이스라엘 자손들의 탄식을 들으신 하느님께서는 "내가 그들을 이집트인들의 손에서 구하여, 그 땅에서 저 좋고 넓은 땅, 젖과 꿀이 흐르는 땅, 곧 가나안족과 히타이트족과 아모리족과 프리즈족과 히위족과 여부스족이 사는 곳으로 데리고 올라가려고 내려왔다"(3,8)고 하신다. 이 말씀은 하느님이 직접 개입하셔서 이스라엘을 구해주시겠다는 구원 의지를 확고히 드러내시는 말씀이다.

이집트에서 나와 갈대 바다를 건너는 사건과 계약을 포함한 모든 '탈출' 여정은 하느님의 도우심과 그분의 이끄심 때문에 가능한 일이라는 것이 탈출기의 근본정신이다. 그러므로 탈출기는, 스스로의 힘이 아니라 하느님의 절대적인 도우심과 인도로 약속의 땅으로 갈 수 있었다는 이스라엘 백성의 증언이며, 체험적인 고백이 담긴 책이다.

2) 하느님께서 이스라엘 백성에게 율법을 주시다

시나이 계약의 주도권을 가진 하느님께서는 이 계약의 조항으로서 이스라엘에게 십계명과 계약 법전을 주신다(20-23장). 이스라엘이 시나이산에서 받은 율법은 하느님께 기원을 둔, 하느님에게서 받은 법이다. 그들이 지켜야 하는 법령들은 사람의 지식이나 생각에서 비롯된 것이 아니다.

하느님은 다른 어떤 신과 같지 않은 이스라엘의 하느님이시고 이스라엘은 다른 민족들과 같지 않은 하느님의 백성이다. 십계명과 계약의 법은 이러한 관계에 따라 이스라엘이 지켜야 할 법이다. 그래서 이 법들 중에는 고대 근동의 다른 나라에서는 찾아볼 수 없는 고유한 법도 있다. 한 예로, 안식일 규정은 이스라엘에게만 존재하는 법규이다. 하느님이 이렛날 쉬셨다는 말씀을 근거로 하여, 하느님이 모세에게 안식일을 지키라고 명령하셨기 때문에 안식일이 십계명에 포함되었다(20,8-11; 31,12-17).

3) 하느님께서 이스라엘과 계약을 맺으시다

하느님께서 이스라엘 백성과 친히 계약을 맺으신 것은 하느님 자비의 절정이라고 할 수 있다. 야훼 신앙이 여타의 이교신을 섬기는 종교들과 가장 두드러지게 다른 것은 '계약'에 있다. 하느님을 믿는 이스라엘인들의 신앙은 다른 종교에서 볼 수 없는 '계약 신앙'임을 처음부터 강조한다. 고대 근동에서 계약을 맺는다는 것은 쌍방이 서로에게 무조건적으로 그리고 절대적으로 헌신한다는 것을 의미했기에, 쌍방이 수락한 계약 조건은 반드시 이행되어야 하는 의무 조항이다. 그러므로 이스라엘 백성이 하느님께 받은 이 계명은 이스라엘 백성이 처한 삶의 여건에 따라 유동적으로 지키는 것이 아니라, 언제 어디서나 반드시 수행해야 하는 의무이다.

4) 하느님께서 이스라엘과 함께 머무르시다

탈출기는 하느님께서 이스라엘 백성을 버려두시지 않고 그들 가운데 어떻게 현존하시는가를 보여준다. 그래서 모세에게 현현하시는 하느님, 시나이 산에서 이스라엘 백성에게 현현하시는 하느님 등 다양한 현존 방식을 드러낸다. 탈출기 후반부에서 하느님은 당신 백성과 함께 머물고자 성막과 그 안에서 사용되는 여러 제구를 만드는 법 등을 상세히 지시하시고, 이스라엘 백성은 이에 따라 하느님 현존을 보증하는 가시적인 장치인 성막을 건립한다. 성막의 봉헌과 함께 주님의 영광이 성막에 가득 찬 것은 하느님께서 이스라엘 가운데 영속적으로 현존하심을 드러낸다(40,34).

제1부

이집트에서 부르심

제1장 파라오의 박해와 모세의 출현 1-2장

'구원과 해방'이라는 탈출기 전반부의 핵심 주제를 암시하는 1-2장은 하느님께서 이스라엘 자손들을 구원의 길로 이끄시는 서문 역할을 한다. 탈출기 저자는 여기에서 이스라엘이 어떻게 이집트에 왔는지를 상기시키고, 이스라엘 자손들의 번성과 그에 따른 위기, 모세의 탄생과 이후 성인이 된 모세가 미디안으로 도주하여 살게 되는 이야기를 들려준다. 주요 인물인 모세 외에도 모세의 주변 사람들, 이스라엘 자손들, 파라오와 그의 딸, 산파들 그리고 미디안 사제인 르우엘과 그의 딸 치포라 등 다양한 인물이 등장하여 구원의 필요성을 여실히 드러내며 탈출기 서문의 배경이 된다. 1-2장은 다음과 같이 단락을 나눌 수 있다.

1,1-7	이스라엘 자손들의 기원起源과 번성
1,8-22	이스라엘을 억압하는 파라오의 정책들
2,1-15	모세의 탄생과 구출
2,16-22	미디안에서의 모세
2,23-25	이스라엘 자손들의 절규와 하느님의 응답

1. 이스라엘 자손들의 기원과 번성 1,1-7

1) 이집트로 들어간 이스라엘의 아들들 1,1-5

이스라엘이 이집트에 체류한 기간은 430년이다(탈출 12,40; 참조 창세 15,13). 성조들 개개인 중심으로 이야기를 전개하였던 창세기와 달리 탈출기에서는 큰 무리를 이룬 민족의 이야기가 전개된다. 탈출기의 시작에서 이스라엘 자손들은 수적으로나 삶의 여건에서 창세기와 완전히 다르게 나타난다. 창세기는 죽음을 앞둔 요셉이 이스라엘 자손들을 불러놓고 언젠가 그들이 가나안 땅으로 돌아갈 때 자신의 유골을 가지고 가도록 당부하는 것으로 마무리된다(창세 50,25). 탈출기는 많은 세월이 흘러 이집트인들의 노예가 된 이스라엘 후손들이 위기에 처해 있는 상황을 배경으로 이야기가 시작된다. 따라서 창세기의 말미와 탈출기의 서문은 이집트라는 같은 장소를 배경으로 하고 있지만 그 분위기가 매우 다르다. 창세기의 말미에서 보여주는 이집트에서의 삶이 평온하고 잔잔했다면, 탈출기는 그 시작부터 고통 가운데 짓눌려 급박한 처지에 있다. 이스라엘 자손들은 요셉과 그의 형제들이 살아 있던 시절과 달리 파라오의 억압으로 과중한 노역에 시달려 생존이 어렵고 막막했다.

1장의 첫 구절은 창세기와 탈출기를 연결하면서, 이스라엘이 이집트에 들어가 정착하게 된 정황을 요약하는 문장으로 시작된다. “야곱과 함께 저마다 가족을 데리고 이집트로 들어간 이스라엘의 아들들 이름은 이러하다"(1,1). 탈출기 저자는 창세기의 내용을 기억하고 있으므로 '그리고'라는 접속사 '워(ו)'로 서두를 연다. 이것은 탈출기가 앞에 나온 창세기와 단절되지 않은 연속성을 지닌 이야기임을 말한다. 탈출기의 저자는 첫마디를 '워엘레 셔모트'(그리고 이것들은 …의 이름들이다)라고 기록하여 야곱이 일흔 명의 가족과 함께 이집트에 들어간 사건을 분명한 역사적 사실로 회상한다. 이스라엘 자손들의 근원까지 올라가는 성조들의 이름은 그들의 정체성을 다시 확인해주는 중요한 역할을 하기에, "이스라엘의 아들들 이름은 이러하다"라고 하며 야곱의 후손들 이름을 하나씩 열거한다.

그뿐 아니라 이 구절은 이집트로 간 야곱의 가족이 일흔 명이라고 밝힌다. 성경에서 70은 '완전함'을 상징하는 숫자로, 하느님의 축복으로 대가족을 이룬 야곱이 그들을 이끌고 이집트에 내려갔음을 암시한다. 창세 46,8-27에서도 야곱이 레아, 질파, 라헬, 빌하에게서 얻은 후손들을 모두 합하면 일흔 명이라고 하였다. 일흔 명에 대한 언급은 이스라엘 자손들(신명 10,22)뿐 아니라 모든 민족을 암시하는 70민족(창세 10장), 이스라엘의 원로 70명(탈출 24,1; 민수 11,16), 임금 70명(판관 1,7), 기드온의 아들 70명(판관 8,30), 아합의 아들 70명(2열왕 10,1) 등 성경에서 종종 많은 무리를 지칭하여 말할 때 이 숫자를 사용하는 것을 볼 수 있다.

탈출기 1장에서 '이스라엘의 아들들'(1절), '이스라엘 자손들'(7절), '이스라엘 백성'(9절)은 우리말로 각기 다르게 표기되지만, 히브리어로는 '이스라엘의 아들들'이라는 같은 단어를 사용한다. 모두 성조 야곱의 후손들을 지칭하기 때문이다. 이 단어가 창세기(32,33; 36,31; 42,5; 45,21; 46,5.8; 50,25)와 비교할 수 없을 만큼 탈출기(120회 이상)에 많이 나오는 것은 이제는 성조 각각에 대한 개별적인 이야기가 아니라 이스라엘 자손들이라는 전체 공동체에 관한 이야기가 펼쳐지기 때문이다. 탈출기에서는 이스라엘 전체 백성이 모세와 함께 여러 가지 사건을 겪으면서 처음부터 끝까지(1-40장) 등장한다. 이처럼 탈출기의 정황이 창세기와 매우 다르기 때문에 이스라엘 전체 공동체를 지칭하는 '이스라엘의 자손들' 혹은 '이스라엘 백성'이라는 표현이 많이 나올 수밖에 없다.

탈출기의 첫 문장에 언급한 '이름'(שֵׁם)이라는 명사는 이스라엘 전통에서 중요하게 여기는 용어이다. 탈출 1장에서처럼 구약성경에서는 단수 형태보다 복수 형태로 더 많이 사용된다. '이름'이라는 단어의 기원은 창세기에 나오는 노아의 세 아들인 셈, 함, 야펫에 대한 이야기에서 찾아볼 수 있다(창세 5,32; 6,10; 9,18-27). 탈출기는 특히 이름을 중시한다. 그 이유는 2장에 등장하는 '모세의 이름', '모세의 아들 이름', 3장에서 소개하는 '하느님의 이름', 15장에서 모세가 고백하는 "그 이름 주님이시다"(15,3) 등 이름이 탈출기의 신학을 이해하는 데 중요한 실마리가 되기 때문이다(9,16; 20,7.24). 탈출기에서는 하느님이 누구이신지 그분을 올바로 알아가는 과정이 전개되는데, 하느님을 알아가는 것은 그분의 이름을 올바로 알아가는 과정이기도 하다. 따라서 탈출기의 시작부터 창세기에서 이미 열거한 이스라엘 자손들의 이름을 다시 소개하는 것도 앞으로 펼쳐질 내용에서 '이름'이 갖는 중요성을 암시하는 저자의 의도로 볼 수 있다. 즉, 이스라엘 자손들에게 그들의 성조들이 누구인지 상기시키기 위해서가 아니라, 이스라엘이 이집트로 이주한 기원을 알리면서 지금부터 전개될 방대한 구원 역사와 관련짓기 위해서 그 이름들을 다시 기록하는 것이다.

이스라엘의 아들들이 이집트에서 살게 된 기원과 구원 역사와의 관련성을 염두에 둔 저자의 의도는 성조들의 이름 목록에서 더 잘 드러난다. 창세기에는 야곱의 아들들 이름 목록이 세 번에 걸쳐 나온다. 벤야민이 태어나기 전 요셉까지 기록한 창세 29,31-30,24과 벤야민까지 포함된 창세 35,23-26, 마지막으로 야곱과 함께 이집트로 이주하는 그의 아들들의 이름을 기록한 창세 46,8-27이다. 특별히 창세 46,8은 "이집트로 들어간 이스라엘의 아들들 이름은 이러하다"(탈출 1,1)라는 탈출기의 첫 구절과 같은 단어들을 사용할 정도로 매우 유사하다. 비록 창세기와 탈출기에서 같은 내용을 서술하고 있으나, 자세히 살펴보면 둘의 차이점을 발견할 수 있다. 즉 창세 46,8-27은 열두 명의 아들과 그 아들들의 이름까지 열거하는 반면, 탈출기에는 이스라엘 백성 전체를 염두에 두고 있어서 마치 긴 족보를 요약한 것처럼 단지 열한 명의 이름만 짧게 나오고 이미 이집트에 있었던 요셉의 이름이 생략된다. 이스라엘 백성이 삶의 터전을 이집트로 옮길 시점에 야곱과 함께 간 그의 아들들 이름을 열거하고, 요셉의 부재를 설명하며, 열한 명만 기록하는데, 열두 명의 명단을 굳이 맞출 필요가 없다. 이야기의 초점이 이스라엘 열두 지파의 소개나 그들의 성장에 있는 것이 아니라 앞으로 전개될 구원 역사에 있기 때문이다.

	창세 46,8-27	탈출 1,2-4
레아의 아들	르우벤	르우벤
	시메온	시메온
	레위	레위
	유다	유다
	이사카르	이사카르
	즈불룬	즈불룬
라헬의 아들	요셉	-
	벤야민	벤야민
라헬의 몸종 빌하의 아들	단	단
	납탈리	납탈리
레아의 몸종 질파의 아들	가드	가드
	아세르	아세르

2) 이스라엘 자손들의 번성 1,6-7

1,6-7은 이집트에서 이스라엘 자손들의 처지가 과거와 아주 달라졌다는 정보를 인원수의 변화로 말해준다. 먼저, 요셉과 그 형제들 세대의 사람들이 모두 죽었고(1,6), 이집트에 내려간 야곱 가문의 후손 일흔 명이 점차 늘어나서 그 땅에 이스라엘 자손들이 가득 찼다는 표현이 대조되어 나온다(1,7). 하느님의 도우심 덕분에 이스라엘 자손들은 가족 단위를 넘어서 큰 민족으로 형성되었는데, 이는 짧은 시간이 아니라 긴 역사를 통해 이루어진 것이다.

야곱과 함께 이집트로 들어갔던 자손들이 많은 세월이 흐르면서 믿을 수 없을 만큼 매우 빠르게 번성한 것은 과거에 하느님께서 성조들에게 하신 약속을 잊지 않고 기억하고 계셨고, 때가 차자 그 약속의 일부인 후손에 대한 축복이 지금 실현되었다는 것을 말한다. 하느님께서는 사람을 창조하시고 그에게 "자식을 많이 낳고 번성하여 땅을 가득 채우고 지배하여라"(창세 1,28) 하고 축복하셨다. 노아와 그 후손들에게도 똑같은 축복을 말씀하셨다(창세 9,1). 아브라함에게도 하늘의 별과 바닷가의 모래알처럼 많은 후손을 약속하셨고(창세 15,5; 17,4-6; 22,17), 야곱에게도 같은 약속을 하셨다(창세 28,3.13-14; 35,11). 여기에서 이스라엘 자손들의 상상하기 어려운 큰 성장을 알리는 이 짧은 구절에는 선조들과 하신 약속을 잊지 않고 지키는 충실하신 하느님을 드러내려는 탈출기 저자의 신학이 담겨 있다.

'이스라엘 자손들로 가득 찬 그 땅'(탈출 1,7)을 정확히 어디라고 제시할 수는 없지만, 그 땅이 이집트 전역을 의미하지 않는다는 사실을 감안하면, 이스라엘 자손들이 정착하여 살던 나일강 삼각주의 고센 지역으로 보는 것이 가장 타당할 듯하다. 지리적으로 이집트의 관문과 같은 전략적 장소인 고센에서 이스라엘의 인구가 증가한 것은 이집트인들이 점차 이스라엘 자손들을 경계하는 원인이 되기도 한다.

한편 탈출기 저자는 이집트인들이 손을 댈 수 없을 만큼 많아지고 강해진 이스라엘 자손들의 상태를 자식을 '많이 낳고', '늘어만 갔다', '번성하고', '강해졌다', '가득 찼다'라는 다섯 개의 동사로 설명한다.

번성하다, 열매를 맺다, 무성하다, 많이 낳다(פרה 파라)

'이스라엘 자손들이 번성하였다'라는 표현에는 '번성하다'라는 동사의 3인칭 복수형('파루')이 사용되었다. 이 동사는 하느님께서 창조 때 '번성하라'고 축복하신 말씀(창세 1,22.28)에서뿐 아니라 노아(창세 9,1)와 성조들에게 '후손의 번성'을 약속하시는 말씀에서도 나온다(창세 22,17; 28,3 등). 또한 가나안 땅에서 이스라엘의 번성을 약속하실 때에도 이 단어를 사용한다(탈출 23,30). 그러므로 '번성하다'라는 동사는 하느님의 축복을 내포하고 있다. 이 단어는 사람의 힘이 아니라 하느님의 축복으로 이스라엘의 자손들이 번성한다는 것을 표현하고, 심지어 노예라는 악조건에서도 이스라엘 자손들이 번성할 수 있는 것은 근원적으로 하느님의 축복에서 비롯된다는 것을 강조한다. 더 나아가 인류가 끊이지 않고 대대손손 존속하는 것도 하느님의 축복이 성취되어가는 것이라고 암시한다.

충만하다, 가득 차다(שׁרץ 샤라츠)

'가득 차다'라는 뜻만 아니라 '우글거리다, 득실거리다, 떼를 짓다, 들끓다'라는 의미로도 쓰인다. 이 동사는 일반적으로 동물들이 크게 번식하는 것을 가리킬 때 사용한다. 불어나고 늘어나서 많이 퍼진다는 말이다. 이 단어 역시 창조 이야기에서 쓰였다(창세 1,20: "물에는 생물이 우글거리고"; 1,21: "물에서 우글거리며 움직이는 온갖 생물들"). 상상할 수 없을 정도로 번식하는 것을 표현하는 이 동사는 창세기에서 하느님께서 노아와 계약을 맺으시고 "너희는 자식을 많이 낳고 번성하여라"(창세 9,7) 하시며 그의 아들들을 축복하실 때에도 나온다. 그리고 개구리 재앙에서 개구리 떼가 우글거리는 것을 표현할 때에도 이 동사가 사용되었다(탈출 7,28). 이스라엘 자손들의 번성에 이 동사를 사용하여 이스라엘 자손들이 마치 '떼를 지어 있는 생물'과 같이 믿을 수 없을 정도로 많아졌음을 말한다.

많아지다, 커지다, 증가하다(רבה 라바)

'많아지다'라는 의미뿐 아니라 '넘치다, 성장하다'라는 뜻으로도 쓰인다. 이 동사는 앞에 나왔던 '번성하다'라는 뜻의 '파라' 동사와 함께 나오는 경우가 종종 있는데, 창세기(1,20.22)에서 창조 이야기뿐 아니라 아담과 노아 그리고 성조들에게도 적용하여 사용한다(1,28; 8,17; 9,1.7; 17,2.6; 26,4.24; 28,3; 35,11; 48,4). 이스라엘 자손들이 파라오의 방해를 받으면서도 후손들을 많이 낳음으로써 인간을 창조하시고 그에게 자식을 많이 낳고 번성하라고 하신 주님의 축복이 실현됨을 증명한다. '파라' 동사와 '라바' 동사 그리고 다음에 나오는 '아참' 동사는 의미가 거의 비슷하다.

강하다, 힘세다(עצם 아참)

1,1-22에는 '강하다'는 표현이 여러 번 나온다(1,7.9.20). 이스라엘 자손들이 숫자가 많아져서 더욱 강해졌음을 말한다. 이 동사는 '크게 되다, 강하게 되다'라는 의미로도 쓰인다. 필리스티아 임금 아비멜렉이 이사악에게 "이제 그대가 우리보다 훨씬 강해졌으니, 우리를 떠나주시오"(창세 26,16)라고 요청할 때 이 동사를 사용한다. 아비멜렉이 보기에 이사악의 세력이 많이 커졌음을 인정하는 말이다. 탈출기에서는 이집트인들이 인정하지 않을 수 없을 만큼, 그들이 얕보던 히브리 노예들이 강하게 되었다는 표현이다.

가득 차다, 채우다, 충만하다(מלא 말레)

1,7에서 '말레'는 수동형으로 사용되어 '가득 찼다' 혹은 '채워졌다'로 해석한다. 이는 이스라엘 자손들이 그들의 능력과 의지로 그 땅을 가득 채운 것이 아니라, 그들의 능력을 능가하는 하느님 축복의 힘이 그들을 가득 채웠

다는 말이다. 이 동사는 "모든 이집트인의 집이 메뚜기로 가득 찰 것이다" (탈출 10,6)라고 할 때, 공간적으로 '가득 차다'라는 의미뿐 아니라 시간적으로 어떤 정해진 때의 완성 혹은 충만함을 나타내는 신학적 개념으로도 사용된다(창세 25,24; 탈출 7,25).

2. 이스라엘을 억압하는 파라오의 정책들 1,8-22

이집트에 새 임금이 군림하자, 그는 이스라엘 자손들이 많아지는 것을 규제하기 위해 엄격한 정책들을 궁리하여 내놓는다. 파라오가 바라는 것은 이스라엘이 더 번성하지 않고 적당한 수를 유지하며 파라오의 노예로 태어나서 살다가 파라오의 노예로 죽는 것이기 때문이다.

모세의 탄생 이야기(1,8-2,10)에는 이스라엘 백성을 제거하려는 파라오의 단계적 계략이 세 가지로 구분되어 나온다. 1,8에 등장하는 새 임금이 누구인지 파라오의 이름을 기록하지 않아 정확하게 알 수 없으나 라메세스 2세로 추정한다. 라메세스 2세는 오랜 기간 집권하였고, 그가 다스리는 동안 이집트가 매우 번성하였기 때문에 위대한 파라오로 알려져 있다. 그는 이집트의 수도를 테베에서 나일강 삼각주 동부로 옮겼다. 새로운 수도를 건설하는 데는 많은 노동력이 필요했기에, 가장 손쉬운 방법으로 이집트에 거류하고 있는 노예들의 노동력을 사용하였을 것으로 추정할 수 있다. 1,10에는 파라오가 이스라엘인들을 경계하는 또 다른 이유가 나온다. 이집트의 북동쪽 경계에 사는 이스라엘 자손들이 외부 침략 세력과 결탁하여 이집트를 전복할 수 있다는 우려 때문이다. 파라오가 이스라엘 사람들을 지혜롭게 다루어야 한다고 이집트인들에게 강조하는 것은, 히브리 노예들을 잃는다는 것이 이집트인들에게도 유용한 노동력을 상실함으로써 경제적 불이익을 감수한다는 것을 의미하기 때문이다.

이 단락에서 하느님은 전면에 나타나지 않으신다. 그러나 세상 권력을 대표하는 인물인 파라오와 그의 악행을 저지하면서 당신 백성을 지키려는 하느님 사이에 보이지 않는 대립이 계속 이어진다. 파라오는 자신이 세운 계략이 실패를 거듭하여도 억압을 멈추지 않는다. 실패할수록 오히려 자신이 세운 계략을 더욱 강화하여 이스라엘 자손들에게 시행하도록 명령한다. 요셉이 이집트의 재상으로 통치하던 시절 이집트로 이주해온 이스라엘인들은 자유인이었지만, 그 세대 사람들이 모두 죽고 세월이 흐르자 극한 상황으로 바뀌었다. 요셉의 행적을 알지 못하는 새 왕조가 출범하고 이스라엘 자손들은 비참한 생활을 영위해나가는 노예의 처지로 전락하였다.

이집트에서 이스라엘 자손들의 비참한 처지를 묘사하는 데 '아받(עָבַד)'이라는 동사를 사용한다. '일하다'(1,13), '봉사하다, 시중들다, 섬기다, 예배하다'(7,16.26; 12,31)라는 뜻을 지닌 이 동사는 탈출기 전체를 관통하는 중요한 단어이다. 이 동사에서 나온 명사 '에벧(עֶבֶד)'은 '종, 노예, 섬김'이라는 뜻으로 쓰인다. 어근이 '아받'인 단어들은 창세 2-4장에도 여러 번 반복해서 나오는데, 첫 사람이 선악을 알게 하는 나무 열매를 먹고 난 후 인간의 노동이 그 선한 본질을 상실하고 고통스러운 일로 변질되었음을 표현한다(창세 2,5.15; 3,17.23; 4,2.12). 탈출 1,13-14에서도 '부리다, 고된 일, 일' 등으로 번역된 '아받'을 다섯 번이나 사용하면서 이스라엘 자손들이 이집트에서의 혹독한 노동을 감당하기에 너무 힘들었다는 것을 암시한다.

동사 '아받'을 탈출기를 관통하는 단어로 보는 이유는 이스라엘 자손들의 여정에서 이 단어의 의미가 변화되어 사용되기 때문이다. 탈출기 초반에는 이집트인들이 이스라엘 자손들에게 혹독한 노동을 가한다는 부정적 의미로 쓰인다. 이스라엘 자손들이 파라오의 종으로 살아가는 것을 이 단어로 표현한 것이다(명사형). 그러나 이스라엘 자손들은 파라오를 섬기던 종에서 점차 하느님을 섬기는 백성이 되어가는데, 이러한 긍정적 변화를 '아받' 동사가 담고 있다.

1) 첫 번째 계략: 강제 노역 1,8-14

두 번째 단락(8-14절)에서 이스라엘 자손들이 파라오와 이집트인들에게 억압받는 첫 번째 이야기를 시작한다. 새로운 파라오가 등극하였다는 사실을 강조하는 것은 앞으로 이전과는 아주 다른 상황이 전개될 것을 암시하는 하나의 단서가 된다. 그는 이제 이스라엘 자손들에게 강력한 힘을 행사하며 새롭게 통치할 것이다. 새 파라오는 요셉을 '알지 못하는'(לֹא־יָדַע) 임금이다. 요셉을 알고 모르고의 차이는 파라오의 태도에서 드러난다. 그에게는 이스라엘에 대해 우호적인 태도가 전혀 없다. 요셉을 모르는 파라오는 처음부터 이스라엘 자손들에게 적대적 태도를 취한다. 파라오는 "이스라엘 백성이 우리보다 더 많고 강해졌다"(1,9)며, 그들을 위협적 존재로 인식하여 더욱 경계하고 주시한다. 그는 이스라엘을 속박하고 억누르려는 계략을 연속적으로 내놓으며 박해의 강도를 높여간다.

파라오는 우선 이스라엘 자손들을 노동으로 억압하여 그 세력을 약화시키기 위해 부역 감독들을 세운다. 그리고 이스라엘인들이 감당하기 어려울 만큼 무자비하고 포악하게 괴롭히며 혹독한 강제 노역을 부과한다(1,11). 그 노역 가운데 하나가 벽돌을 만드는 일이다. 이집트에서 벽돌 만드는 작업은 여러 단계를 거쳐야 하기에 그만큼 많은 노동력이 필요했다. 우선 나일 강변에 있는 무거운 진흙을 운반해 와야 한다. 가져온 진흙을 반죽하는데, 벽돌 반죽을 햇볕에 말릴 때 갈라짐과 뒤틀림을 방지하고 벽돌 자체의 내구성, 즉 결합력을 높이기 위해 진흙과 함께 잘게 썬 밀이나 보리의 짚 등을 넣어 잘 섞는다. 잘 반죽한 흙을 사각 틀에 담아 약 1주일 정도 햇볕에 말리면 단단한 흙벽돌이 완성된다. 그리고 완성된 벽돌을 건축 현장으로 옮긴다. 이같이 혹독한 노역은 이스라엘 자손들의 삶을 "쓰디쓰게 만들었다"(1,14). 많은 세대가 바뀐 뒤에도 이스라엘인들이 노예로서 겪은 이 쓰디쓴 시간은 사라지지 않고 후손들에게 하나의 교훈이 되었다. 이 체험은 후대에 거행하는 파스카 예식에도 남아 있다. 이스라엘의 후손들이 파스카 예식을 거행할 때에 쓴 나물을 먹는 이유는 선조들이 이집트에서 겪은 혹독한 노예 생활의 고역을 잊지 않고 기억하려는 지향 때문이다.

그러나 파라오의 첫 번째 계략은 실패로 끝났다. 이집트에서 혹독한 학대를 받으면서도 이스라엘 자손들이 계속 번성한 것은 하느님이 그들을 도우신다는 것을 확증한다. 파라오가 하느님의 축복을 저지할 수는 없기 때문이다. 이러한 상황은 신약시대에 그리스도인들이 박해를 받을수록 더욱 복음이 널리 전파되었다는 초대 교회의 상황과 유사하다(사도 8,3-4).

2) 두 번째 계략: 남아 살해령 1,15-21

극심한 노역에도 불구하고 이스라엘 백성의 수가 좀처럼 줄어들지 않고 오히려 계속 증가하자 파라오는 더 직접적으로 이스라엘인들을 줄일 계책을 강구한다. 파라오의 두 번째 계략은 산파들에게 새로 태어나는 이스라엘 남아들을 죽이도록 명령하는 것이다. 이스라엘의 대를 이을 후손을 없애라는 이 명령은 이스라엘인들의 희망을 제거하여 그들에게 미래를 기대할 수 없게 만들려는 목적이다. 파라오의 주도면밀함에도 불구하고 그의 계략은 성공하지 못한다. 창조주 하느님은 모든 피조물 속에 깃든 생명의 주인이시고, 죽음까지도 그분께 속해 있기 때문이다. 탈출기 저자는 고대 세계에서 경시하던 여성인 산파를 파라오와 대척점에 세운다. 파라오는 가장 권세 높은 이집트 임금이면서도 산파들보다 지혜롭지 못하다는 사실이 대화를 통해 드러난다. 산파들은 하느님을 알기 때문에 지혜롭다. 반면 파라오는 요셉을 모를 뿐 아니라 지혜의 근원이신 하느님을 모른다. 그는 막강한 권세를 지닌 이집트 임금이면서도 고집스럽게 자기 계략을 주장하는 어리석은 사람으로 드러난다. 하느님을 알지 못하는 파라오의 어리석은 완고함이 여기서 미리 나타난다.

산파들은 하느님을 경외하여 남아들을 죽이지 않고 살린다. 파라오가 산파들을 불러 "너희는 왜 그런 짓을 하였느냐?"(1,18) 하고 문초까지 해보지만, 그는 산파들의 해명만 들어야 했다. 히브리 산파들이 가지고 있는 하느님을 향한 긍정적 두려움은 그들의 행동을 바르게 이끄는 원동력이다. 산파들은 현세의 권력자인 파라오보다 하느님을 더 두려워하였기 때문에 파라오에게 복종하지 않고 올바르게 행동할 수 있었다. 그들은 '하느님을 경외하는' 지혜로운 사람들이다. 창조주 하느님께 받은 생명은 현세의 권력자인 파라오에게 속한 것이 아니라 하느님에게 속한 것을 아는 참된 지혜가 있었기 때문에 산파들은 하느님을 두려워하여 생명을 파라오에게 넘겨주지 않았다. 산파들을 통해 이루려던 파라오의 계획은 무산되고 마는데, 여기에서뿐 아니라 모세의 탄생 이야기에서도 파라오가 생각지도 못한 사람들로 인해 남아 살해 계획이 저지되고 그의 계책은 성공을 거두지 못한다.

3) 세 번째 계략: 나일강에서 남아 살해 1,22

파라오는 두 번째 계략도 실패하자 이번에는 온 백성에게 히브리인들에게서 태어나는 남아들을 나일강에 던져 죽이라고 명령한다(1,22). 결국 파라오는 자신의 억압정책을 더욱 노골적으로 드러내고 이스라엘 자손들의 생명을 파괴하는 데 이집트인들이 직접 가담하도록 종용한다. 이 극악한 명령은 아이러니하게도 모세가 파라오의 딸에 의해 구출되는 배경이 된다.

세 번째 계략의 결과는 본문에 서술되지 않고 생략되었다. 다만 이 계략도 성공하지 못하였다는 것은 모세의 탄생 이야기를 통해 알 수 있다. 모세는 이스라엘인에게서 태어나는 남아들을 살해하라는 명령이 내려진 시기에 태어났다. 하지만 모세는 여러 사람의 도움으로 생명을 구할 수 있었고, 결정적으로 파라오의 딸의 도움을 받아 이집트 궁전에서 살게 되었다. 탈출 1-2장에는 1,20과 2,23-25을 제외하면, 마치 이집트 땅에 하느님이 부재한 것처럼 하느님에 대한 언급이 거의 없다. 하지만 이스라엘 백성이 모진 박해 속에서도 번성하였다는 사실과 위험한 시기에 태어난 모세의 생명을 보호할 수 있었던 이야기를 통해서, 하느님은 역사의 전면에 드러나지 않으시면서도 이스라엘 자손들을 이끌어가시며 사람들을 통해서 일하신다는 것을 알 수 있다. 이렇게 숨어 계시던 하느님은 2장 말미(23-25절)에서 이스라엘을 잊지 않고 계시는 당신의 존재를 드러내신다.

부록

☞ 탈출기와 관련된 이집트의 19왕조[1]

파라오	재위 기간	업적
라메세스 1세	기원전 1320-1317년	제19왕조의 시작
세티 1세	기원전 1317-1304년	왕권 강화
라메세스 2세	기원전 1304-1238년	이집트군 가나안 주둔
메르네프타	기원전 1238-1209년	가나안 진압, 메르네프타 석비 건립

☞ 파라오(פרעה, Φαραώ)

파라오라는 용어 자체는 이집트어 '팔'(Pr)을 번역한 것으로 '큰 집'을 의미하기 때문에 본래 '궁궐' 같은 큰 건물을 지칭하는 말이었다. 제18왕조 말기(아케나텐 시대)부터 국가를 통치하는 행정부의 수반인 군주를 지칭하는 용어로 사용되었고 19왕조에 와서 정착되었다. 그 이후부터 이집트를 통치하는 임금을 파라오로 통칭하였다. 고대 이집트인들은 파라오를, 자신들이 숭배하는 태양신 레(Re)나 아몬

1) 여기에서는 한국천주교주교회의의 《주석 성경》 연대를 따른다.

(Amon)의 아들로 생각하였다. 그러므로 파라오는 백성 위에 신처럼 막강한 권위와 힘을 가지고 군림할 수 있었다. 파라오라는 이름은 창세기에 이미 언급되는데(창세 12,15-20), 이집트로 내려간 아브라함이 이집트 임금과 대신들을 만나는 자리에서 임금을 파라오라고 지칭한다. 오경에서 이집트 임금을 지칭할 때는 '이집트 임금'이라는 표현보다는 주로 파라오라는 이름을 사용한다. 그런데 탈출기에서는 오경의 다른 책보다 이집트 임금이라는 표현이 더 많이 나온다. 탈출 1장에는 파라오(1,11.19.22)와 이집트 임금(1,15.17.18)이라는 표현이 번갈아 나오는데, 이스라엘이 겪는 억압을 이집트 임금인 파라오가 주도적으로 시행하고 있다는 것을 밝히기 위함이다.

피톰(Pithom)과 라메세스(Raamses)

오랫동안 이집트의 임금으로 군림했던 라메세스 2세는 거대한 건축물을 많이 지은 파라오로 유명하다. 주석가들은, 시나이반도에서 이집트로 들어가는 입구에 위치한 라메세스라는 도시를 라메세스 2세가 건설하고 확장한 것으로 본다. 그 도시는 삼각주 북동부 지역의 중심 도시로 라메세스 왕조의 수도이다. 또한 이집트어 피톰은 태양신 '아툼의 집'(Per-Atum)이라는 의미로 아툼신을 숭배하던 곳으로 추측하지만 명확하게 그 지점을 알기 어려워 아직도 논쟁이 되고 있다. 이 삼각주 지역을 창세기에서는 고센 지역으로 언급한다(창세 46,34; 47,11).

파라오(라메세스 2세)는 거대한 건축물이나 도시 등을 건설하는 데 값싼 노동력이 절대적으로 필요했기에 많은 노예를 건축 사업에 강제로 투입하였다. 요셉을 모르는 파라오가 등극하면서 노예로 전락한 히브리인들도 파라오의 양식을 저장하는 국고인 피톰과 라메세스 건설에 동원된 것으로 볼 수도 있다(탈출 1,11).

☞ 히브리인 1,15.16.19.22

'건너가다'라는 뜻의 동사 '아바르'는 '히브리인'과 어근(עבר)이 같다. 이와 관련지어 히브리인을 '강 건너 저편에서 온 사람'으로 설명한다. '하비루(Habiru 또는 Apiru)'라고 지칭하는 사람들은 보통 사회적으로 소외된 주변에 위치한 사람들을 가리킨다. 외국인 노예, 도피자, 용병과 심지어 약탈자까지 포함된다. 그래서 '히브리인'이란 용어는 사회적으로 불안한 위치에 있었던 하비루라 불린 집단과 관계가 있다고 전해진다. 고대 문헌에 등장하는 하비루(아피루)족은 고대 근동에서 사회적으로 추방당한 사람들로 알려져 있었으며, 기원전 3000년대 후기 이후의 문헌들에 자주 나온다.[2] 구약성경에서 아브라함이 처음으로 '히브리인'으로 불린 것처럼(창세 14,13), '히브리'라는 용어는 히브리인과 동일시되어 이스라엘 사람을 지칭하는 데 사용되었다. 이는 이스라엘인들이 자신들을 칭한 용어가 아니라, 주로 이스라엘인이 아닌 사람들이 이스라엘인들에 대하여 사용하던 용어였다(창세 39,14.17; 41,12; 탈출 1,15.16).[3] 예를 들면 탈출기에서도 히브리인들이 억압당하는 이야기 속에서 다소 조롱 섞인 어투로 파라오가 이 호칭을 사용한다. 이스라엘과 전쟁 중인 필리스티아인들은 '히브리인들'이란 이름만 사용한다. 이스라엘인들은 탈출 이전과 탈출 기간에 종종 히브리인으로 통칭된다. '히브리인'이라는 용어는 그 용례를 감안할 때, 특정 종족을 지칭하는 용어라기보다는 사회적 범주를 나타내는 사회학적인 용어이다. 이 이름을 가진 사람들은 넓게 확산되어 있었고, 떠돌이 외국인들로서 어디에서나 도시의 하류층이었으며, 주로 용병으로 고용되거나 종살이를 하였다.[4]

---

2) 고든 웬함, 《WBC 성경주석 1: 창세기》, 박영호 옮김, 솔로몬, 2001, 546쪽.

3) 존 더햄, 《WBC 성경주석 3: 출애굽기》, 손석태·채천석 옮김, 솔로몬, 2000, 62쪽.

4) 배철현 역주, 《유다인의 토라: 타르굼 옹켈로스 창세기》, 한님성서연구소, 2001, 59쪽.

3. 모세의 탄생과 구출 2,1-10

탈출기에서 모세의 영향력은 지대하다. 그러나 탈출기 저자는 이스라엘 자손들을 해방의 길로 이끈 모세의 놀라운 지도력을 칭송하기보다, 처음부터 끝까지 이스라엘과 함께하시며 그들을 구원의 길로 이끄신 하느님을 기리고 알린다. 그럼에도 불구하고 탈출기에서 하느님의 종 모세의 중요한 역할을 간과할 수 없다. 하느님께서 펼치시는 구원 사업에서 모세는 이스라엘 자손들이 이집트를 떠날 수 있도록 파라오를 만나 주님의 말씀을 전한다. 그뿐 아니라 그는 이스라엘 자손들이 종살이하던 땅에서 탈출하여 약속의 땅에 들어가기 직전까지 그들을 인도한 위대한 지도자였다. 그러므로 모세의 존재와 역할은 이집트 탈출 사건과 분리해서 생각할 수 없다.

'모세(משה)'라는 이름은 탈출 2,10에서 처음 나온 이후, 이스라엘이 가나안 땅을 정복하고 스켐에서 집회를 하며 여호수아가 선임자 모세를 언급하는 여호 24,5까지 약 700회 정도 나온다. 그중 탈출기에서 두드러지게 모세의 이름이 많이 등장하는데, 이는 모세의 비중이 그만큼 크다는 것을 입증하는 단서이다. 이를 예고하듯 탈출 2장은 모세의 탄생과 그가 파라오의 손에서 기적적으로 생존하게 된 유아기 사건을 상세히 전한다.

탈출 1장과 2장을 비교해보면, 1장에서 하느님 구원의 손길은 가시적으로 드러나지 않게 이스라엘 자손들을 축복하고 보호하신다. 반면 2장에서는 하느님의 섭리가 모세의 구원 사건을 통해 개입한다. 1장에서 이스라엘 자손들 전체를 두고 이야기하고 있다면, 2장은 이야기의 범위를 축소하여 모세에게 집중한다. 모세의 이야기는 파라오의 억압정책 때문에 죽을 위험에 처한 모세를 보호하고 구원하시는 하느님의 섭리를 보여준다. 게다가 모세의 등장은 창세기와 탈출기의 이야기 전개 방식이 다르다는 것을 알려준다. 성조들이 연속성을 가지고 이야기를 이끌어가는 창세기와 달리, 탈출기는 하느님의 구원 사업을 이끌어가는 모세에게 초점을 맞추기 때문에, 모세는 탈출기의 처음부터 마지막까지 계속해서 중심인물로 등장한다.

1장에서는 하느님을 경외하는 마음에서 파라오의 명령을 어겼던 산파들이 있었다면, 2장에서는 모세의 생명을 보호하는 일에 결정적 역할을 한 여자들의 움직임도 두드러진다. 모세를 중심으로 구체적 인물들이 2장 초반부터 여럿 등장하는데, 모세의 어머니와 누이, 그리고 강에 버려진 아기 모세를 측은하게 여겨 양자로 들이는 파라오의 딸이다. 또 성인이 된 모세가 미디안으로 도망쳐서 만난 르우엘의 딸들은 모세가 미디안 땅에 머무는 계기가 된다. 이들은 모두 스스로는 의식하지 못했으나 모세의 생명을 지키는데 협력함으로써 하느님의 구원 사업에 동참한 사람들이다. 하느님은 히브리인뿐 아니라 다양한 사람의 선한 의지와 행동을 통해서도 당신의 구원을 이루시는 분이다. 모세의 탄생과 구원에서 보듯이 이제 하느님께서는 당신 권능으로 이스라엘 자손들을 파라오의 손에서 해방하려는 구원 계획을 서서히 실행하신다.

1) 레위 지파 사람

1장에서 보듯이 모세는 파라오의 남아 살해 명령이 시행되던 시기에 태어났다. 모세의 아버지와 어머니가 누구인지에 관해 탈출기 저자는 "레위 집안의 어떤 남자가 레위의 딸을 아내로 맞이하였다"(2,1)고 하여 모세의 부모가 모두 레위 지파에 속한 사람이라고 전한다. 그리고 6,20에 가서 모세의 아버지 아므람이 요케벳이라는 여인과 혼인했다고 설명한다. 모세의 누이 이름 '미르얌'도 15장에 가서야 비로소 나타난다. 모세를 소개하면서 그의 부모가 모두 레위 집안 사람이라고 강조하는 것은 앞으로 모세와 그의 형 아론이 수행하게 될 직무를 암시하는 것으로 생각할 수 있다. 즉, 사제 직무를 맡을 아론과 그의 후손들, 그리고 이스라엘 백성을 이끄는 지도자가 될 모세가 레위 가문의 순수한 혈통에서 태어난 인물이라고 밝힘으로써 그들의 권위에 힘을 실으려는 것이다.

모세의 영아기 이야기는 그가 히브리인이면서도 어떻게 파라오의 궁정에서 살게 되었는지 알려준다. 모세의 부모는 태어난 아기를 나일강에 던져 죽이라는 파라오의 명령에 따르지 않고 "아기가 잘생긴 것을 보고 석 달 동안 그를 숨겨 길렀다"(2,2). '잘생긴'이라는 형용사는 히브리어로 '토브(טוֹב)'인데, '좋은'(창세 26,29; 탈출 18,17), '아름다운'(창세 24,16; 26,7), '충실한'(창세 41,5), '잘생긴'(탈출 2,2; 1사무 9,2) 등의 뜻이 있다. 이 가운데 가장 익숙한 것은 창세기의 창조 이야기에 여러 번 나오는 '좋은'이라는 뜻이다(창세 1,10.12.18.21.25.31). 창조 이야기에서 '토브'는 하느님께서 만드신 모든 것이 당신 뜻대로, 선하고 아름답게 이루어졌음을 표현하시는 마무리 말씀이다. 탈출 2,2에서 모세의 부모가 아기를 '잘생겼다'고 한 것도 그의 외모가 걸출하다는 의미가 아니다. 모세의 부모는 마치 하느님께서 당신의 창조물을 보고 감탄하시듯 새로 탄생한 아이를 보고 '토브'(잘생겼다)라고 한다. 이렇듯 감탄을 자아내는 하느님의 사람 모세가 죽음으로 사라지지 않도록 적극적으로 나서는 주변 인물들의 선한 의지는 하느님 창조 사업에 협력하는 활동이 된다. 모세의 부모는 아기의 생명을 지키기 위해 위험을 무릅쓰고 아기를 숨겨 길렀다.

2) 나일강에서 구출되는 모세

석 달이 지나, 아기를 더는 숨겨 기를 수 없는 상황이 되었다. 모세의 어머니와 누이는 그를 살리고자 여러모로 궁리한 끝에 나일강에서 자라는 파피루스로 왕골 상자를 만들고 역청(חמר 헤마르)과 송진을 발랐다. 물이 들어오지 않도록 상자의 틈새를 막은 역청은, 아이러니하게도 이스라엘 자손들이 파라오의 강제 노동으로 벽돌을 만드는 데 사용한 '진흙'(헤마르)과 같은 단어이다(1,14). 히브리 노예들에게 고통의 상징이었던 진흙이 동족인 모세의 어머니와 누이의 손에서 모세를 구원하는 도구로 바뀐다.

아기를 넣은 왕골 상자를 강가의 갈대 사이에 놓아두고, 모세의 누이는 아기가 어떻게 되는지 멀찍이 서서 지켜보고 있었다(2,4). '서다'라고 하는 히브리어 동사 '야차브(יצב)'는 보통 '놓다, 두다'라는 뜻으로 쓰이는데 여기에서는 형태를 달리하여 '서 있다'라는 의미로 사용된다. 편안하게 앉아 있는 것과 달리 서 있는 자세는 약간의 긴장을 수반한다. 이는 일반적으로 지위가 낮은 사람이 지위가 높은 사람 앞에서 취하는 자세이다. 인간은 지극히 거룩한 존재를 대면하게 될 때 감히 앉지 못하고 '서 있는 자세'를 취한다(19,17; 34,5). 모세의 누이도 아기에게 구원의 손길이 미치기를 간절히 바라며, 멀리 떨어져서 앉지도 못하고 왕골 상자를 지켜보고 있었다.

'상자'라는 히브리어 명사 '테바(תבה)'는 노아의 홍수 이야기(창세 6-8장)에 26회나 반복해서 나오는 '방주'와 같은 단어이다. 방주의 모양이 상자와 비슷해서, 상자라는 의미를 지닌 단어 '테바'가 방주를 가리키는 데 사용되었다. 노아는 하느님의 지시에 따라 전나무로 방주를 만들었는데, 노아가 방주의 안팎을 역청(כפר 코페르)으로 발라 방수 처리한 것처럼, 모세의 어머니와 누이도 상자에 역청(진흙 חמר)을 발라 물이 못 들어오게 하였다. 모세를 실은 왕골 상자를 노아의 방주와 같은 단어를 사용하며 견주는 것은 노아의 방주가 하느님의 구원을 상징하기 때문이다. 창세기에서 노아의 방주가 그의 가족과 짐승들을 죽음의 위험에서 구한 것처럼, 탈출기에서는 왕골 상자가 죽을 위험에 처한 모세의 생명을 구하고 보존하는 방주 역할을 하였다. 그러므로 노아의 방주와 모세의 왕골 상자는 모두 하느님의 보호를 드러내는 구원의 도구가 된다. 이 표현은 그리스도교 시대에도 수용되어 교회를 '구원의 방주'라 일컫는다. 노아의 가족들이 방주로 들어가서 구원을 받은 것처럼 교회를 구원의 장소 또는 수단으로 보는 것이다.

모세의 어머니와 누이가 끝까지 애쓴 결과 왕골 상자 속에 있던 모세는 나일강으로 목욕하러 내려온 이집트 공주에게 구출되었다. 공주는 아기의 이름을 모세라 짓고 자기 아들로 삼는다. 끝까지 상자를 지켜보고 있던 누이의 지혜로 모세의 어머니는 파라오의 딸에게 유모로 고용된다. 모세는 이집트 공주의 양자가 되었지만 젖을 떼는 시기까지 자신의 친어머니와 함께할 수 있었다. 그 이후 모세는 공주의 아들로 당당하게 파라오의 궁궐에서 성장한다. 모세가 생명을 지키고, 그의 어머니가 유모로 아들을 돌본 일들은 모두 불가사의한 일이다. 이 이야기는 모세의 탄생과 구원 그리고 그가 히브리인으로서 성장할 수 있었던 사건들이 우연이 아니라, 모세를 이스라엘의 지도자로 세우시려는 하느님의 섭리 안에서 이루어지는 구원 사건의 준비 과정임을 암시한다.

3) 모세의 이름

탈출기는 파라오의 딸이 그 아이에게 붙여준 이름이 모세(2,10)라고 단순하게 전한다. 모세의 이름에 대해서는 아직 논란이 있으나, 대부분 학자들은 이 이름이 이집트 이름과 연관성을 보이며, 모세가 이집트 문화에서 성장한 인물임을 확인해주는 것이라 주장한다. 그들은 파라오의 이름들이 '투트모세'(Thutmose), '프타모세', '아흐모세', '라모세'처럼 '모세'로 끝나고 있는 점을 근거로 들어, 모세의 이름을 이집트어에 기원을 둔 이름의 축약형으로 본다. 본문에서 공주가, "'내가 그를 물에서 건져냈다' 하면서 그 이름을 모세라 하였다"고 한 것은 모세의 이름이 '끌어내다, 건지다'라는 의미의 히브리어 동사 '마샤(משה)'에서 기원한다고 보는 것이다. 탈출기는, 파라오가 히브리 남아들을 모두 죽이라고 명령했음에도 불구하고, 그 딸이 모세를 물에서 건져내 살리는 일련의 움직임을 통해 그 속에 작용하고 있는 하느님의 섭리를 보여준다.

탈출기를 시작하며 전하는 모세의 구원 이야기는 표면적으로 드러난 모세 개인의 구원만을 말하는 것이 아니다. 탈출기 저자는 이 이야기를 이스라엘의 하느님이 이집트에 있는 히브리 노예들을 포악한 파라오의 손에서 해방하실 구원 사건에 대한 예표로 제시한다. 두 사건을 비교해보면, 모세가 왕골 상자에 담겨 나일 강가 갈대 사이에 놓여 있는 모습은 마치 이스라엘 백성이 갈대 바다를 건너기 직전 두려움에 싸여 있는 모습(14,10-14)과 유사하다. 아기 모세와 이스라엘 백성은 모두 죽음의 위기 앞에 놓여 구원의 손길만을 기다리고 있는 처지에서 하느님의 도움으로 구원된다. 결론적으로 이름처럼 물에서 건져져 구원된 모세는 앞으로 그 이름에 걸맞게 이스라엘 백성을 파라오의 억압에서 구해내는 사명을 수행하는 사람이 될 것임을 암시한다.

4. 이집트에서 미디안으로 2,11-25

2장의 후반부는 이집트 파라오의 궁전에서 장성한 모세가 등장한다. 모세는 어느 날 자신의 동족 히브리인들의 노역장에 나갔다가, 한 이집트 사람이 히브리인을 때리는 것을 보고 직접 나서서 그 이집트 사람을 쳐 죽이게 된다. 모세는 이 사건을 은폐하려 하였으나 결국 탄로 나자 파라오를 피해 미디안 광야로 도망친다. 그곳에서 모세는 미디안의 사제 르우엘을 만나고 그의 딸 치포라를 아내로 맞아 평범한 목동 생활을 하며 아들까지 얻는다. 사도 7,23-29에서 스테파노는, 모세에 관한 이 내용을 요약한다.

1) 모세의 선택

탈출 2,11-22에서 모세는 세 번에 걸쳐 억압받는 이들과 약한 이들의 보호자 역할을 한다. 그는 먼저 자기 동포들의 강제 노동 현장을 찾아가 그들의 삶에 개입한다. 공주의 양자로 성장한 모세는 이집트인들처럼 히브리 노예들의 비참한 삶을 자기와 무관하게 생각하고 외면할 수도 있었다. 하지만 그는 약하고 가난한 히브리 사람들을 핍박하는 이집트인들과는 달리 동포들의 고통과 아픔에 함께하는 사람이었다. 이어지는 장면에 나오는 모세의 행보는, 그의 됨됨이를 알아볼 수 있게 한다.

모세는 '자기 동포' 히브리 사람들을 보러 나갔다가 한 이집트 사람이 히브리 사람을 때리는 것을 보았다. 이 장면에서 '동포, 종족, 친척, 골육, 형제'라는 의미의 히브리어 '아흐(אח)'가 두 번이나 사용되는 것은 모세가 히브리인들에 대해 인식하고 있는 바를 짐작할 수 있는 단초가 된다(2,11). 비록 왕자와 비천한 노예들이라는 삶의 자리는 완전히 달랐으나, 모세는 자신의 동포요 형제인 히브리인이 구타당하는 것을 그냥 지나치지 못하고 그 일에 개입하여 이집트인을 죽이기까지 한다. 이 이야기를 통해 탈출기 저자는 모세가 비록 이집트 임금 파라오의 그늘에서 이집트인으로 교육받았지만, 결코 자신의 근본을 잊지 않고 히브리인으로 성장했다는 것을 드러낸다.

이튿날에도 모세는 궁 밖으로 나갔다가 이번에는 히브리인들끼리 서로 싸우는 것을 보고 다시 동족의 일에 개입한다. 여기서는 '동족, 동포, 동료, 친구, 이웃'이라는 의미의 히브리어 '레아(רע)'가 사용된다. '레아'도 '아흐'(형제)와 같이 모세가 은연중에 동족 히브리 사람들에게 느끼는 연대감과 연민과 애정을 내포하는 단어이다. 탈출기 중반에 모세가 자신을 만나러 온 장인 이트로(르우엘)를 반기고 서로 안부를 물으며 우정의 연대감을 표현하고 나누는 장면에서도 같은 단어 '레아'가 사용된다(18,7).

'공격하다, 치다, 때리다'라는 의미의 동사 '나카(נכה)'는 그날 모세가 히브리인들을 살피러 나왔다가 폭력이 벌어진 극한 상황을 표현하는 단어이다. 이집트 사람이 히브리 사람을 때리는 행위를 표현하는 데 사용된 이 동사는 2,12에서 모세가 이집트 사람에게 취한 행동을 나타내는 데도 사용되었다. 모세가 미디안으로 달아나기까지 '때리다'와 '죽이다'라는 말이 2,11-15에 각각 세 번씩 나온다. '때리다'라는 의미의 '나카' 동사는 11-13절에서 세 번 나오는데 모두 그 목적어를 달리한다. 11절에서는 '어떤 히브리인', 12절에서는 '그 이집트인', 그리고 13절에서는 '동족, 너의 이웃'이다. 14-15절에서는 '죽이다'라는 의미의 '하라그(הרג)' 동사를 세 번 사용한다. 모세에게 이집트인을 죽인 일을 상기시킬 때, 모세에게 동족을 때리는 자신(히브리인)도 죽일 것이냐고 다그칠 때, 그리고 파라오가 모세를 죽이려 한 사실을 표현할 때. 이처럼 이 단어들은, 억압받고 폭력으로 학대받는 사람들을 구하려는 용기와 열망을 지닌 모세의 한 단면을 보여준다.

모세는 폭력을 만류하고 폭력에 대항하고자 개입했다가 결국 자신도 폭력을 사용하여 이집트 사람을 죽였다. "이리저리 살펴 사람이 없는 것을 확인한 뒤에"(2,12). 이 구절은 이집트 사람을 죽인 모세의 행동에 관해 여러 가지 해석을 가능케 한다. 모세가 이집트 사람에게 폭력을 가해도 그것을 '목격할 사람이 없다는 것을 확인한 뒤에', 혹은 구타당하고 있는 히브리 사람을 '더 방관할 수 없는 것을 확인한 뒤에' 그 이집트 사람을 쳤다고 해석할 수 있다. 확실한 것은 모세는 폭력을 사용해서라도 그 상황을 해결하려 했다는 것이다. 어쨌든 모세는 나름 이리저리 상황을 확인한 뒤, 자신이 죽인 이집트 사람을 모래 속에 숨기고 혼자서 그 사건을 마무리하였다.

이튿날 모세는 서로 싸우고 있는 히브리 형제들을 만류하며 자신이 옳다고 생각한 바를 말하였다. 그의 충고를 들은 히브리 사람은 오히려 모세를 비난한다. "누가 당신을 우리의 지도자와 판관으로 세우기라도 했소?"(2,14) 따지고 대드는 히브리 사람의 반응에 모세는 충격을 받는다. 모세는 히브리인들을 자신의 동족이라 여기며 그들의 삶에 개입하였으나, 자신에게는 동족들을 이끌만한 어떤 정당성도, 그들에게 내세울 아무런 명분도 없다는 현실에 직면한 것이다(2,14). 게다가 모세는 그 히브리 사람의 야유를 통해 이전에 자신이 저지른 범행, 즉 이집트인을 죽인 일이 발각되었다는 사실을 알게 된다. 위태로운 처지에 직면한 모세는 두려움 때문에 더 이상 이집트에 머물 수 없었다. 이 체험은 나중에 모세가 하느님께 파견 명령을 받게 될 때 끈질기게 자신의 소명을 거부하는 이유 가운데 하나가 되기도 한다. 모세가 이스라엘 자손들에게 주님의 말씀을 전할만한 자격이 없다고 자신의 소명을 거듭 부정하는 것은, 이집트에서의 이 사건이 자신의 정당성에 걸림돌이 되는 부정적 체험으로 기억되었기 때문일 것이다.

2) 미디안으로

자신이 저지른 살인이 발각되자, 모세는 자신을 아는 사람들과 파라오를 피해 혈혈단신으로 이집트를 떠날 결심을 한다. 우발적으로 일어난 이 사건은, 모세가 자신이 성장한 이집트 땅과, 거기서 누린 모든 것과 결별하는 계기가 된다. 이집트와는 완전히 다른 세계로 떠나게 된 모세는, 자신에게 익숙한 이집트의 화려한 문화, 막강한 힘을 지닌 이집트의 권력과 단절하게 되는 것이다. 우여곡절 끝에 이집트를 떠나 미디안 광야로 가게 된 모세의 여정은, 하느님께서 아브라함을 우상이 범람하던 하란에서 가나안 땅으로 부르신 것과 매우 유사하다. 하느님께서는 성조 아브라함처럼 모세도, 생각하지 못한 방법으로 새롭게 하느님을 체험하도록 이끄신다. 새 정착지에서 모세는, 이집트에서 보고 알았던 사람의 힘으로 이룩한 권세가 아니라 영원히 사라지지 않는 참된 하느님의 권능을 목격하게 될 것이다.

모세는 자기 생애에서 이집트를 두 번 떠난다.

첫 번째(2,15)	두 번째(13,17-18)
파라오에 대한 두려움 때문에	하느님의 명령과 약속 때문에
모세 홀로	이스라엘 자손들과 함께
이집트를 떠나 미디안 광야로 감	이집트를 떠나 광야로 감

두 번 다 서둘러서 떠나는 상황이지만, 첫 번째는 모세의 의지와 달리 상황에 떠밀려서 떠나고, 두 번째는 하느님의 뜻에 따라 자신의 의지로 떠난다. 즉, 모세가 첫 번째로 이집트를 떠나는 가장 큰 원인은 '파라오에 대한 공포와 두려움'이었다. 이와 달리 두 번째에는 '자신에게 부여된 사명을 수행하기 위해 믿음을 지니고' 이집트를 떠난다. 그래서 히브리서에도 "믿음으로써, 그는 임금(파라오)의 분노도 두려워하지 않고 이집트를 떠났습니다. 보이지 않으시는 분을 보고 있는 사람처럼 굳건히 견디어냈습니다"(히브 11,27) 하며 모세의 믿음을 강조한다.

3) 미디안에서의 모세

미디안에 도착한 모세는 우물에서 물을 독점하려는 미디안 목자들과 싸워 치포라와 그 자매들에게 물을 확보해주었다. 모세가 개입하여 우물에서 정의를 실현하고 르우엘의 딸들에게 물을 주는 현재의 행동과 나중에 광야에서 이스라엘 자손들에게 물을 주는 미래의 행동은 연관성을 가지고 있다. 광야 여정 중에 하느님께서 모세에게 명하시어 목말라했던 이스라엘 자손들에게도 물을 공급해주었기 때문이다(15,22-26; 17,1-7; 민수 20,2-13).

반면에, 미디안 우물가에서 물을 확보해주는 모세의 행동과 이집트에서 이집트인을 죽였던 모세의 행동은, 둘 다 약자를 돕기 위한 목적이었지만 확연하게 비교된다.

	이집트	미디안
장소	히브리 동족의 강제 노동 현장	미디안 우물가
목적	박해받는 히브리인을 보호	미디안 사제의 딸들을 보호
행위	이집트인을 살해	공정하게 물을 분배
결과	히브리인들의 비난과 협박(2,14)	미디안인들의 환대(2,20-22)

모세는 미디안에서, 이집트에서와는 다르게 행동한다. 모세가 이집트에서 정의를 위해 사용한 폭력은 동족인 히브리 사람들에게조차 아무런 희망을 줄 수 없었다. 폭력은 단시간에 문제를 해결할 수 있을 것처럼 보일지라도 다시 더 큰 폭력을 불러온다. 폭력은 결코 해결책이 될 수 없다. 모세는 이집트 사람을 죽인 것으로 히브리인 동족을 구원하지 못했다. 오히려 그들을 곤경에 처하게 하였을 뿐이다. 결국 그는 동포들에게서조차 배척받고, 곤경과 혼란을 자초하여 도망쳐야 했다. 미디안에서 모세는 자신의 힘을 과용하지 않고 적절하게 사용할 줄 아는 신중함을 보였다.

미디안 사람들은 모세의 동족도 아닌 낯선 이방 민족이지만, 모세가 자신들을 용기 있게 보호해준 것에 대해 감사하고 그를 정의로운 사람으로 인정한다. 그래서 르우엘은 서둘러서 모세를 찾아 환대한다. 모세는 자신의 정의로운 행동에 감사하는 미디안 사람들에게서 융숭한 대접을 받을 뿐 아니라 르우엘의 딸 치포라와 혼인하여 아들을 낳고, 미디안에 정착할 수 있었다. 모세를 극진히 환대한 르우엘은 미디안의 사제로 후일 모세에게 큰 도움을 준다(탈출 18장; 민수 10,29-32). '르우엘'이란 이름은 '하느님의 친구'라는 뜻이고, 성경의 다른 곳에서는 그를 이트로(3,1; 4,18; 18,1) 또는 호밥(민수 10,29; 판관 4,11)이라고도 부른다. 이처럼 다양한 이름은 모세의 장인이자 미디안의 사제에 관한 이야기가 여러 전승에서 비롯되었다는 것을 단적으로 보여준다.

모세가 낯선 땅에 도착하여 처음으로 나오는 배경이 우물이라는 사실은 매우 흥미롭다. 성경에서는 종종 '우물'에서 이루어지는 '만남'이 앞에서 전개되던 이야기의 전환점이 되곤 한다. 예를 들면, 아브라함의 종이 이사악의 아내를 찾으러 가서 레베카를 만난 장소가 우물이고(창세 24,1-67), 야곱이 형 에사우의 복수를 피해 외삼촌 라반에게 달아났다가 라헬을 만난 장소도 우물이다(창세 29,1-24). 우물 에피소드에서, 대개 신부가 될 사람은 우물에서 물을 긷고 있으며, 우물에서 만난 낯선 이에 대해서 가족에게 알리고, 여인의 가족은 그 남자를 식사에 초대하는 유사한 흐름을 가진다. 야곱은 우물에서 라헬을 만나고 사랑하며 새로운 관계를 형성한다. 따라서 우물에서 라헬을 만난 그 시점에서 야곱의 새로운 이야기가 시작된다고 할 수 있다. 신약성경의 요한복음에서도 사마리아 여인이 우물에서 예수님을 만나고, 그분을 통해 그녀의 삶이 완전히 전환되었다(요한 4,1-30).

창세기와 탈출기에서 장차 혼인할 사람을 우물에서 처음 만나게 되는 경우가 세 번 나오는데(창세 24,1-67; 29,1-24; 탈출 2,16-21), 그중 모세의 이야기가 제일 짧다. 구약성경에서는 혼인을 이야기할 때 '누가 그의 딸을 누구에게 주었다'라는 문구가 많이 나온다(창세 41,45; 여호 15,17; 판관 1,13; 1역대 2,35). 모세와 치포라(צפרה)의 이야기에는 '르우엘이 그의 딸 치포라를 모세에게 아내로 주었다'(탈출 2,21)란 결론만 있을 뿐 성조들의 이야기에서처럼 주인공이 그 여인을 사랑했다는 말이나(창세 24,67; 29,20) 혹은 그 여인이 아름다웠다(창세 29,17)는 말이 없다. 이처럼 모세와 치포라의 관계에 대한 설명이나 치포라에 대한 묘사가 없는 것은, 치포라가 이방인인 미디안 여인이기 때문이었을 것이라고 추정하기도 한다. 그러나 모세가 이집트로 귀환하는 에피소드에서 치포라가 주도적으로 모세를 구하는 장면(탈출 4,24-26)이 언급되는 것을 보면, 탈출기 저자는 치포라가 이방 여인이어서가 아니라 모세의 미디안 생활에서 그녀에 대해 구체적으로 묘사하는 것이 불필요하다고 여겼기 때문에 기록하지 않았던 것으로 보인다.

어쨌든 모세도 성조들처럼 미디안의 한 우물에서 르우엘의 딸들과 만나고 삶의 전환을 맞게 된다. 그 후 모세는 르우엘의 딸 치포라에게서 아들을 얻고 '내가 낯선 땅에서 이방인이 되었구나'라는 뜻으로 이름을 '게르솜'이라 부른다(2,22). '게르솜'이라는 히브리 이름은 '체류자, 거류자, 손님'이라는 뜻의 히브리어 '게르(גר)'와 '그곳, 거기'라는 의미의 '샴(שם)'으로 이루어진 합성어로, '거기에서 손님(거류민)이 되다'라는 뜻으로 이해할 수 있다. 또한 '내보내다, 쫓아내다, 추방하다'라는 의미의 히브리어 동사 '가라쉬(גרש)'에서 나온 이름으로 보기도 한다. 게르솜이란 이름에 관한 어원적 해석이 이렇게 다르지만, 둘 다 미디안에서 모세의 처지를 빗댄 이름이다. 이방인이라는 모세의 처지는 이집트에 있는 그의 동포 이스라엘 자손들의 처지와 같았다.

4) 고통 가운데 현존하시는 하느님 2,23-25

탈출 1-2장에서 하느님은 산파들의 이야기에서 처음 언급된(1,20) 이후 거의 당신을 드러내지 않으셨다. 그러다 2장 마지막 세 절(23-25절)에서 하느님(엘로힘 אלהים)께서 이스라엘 백성의 비참한 처지를 다 알고 계셨음이 드러난다. 이는 하느님의 존재가 전면에 나타날 중요한 전환점으로, 이스라엘 자손들의 삶에 하느님이 개입하시겠다는 의지를 알리는 말씀이다.

탈출기 저자는 이스라엘의 성조들과 함께하셨던 하느님이 고통 속에 있는 이스라엘 자손을 잊지 않으시는 분이라는 것을 다시 확인해준다. 2,23-25은 이후(3-14장) 하느님께서 탈출기 전면에 나타나시어 이스라엘 자손들을 파라오의 손에서 구원하실 활동의 서막과 같은 구절이다. 뒤이어 나오는 본문에서 하느님은 이스라엘을 향한 구원의 말씀(3-6장)을 내리시고 구체적 활동(7-14장)을 펼치시어 이스라엘의 탄원에 당신 현존을 드러내실 것이다.

줄곧 모세에게 초점을 맞추었던 2장이 마무리되는 23-25절에 와서, 이제 이야기는 모세와 이스라엘 자손들을 연계하는 새로운 단계로 들어선다. 새로운 단계의 출발점은 이집트에서 고통 속에 있는 이스라엘 자손들의 가감 없는 현실이다. 모세가 미디안 땅에서 평범한 목자로 양 떼를 치며 살아가고 있는 동안 이스라엘 자손들은 이집트에서 여전히 파라오의 억압에 짓눌려 탄식과 신음 속에 있었다.

"오랜 세월이 지난 뒤 이집트 임금이 죽었다. 이스라엘 자손들은 고역에 짓눌려 탄식하며 부르짖었다. 그러자 고역에 짓눌려 도움을 청하는 그들의 소리가 하느님께 올라갔다. 하느님께서 그들의 신음 소리를 들으시고, 아브라함과 이사악과 야곱과 맺으신 당신의 계약을 기억하셨다. 하느님께서는 이스라엘 자손들을 살펴보시고 그 처지를 알게 되셨다"(탈출 2,23-25).

고역에 짓눌린 이스라엘 자손들은 부르짖기 시작하였다. 이들의 절실한 탄원이 계속되자 하느님께서 그들의 모든 소리를 들으셨고, 모든 것을 기억하셨고, 모든 고통을 보셨으며, 그 모든 일을 아셨다. 이러한 하느님의 반응은 그동안 드러나지 않았던 하느님의 활동이 이제 이스라엘 자손들에게 가시적으로 나타나리라는 예고이다. 이스라엘이 하느님의 반응을 불러일으킨 근거는, 그들의 부르짖음 이전에 하느님이 성조들과 맺은 계약에 있다.

이스라엘 자손들	하느님
탄식하였다	들으셨다
부르짖었다	기억하셨다
도움을 청하였다	보셨다
신음하였다	아셨다

이스라엘 자손들이 토로한 네 개의 동사는 이스라엘 자손이 처한 상황을 생생하게 전하고 그들의 고통이 얼마나 컸는지 강조한다. 이스라엘 자손들은 고역으로 '탄식하였다.' 누구를 향한 외침인지 명시적으로 기록되지 않았으나, 상황으로 보아 하느님을 향한 구원 요청임이 분명하다. 누구에게도 희망을 둘 수 없는 상황에서 이스라엘 자손들은 하느님께 탄식하고 신음했

다. 하느님은 고통 속에서 외치는 사람들의 소리를 들으시는 분이다. 하느님은 이스라엘 자손들이 겪고 있는 삶의 어려움과 고통에 무감각하거나, 그것을 알지 못하거나 혹은 멀리 떨어져 방관만 하시는 분이 아니다(2,23-25). 동정심이 충만하신 하느님의 속성상 하느님은 당신 백성이 비참한 상황에서 절망 속에 올리는 탄식과 절규를 못들은 체하실 수 있는 분이 아니다. 그러므로 고통당하는 사람들을 불쌍히 여기시는 하느님은 이스라엘의 고통 가운데에 계시는 분이다.

"이스라엘 자손들은 고역에 짓눌려 탄식하며 부르짖었다"(2,23). 오랜 세월이 흘러 이집트 임금 파라오가 죽고 또 다른 파라오가 군림하여도, 여전히 히브리인들을 향한 학대는 줄지 않아 이스라엘 자손들은 극도의 고통 속에 있었다. '탄식하다', '부르짖다', '신음 소리' 등의 표현은 미래가 보이지 않는 어둠 속에서 짓눌리며 지금 겪고 있는 고통에서 벗어날 수 있도록 도움을 청하는 절규이다. 이스라엘 자손들은 인간의 힘으로 견디기 어려운 극심한 고통을 겪으며 최후의 보루인 하느님을 향해 호소하였다. 그들의 호소는 파라오의 억압에서 해방과 자유를 기원하는 부르짖음이었다. 그에 대한 하느님의 반응이 뒤따라 나온다. 하느님께서 '들으시고, 기억하시고, 보시고, 아셔서 구하셨다'는 말씀은 탈출기의 핵심을 담고 있는 표현이다.

들으셨다: 동사 '샤마(שמע)'는 기본적으로 '듣다'를 뜻하며 '경청하다', '순종하다', '이해하다', '주의를 기울이다' 등의 의미도 가진다. 인간관계를 형성하는 근본적인 출발도 듣는 데서 시작된다. 성경에서 이 동사는 주로 전치사 '러(ל)'와 함께 '~에게 순종하다'라는 의미로 많이 사용된다. '듣는' 것은 귀로 듣는 청각 작용만을 의미하지 않는다. 상대에게서 들은 말의 내용을

이성(정신)과 마음으로 이해하고 수용하는 것까지가 '샤마'(듣다, 경청하다)의 포괄적인 의미라고 할 수 있다. 하느님께서는 고통 속에서 부르짖는 소리와 신음을 무시하지 않고 다 들으신다. 2,24에서 이 단어는, 하느님께서 이스라엘 자손들의 그 모든 소리를 들으셨기 때문에 그들을 구원할 길을 찾기 위해 살펴보시는 분임을 드러낸다.

기억하셨다: '자카르(זכר)'는 '생각하다', '묵상하다', '주의를 기울이다', '기억하다', '회상하다', '언급하다' 등 다양한 뜻을 지닌다. 2,24에서는 '기억하다'라는 의미로 쓰인다. '기억하다'는 구약성경에서 자주 나오는 동사인데 2,24에서처럼 하느님이 주어인 경우가 많다. '하느님이 무엇을 혹은 누구를 기억하신다'는 의미는 하느님이 당신의 모든 창조물을 기억하시는 분임을 드러낸다. 탈출기에서는 하느님께서 이스라엘 자손들이 고통 가운데 부르짖는 소리를 들으시고, 아브라함과 이사악과 야곱과 맺으신 약속을 '기억하셨다'고 한다. 하느님이 기억하신다는 것은 망각의 반대 의미나 어쩌다 우연히 생각났다는 것이 아니다. 이스라엘이 부르짖지 않으면 기억하지 못하신다는 뜻도 아니다. 이 짧은 구절을 통해 하느님이 어떤 분이신지 드러난다. 하느님은 전지全知하시기에 그분의 기억은 사라지지 않는다. 그러므로 인간은 하느님의 기억에서 벗어나거나 숨을 수 없다.

하느님께서 '기억하셨다'라는 말씀은 과거를 회상하는 정지된 기억이 아니라 행동을 수반하는 기억이다. 예를 들면, 하느님은 노아와 방주에 있는 모든 짐승을 기억하시어 홍수로 가득 찼던 물을 내려가게 하신다(창세 8,1). 이처럼 하느님의 기억은 기억 자체에 머무는 것이 아니라 당신이 기억하신 것에 대해 의도하신 바대로 그다음 행동을 취하시는 것을 의미한다. 하느님께서는 이스라엘을 기억하셨고, 그들의 고통에 이미 개입하기 시작하셨다(2,24). 하느님께서는 구체적으로 그들의 삶에 개입하시어 손수 구원의 행위를 통해 당신의 약속을 성취하실 것이다. 여기에서 탈출기 저자가 말하고자 하는 하느님의 기억은 본질적으로 이스라엘의 성조들과 맺으신 약속에 대한 하느님의 성실함, 충실함과 관련된다.

기억하는 행위는 인간에게도 어떠한 행동을 유발한다. 그래서 누구를 혹은 무엇을 기억하는 것은 인간의 행동에 영향을 주는 하나의 힘으로 작용할 수 있다. 신앙인의 경우 '주님의 말씀, 사랑, 은총, 도우심 등을 기억하는 것', 즉 하느님의 구원 행위에 대한 기억은 '주님을 향한 감사와 사랑'을 불러일으키고, 그것이 결국 그 사람을 회개로 인도하거나 주님이 내리신 계명을 준수하게끔 하는 이유이다(탈출 20,8; 민수 15,40).

보셨다: '라아(ראה)'는 '보다'(탈출 2,2; 24,10), '주시하다', '바라보다'라는 뜻이다. 이 동사는 '알다'라는 의미의 동사 '야다(ידע)'와 함께 쓰여 '알아보고 깊이 생각하다'를 뜻하기도 한다. 하느님이 '보고 아신다'는 말씀은 그분이 백성을 가까이서 보고 살피시는 자비로운 분임을 나타낸다. 따라서 하느님께서 이스라엘 자손들을 '살펴보시고' 그 처지를 '아셨다'(2,25)는 것은 그분이 이스라엘 자손들의 처지를 그냥 넘기지 않으시고 그들을 어떻게 구원의 길로 이끄실지 주의 깊게 살피신다는 의미이다.

아셨다: '야다(ידע)'는 '이해하다', '인지하다', '경험하다', '구별하다', '관계하다' 등의 의미로 광범위하게 사용된다. 이 동사는 사물이나 사건, 사람 등에 대해 감각기관으로 얻은 지식을 나타내는 단어의 어간에 쓰이기도 한다.

그래서 자주 '듣다', '보다' 등의 동사와 병행되어 나온다(탈출 16,11-12; 신명 33,9; 이사 41,20 참조). 하느님께서 이집트에 내린 재앙은 이집트인들에게 당신이 주님임을 알리기 위한 것이었다(탈출 10,2). 하느님은 이스라엘 자손들의 상황과 고통을 아셨다. 이는 파라오가 요셉을 알지 못했다(탈출 1,8)는 진술과 상반된다. 이스라엘 자손들의 고통을 듣고, 기억하고, 보시는 하느님은 그들의 모든 사정을 누구보다 잘 알고, 그 처지를 온전히 이해하시기에, 파라오의 억압에 시달리고 있는 이스라엘 백성의 유일한 희망이시다.

그리스인들이 초월적 지식과 사물의 본질에 관한 사변적인 것에 관심을 가졌던 반면, 구약성경에 드러나는 히브리인들의 사고에는 끊임없는 인격적 만남에서 지식이 생겨난다는 믿음이 있었다. 하느님이 보여주시는 계시와 관련하여, 그들은 하느님을 아는 지식도 자신들이 살아온 역사 안에서, 동시에 약속된 미래에서 찾았다. 창세기에서는 하느님의 창조 목적과 그분이 주시려는 축복이 무엇인지 알 수 있었다. 이제 탈출기에서 하느님의 계시를 접함으로써 해방과 구원, 하느님의 법, 그분을 섬기는 예배를 알 수 있을 것이다. 이스라엘은 끊임없이 과거와 현재 그리고 미래에서의 하느님 계시를 보았기에 하느님을 올바로 아는 지식(야다 ידע)을 얻을 수 있었다.

하느님은 이스라엘 자손들의 부르짖음을 '듣고, 기억하고, 보고, 아심으로써' 그들의 역사와 삶에 결정적으로 개입하신다(2,24-25). 하느님은 거기서 그치지 않고, '이스라엘 자손들을 이집트인들의 손에서 구하시고 모세를 통해 이끌어내겠다'고 선언하신다(3,8).

부록

☞ 미디안

미디안에 대해서는 알려진 바가 거의 없다. 그 땅의 정확한 위치에 대해서도 논란이 많다. 이런저런 추정만 해볼 수 있을 뿐이다. 성경에서는 아브라함과 크투라 사이에 난 아들 가운데 하나로 '미디안'이 나온다(창세 25,2). 요셉 이야기에서 미디안인들은 이스마엘인들과 동일시되며, 요르단 북부의 길앗과 이집트를 오가는 상인들로 소개된다(창세 37,25-36). 판관 기드온 이야기에서도 미디안인들과 이스마엘인들을 동일시한다(판관 8,22-28). 한편 이스라엘이 우상을 섬긴 일로 피느하스가 미디안 여인을 처단하는 이야기(민수 25,1-18)와 이스라엘과 미디안의 전쟁 이야기(민수 31,1-12; 여호 13,21)는 미디안을 이스라엘의 적대 세력으로 규정한다. 탈출기에서 모세는 미디안과 매우 깊게 연관된다. 모세는 이집트를 떠나 미디안에서 약 40년을 살았고(2,15-22; 3,1; 4,18), 모세의 장인인 미디안의 사제 이트로는 광야에 있는 모세를 찾아와 하느님의 업적을 함께 기뻐하며 이스라엘의 사회조직에 대해 조언까지 해준다(18,5-27). 민수 10,29-32에서는 모세가 장인 호밥(이트로)에게 광야 여정의 길잡이가 되어달라고 청한다. 성경은 이처럼 이스라엘과 미디안의 관계가 우호적이었던 때가 있었던 반면, 적대적이었던 때도 있었음을 알린다. 민수 22-24장에 모압 임금이 발라암을 불러오는 이야기에도 미디안인들은 모압인들과 같이(민수 22,4.7) 이스라엘 남동부의 사람들과 관련되어 나온다. 따라서 미디안의 위치를 일반적으로 아라비아 사막의 아카바만 남동쪽 지역으로 본다. 혹은 모세가 미디안 광야에서 양 떼를 치는 목자로 등장하는 것처럼(2,16-19; 3,1 참조) 미디안 사람들은 유목 생활을 하기 때문에 시나이반도 남부 지역까지 위치한다고 보기도 한다.

제2장 하느님의 현현과 모세의 소명 3,1-4,17

미디안을 배경으로 전개되는 3,1-4,17은 하느님과 모세의 대화가 주축을 이룬다. 2장에서 모세가 태어나 성년이 될 때까지 이집트에서의 삶과 이집트를 떠나 미디안으로 옮겨가는 삶을 다루었다면, 이제 3장에서는 하느님에게서 소명을 받은 모세가 이스라엘 자손들 전체를 약속의 땅으로 이끄는 새로운 지도자로 부상하는 이야기를 다룬다.

1. 하느님의 현현 3,1-6

이스라엘 자손들의 구원 계획과 불가분의 관계를 지닌 모세의 소명은 3장에서 시작되어 탈출기의 마지막까지 이어진다. 하느님께서 모세에게 처음으로 나타나 소명을 부여하시는 3장은 탈출기의 또 다른 출발점이라고 할 수 있다. 하느님의 현현(Theophany) 이야기에 연이어 나오는 모세의 소명 이야기는 하느님의 현현에 대한 응답이 된다. 탈출기에는 하느님의 현현 사건이 두 번 언급되는데, 첫 번째는 미디안 광야의 불타는 떨기 속에서(3장), 두 번째는 시나이산에서(19장) 있었다. '하느님 현현에 이어 부르심을 받고 그에 대해 응답'하는 패턴은 19-24장에서도 반복되어 나온다. 두 번 모두 모세가 하느님의 현존을 체험한 이후에 하느님께서 그에게 앞으로 수행해야 할 소명을 알려주신다. 모세가 호렙산에서 하느님의 현존을 체험하듯이, 시나이산은 모든 이스라엘 자손이 하느님의 현현을 체험하는 장소가 되고, 그곳에서 하느님은 그들이 실행해야 할 계명을 내리신다.

3,1-6의 하느님 현현은 하느님이 이스라엘에 대한 구원 의지를 드러내신 2,23-25과 긴밀하게 연결된다. 이 대목에는 '나타났다', '보았다', '부르셨다' 등 가시적이고 동적인 용어들이 많이 사용되어 장면을 매우 생동감 있게 묘사한다. 생생한 대화 내용은 하느님의 자기 계시와 모세의 소명과 관련된 것으로 이스라엘 자손들의 구원과 직결된다.

미디안으로 도주한 모세는 평범한 목자로 살아간다. 구약성경에서는 하느님께서 목자를 부르시는 경우를 종종 찾아볼 수 있다. 양 떼를 돌보던 다윗을 이스라엘의 임금으로 세우셨고(2사무 7,8), 목자로 살던 아모스(아모 7,14-15)를 당신의 예언자로 삼으셨다. 하느님께서는 그들을 당신 사람으로 부르시어 삶의 방향을 완전히 전환하셨듯이, 미디안에서 양을 치며 평범하게 살아가던 모세를 선택하시어 이스라엘을 인도할 지도자로 세우신다.

모세는 어느 날 양 떼를 치러 광야를 지나 '호렙' 또는 '시나이'라 부르는 하느님의 산에 간다(3,1). 이는 분명 정황과 규모의 차이는 있지만, 19장에서 이스라엘 자손들이 르피딤을 떠나 시나이 광야에 위치한, 하느님의 산으로 알려진 시나이산에 도착하는 장면과 유사하다. '메마른', '황량한'이라는 뜻의 히브리어 '호렙'의 어원은 '마르다', '황폐하다'라는 뜻을 지닌 동사 '하라브(חרב)'이다. 호렙산에는 어원적으로도 광야의 이미지가 그대로 담겨 있다. 양 떼를 치는 일은 모세에게 지극히 평범한 일상이었다. 그러나 그날 호렙산에서 모세는 하느님의 현존을 체험하고, 그것은 그의 삶을 완전히 뒤바꿔놓았다.

모세는 호렙산에서 떨기가 불에 타는데도, 그 떨기가 타서 없어지지 않는 떨기나무를 보게 된다(3,2). 그리고 그 놀라운 광경을 가까이 가서 보기로 한다. 모세가 본 '떨기나무'(세네 סנה)가 무슨 나무인지는 정확히 알 수 없다. 불꽃은 성경에서 자주 하느님 현현의 상징으로 사용된다. 이스라엘 자손들이 이집트를 탈출할 때도 하느님은 불기둥 속에 현존하시며 이스라엘을 이끄시고(13,21; 민수 14,14) 적들과 싸워주신다(탈출 14,24). 시나이산에서 계명을 주실 때에도 불과 구름 속에서 당신을 드러내신다(19,18; 24,17). 엘리야가 카르멜산에서 바알 예언자들과 대결할 때도 하느님은 불로 나타나신다(1열왕 18,38). 모세에게는 불타는 떨기 속에서 주님의 천사가 나타난다(탈출 3,2). 구약성경에서 주님의 천사는 하느님의 뜻을 전하고 사명을 수행하는 하느님의 메신저이면서, 동시에 하느님과 동일한 존재로 자주 묘사된다(창세 16,7-13; 21,17-18; 22,11-12; 31,11; 판관 6,22; 13,21-22). 여기서도 떨기 속에서 나타난 것은 '주님의 천사'였지만, 말씀하시는 분은 '주님'이다. 이처럼 '주님의 천사'와 '주님'이라는 말을 서로 바꾸어 사용한 것은 불타는 떨기나무 속에서 나타난 주님의 천사가 바로 하느님과 동일시되는 존재임을 드러낸다. 이와 달리 23,20-23에서 '주님의 천사'는, 말씀하시는 '주님'과 구별되는 메신저로 나온다. 3장에서 떨기나무의 불꽃과 함께 나타나신 하느님은, 19장의 시나이산에서는 '번개, 우렛소리'와 같은 또 다른 자연현상과 함께 나타나신다.

모세가 하느님께서 떨기나무에 계신다는 것을 깨닫는 순간, 양 떼를 몰고 다니던 그에게 너무나 익숙했던 그 평범한 광야는 거룩한 장소가 되었다. 어떤 공간이 특별히 지명받아 거룩해지는 게 아니다. 이전에는 평범했던 장소가 하느님이 현현하심으로써 거룩한 공간으로 변한다. 하느님을 만난 모세는 그분의 거룩함에 초대받는데, 그 초대에는 그의 소명이 내포되어 있으며 모세뿐 아니라 하느님의 백성 모두가 거룩함으로 초대받는다(19,6; 레위 19,2).

하느님의 거룩함은 의로움(righteousness), 정의(justice), 사랑, 동정, 연민 등과 같이 그분의 성품이다. '하느님은 거룩하시다'라고 할 때 기본적으로 두 가지 개념을 전제한다. 하느님은 존재하는 모든 것으로부터 '구별된다'는 것과 '윤리·도덕적으로 완전무결하다'는 것이다. 그 누구도 하느님의 거룩함에 함부로 다가갈 수 없기에, 하느님께서는 거룩한 영역을 침범하지 말라는 엄격한 경고의 메시지를 주시기도 한다(탈출 3,5; 19,12). 하느님의 말씀에 철저히 순종하는 모세는, 자신이 거룩하신 하느님 현존 앞에 서 있다는 것을 깨닫고, 경외와 겸손의 표시로 신고 있던 신을 벗어야 했다(3,5). 그뿐 아니라 그는 거룩하신 하느님을 직접 바라볼 수가 없기에 얼굴도 가린다.

하느님은 모세에게 "나는 네 아버지의 하느님, 곧 아브라함의 하느님, 이사악의 하느님, 야곱의 하느님"(3,6)이라고 당신을 소개하신다. 지금 모세에게 나타나신 하느님이 당신을 조상들의 하느님이라고 밝히시는 것은 그들과 맺은 계약의 관점에서 모세의 소명과 이집트 탈출을 바라보도록 한다. 하느님은 이스라엘 자손들이 이집트인들의 노예가 되기를 바라지 않으셨다. 비록 이집트 땅에서 불가피하게 오랜 세월 동안 체류할지라도 결국 이스라엘 자손들은 하느님이 그들의 조상들에게 약속하신 바와 같이 가나안 땅을 차지할 것이다. 모세에게 내리시는 소명은 하느님의 이런 계획에 부합한다. 이스라엘 자손들의 이집트 탈출은 약속의 땅을 향해 가는 출발점이다. 따라서 성조들에게 내리신 약속은 과거의 사건으로만 존재하지 않고, 하느님에 의해 계속해서 성취되어가고 있다. 아브라함과 이사악과 야곱의 하느님은 과거뿐 아니라 현재에도 존재하시며 계속해서 구원 역사를 이끌어가신다. 이스라엘 자손들에게 유일한 구원의 길은, 조상들과 계약을 맺었던 하느님, 그들이 믿었던 그 하느님 한 분밖에 없다. 모세에게 나타나신 하느님은 언제나 같은 하느님, 성조들의 세대와 앞으로 다가올 세대에도 항상 살아 계신 하느님이시다.

2. 모세의 소명과 거부 3,7-12

1) 모세의 소명

사람을 통하여 구원 역사를 이끌어가시는 하느님은 당신이 지명하신 모세에게 이스라엘의 구원이라는 소명을 내리신다. 이제 모세는 그 부르심에 응답해야 한다. 탈출기에서 모세의 소명은 중요하다. 하느님의 부르심에 대하여 모세는 다섯 번이나 소명을 거부하는데, 3장에서 첫 번째와 두 번째 소명 거부에 관한 대화를 듣게 된다.

"모세가 보러 오는 것을 **주님께서** 보시고, 떨기 한가운데에서 '모세야, 모세야!' 하고 그를 부르셨다"(3,4). 1-2장에서 '엘로힘'이라는 이름으로 나온(1,20; 2,24) 하느님이 3장부터는 '주님'(יהוה = YHWH, 야훼)이라는 이름으로 등장한다.

3,7-9에서 하느님은 당신이 모세에게 나타나신 이유를 밝히신다. "나는 이집트에 있는 내 백성이 겪는 **고난을** 똑똑히 **보았고**, 작업 감독들 때문에 **울부짖는 그들의 소리를 들었다**. 정녕 나는 그들의 **고통을 알고 있다**"(3,7). 7절의 동사 '보다'(내가 보았다 ראיתי), '듣다'(내가 들었다 שמעתי) '알다'(내가 알고 있다 ידעתי)는 앞서 2,24-25에 나온 네 개의 동사들 가운데 세 개를 사용하여 이스라엘이 처한 구원의 필요성을 드러낸다. 이 동사들과 연결되는 세 개의 목적어 또한 이집트에서 이스라엘 자손들이 겪는 고난을 그대로 반영한

다. 이렇게 구원이 절실하게 필요할수록 이집트에서 벌어지고 있는 처참한 현실에서 이스라엘 자손들을 구원할 수 있는 분은 오직 하느님밖에 없다는 것이 강조된다.

'보았다'	⇒	'고난'(오니 עני)
'들었다'	⇒	'울부짖음'(처아카 צעקה)
'알고 있다'	⇒	'고통'(마크오브 מכאב)

'고난', '울부짖음', '고통', 이 세 가지 단어는 이스라엘 자손들이 이집트 노예로 살아가고 있는 역경을 표현하는 말이다. 하느님은 파라오라는 권세를 지닌 강자가 아무것도 내세울 것 없는 약한 히브리 노예들을 억압하는 현실을 보셨다. 그분은 이집트에서 고난받는 이스라엘 자손들의 비참한 처지를 가볍고 무심하게 보지 않으시고 깊이 응시하고 숙고하신다. 그래서 그들의 울부짖음을 듣고 계시며 그들이 지금 겪고 있는 이 모든 고통을 알고 계신다. '울부짖다'라는 의미의 동사 '차아크(צעק)'는 오경에서 19회, 그중 탈출기에만 9회 정도가 사용된다(5,8.15; 8,8; 14,10.15; 15,25; 17,4; 22,22.26). 오경의 다른 책들과 비교하여 '울부짖다'라는 이 단어가 탈출기에 두드러지게 많이 사용되는 것은 탈출기의 배경이 억압과 폭력으로 인해 괴로운 시간을 보내고 있는 이스라엘의 극한 상황이기 때문이다. 하느님은 괴로움 중에 울부짖는 이스라엘의 고통과 무관한 분이 아니라, 가까이서 '보고', '들으시며', '내려오셔서' 구원하시는 분이라는 것이 다음과 같은 말씀에서 표현된다. "**내가** 그들을 이집트인들의 손에서 **구하여**, 그 땅에서 저 좋고 넓은 땅, 젖과 꿀이 흐르는 … 곳으로 백성들을 **데리고 올라가려고 내려왔다**"(3,8).

모든 걸 다 아시는 하느님은 당신이 친히 구원자로 전면에 나타나실 것을 말씀하신다. 하느님께서 '내려오신' 이유는 이집트인들의 손에서 이스라엘을 구하기 위해서이다. 하느님은 이스라엘을 파라오의 손에서 빼내시는 것으로 그치지 않고, 그들을 친히 아브라함에게 약속했던 땅, 젖과 꿀이 흐르는 땅으로 데리고 올라가시기 위해 내려왔다고 선언하며 구원 의지를 구체적으로 드러내신다. 그러므로 하느님은 몸소 아래로 내려오셔서(ירד), 이스라엘을 이집트인들의 손에서 건져내시어(נצל), 약속의 땅으로 데리고 올라가실(עלה) 것이다. 모세는 하느님 현존 체험을 통해 이러한 이스라엘의 구원 계획을 들었다.

하느님께서 약속하신 가나안 땅은 지정학적으로 메소포타미아 지역과 이집트를 잇는 중요한 위치에 있어 일찍부터 상거래가 이루어진 풍요로운 땅이었다. 그 땅은 '좋은 땅'(3,8; 신명 8,7), '젖과 꿀이 흐르는 땅'(3,8; 민수 14,8), '기름진 땅'(예레 2,7) 등으로 불렸다. 그중 '젖과 꿀이 흐르는 땅'은 오경에 15회 언급되는데, 탈출기에만 4회 나온다(3,8.17; 13,5; 33,3). '젖'은 풍부한 목초지를 상징하고 '꿀'은 풍부한 농작물을 상징하여, 그 땅의 풍요로움을 표현한다. 창세기에서도 성조들에게 땅에 대해 약속하셨지만, '젖과 꿀이 흐르는 땅'이라는 표현은 없었다(창세 12,7; 15,18; 17,8 등). 탈출기에 처음 등장하는 이 표현은 이집트에서 종살이하는 이스라엘 자손들에게 성조들이 약속받은 땅에 대한 동경과, 넓고 풍요로운 땅에 대한 희망을 불러일으키는 표현이다. 신명기에서는 '젖과 꿀이 흐르는 땅'을 구체적으로 풀어 설명한다. "주 너희 하느님께서는 너희를 좋은 땅으로 데리고 가신다. 그곳은 물이 흐르는 시내와 샘이 있고, 골짜기와 산에서는 지하수가 솟아나오는 땅이다. 또 밀과 보리와 포도주와 무화과와 석류가 나는 땅이며, 올리브기름과 꿀이 나는 땅이다"(신명 8,7-8).

하느님은 젖과 꿀이 흐르는 풍요로운 땅으로 이스라엘 자손들을 이끄실 뜻을 갖고 계셨다. 그러나 요르단강 서쪽 전역에 이르는 그 땅에는 이미 가나안족, 히타이트족, 아모리족, 프리즈족, 히위족, 여부스족 등이 살고 있었다(3,8.17; 13,5.11). 여기에서는 가나안에 사는 민족이 여섯으로 나오는데, 창세 10,15-18에서는 열한 민족, 창세 15,19-20은 열 민족, 신명 7,1에서는 일곱 민족의 이름이 나온다. 이는 가나안에 이미 많은 사람이 정착하여 살고 있었다는 것을 말한다. 탈출기는 이 민족들의 명단을 나열하면서 그들이 사는 땅으로 이스라엘을 데리고 들어가 살게 하겠다는 약속을 후렴구처럼 반복한다. 이미 살고 있는 민족들을 쫓아내고 그 땅에 이스라엘 자손들이 살게 하겠다는 약속은 다른 민족들에게는 납득하기 어려운 말씀이다. 이 말씀을 이해하기 위해서는 '모든 생명과 온 세상 만물의 주인은 창조주 하느님'이라는 고백에서 출발해야 할 것이다. 이는 성경에서 항상 강조하는 바이다. 땅 역시 만물 가운데 하나로 하느님께 속해 있기에, 하느님만 그 땅을 주시거나 거두실 수 있다. 이렇게 온 땅에 대한 유일한 권한을 지니신 하느님께서 가나안 땅을 이스라엘에 주고자 하신다. 하느님의 이러한 결정과 처사는 개인 간의 거래와 같은 인간적 차원을 뛰어넘는 이해가 필요하다. 중요한 것은 무상으로 그 땅을 받는 이스라엘에게는 그에 따른 의무와 책임이 수반된다는 사실이다. 이스라엘이 그 땅을 보존하면서 살기 위해서는 그들에게 명령하시는 기본적인 지침들을 엄격하게 준수해야만 한다. 만일 이스라엘 자손들이 하느님과 맺은 계약을 가볍게 여겨 지키지 않는다면 그들조차도 그 땅에서 살지 못하고 쫓겨날 것이다. 그래서 계약 법전 말미에도 가나안 땅 진입에 관한 약속과 경고를 길게 서술한다(23,20-33).

"내가 이제 너를 파라오에게 보낼 터이니, 내 백성 이스라엘 자손들을 이집트에서 이끌어내어라"(3,10). 하느님께 파견받은 모세의 사명은 이집트에서 온갖 종류의 억압 속에 비참하게 살고 있는 이스라엘 자손들을 구출해 내는 일이다. 하지만 하느님께서 "내가 그들을 이집트인들의 손에서 구하여 … 데리고 올라가려고 내려왔다"(3,8)고 말씀하셨듯이, 사실 이스라엘을 구출하는 일은 하느님이 하실 것이고 모세는 하느님의 파견(שׁלח)을 받아 사람들 앞에서 그분의 대리인 역할을 하는 것이다. 그럼에도 모세는 자신에게 맡겨진 책임과 사명감에 대한 무게 때문에 파견 말씀을 듣자마자 자신의 소명을 거부한다.

2) 모세의 거부와 하느님의 응답

모세의 소명 거부와 하느님의 응답은 다섯 번이나 연속해서 나온다. 그중 두 번이 3장에서 서술되고 나머지 세 번은 4장에서 이어진다.

	모세의 거부	하느님의 응답
3장	① 거부 3,11	① 응답 3,12
	② 질문 3,13	② 응답 3,14-15
4장	③ 질문 4,1	③ 응답 4,2-9
	④ 거부 4,10	④ 응답 4,11-12
	⑤ 거부 4,13	⑤ 약속과 파견 4,14-17

모세는 첫 번째 항변에서 자신의 정체성과 관련하여 “제가 무엇이라고 감히 파라오에게 가서…”(3,11)라고 말한다. ‘제가 무엇이라고’ 혹은 ‘제가 누구라고’ 하는 모세의 대답은 곧 ‘제가 누구입니까?’(미 아노키 מי אנכי)라는 의문 제기이다. 이는 자신이 누구인지 몰라서 묻는 물음이 아니라 자괴감에 가득 찬 말로, 2,14과 연결되는 질문이기도 하다. 모세의 이 질문은 ‘미디안에서 양 떼를 돌보는 목자인 제가 누구라고 이집트의 임금 파라오에게 가서 말을 할 수 있단 말입니까?’라는 의미이다. 즉 파라오에게 파견되기에는 자신이 부적격하다고 강조하며 소명에 대한 부당함을 제기하는 대답이다. 그는 과거에 이집트의 궁정 생활을 해보았기 때문에, 파라오의 권력이 어느 정도인지 누구보다도 잘 알고 있었다. 게다가 파라오를 피해 미디안으로 도망쳐온 그가 다시 파라오에게 가기는 쉽지 않았다. 하물며 파라오와 대면하여 이스라엘 자손들을 내보내라는 말씀을 전하는 것은 모세에게 더더욱 어려운 과업이었다. 소명을 부정하는 모세의 대답(3,11)과 그에 대한 하느님의 응답(3,12)은 방향이 아주 다르다.

모세 (과거 지향적)	하느님 (미래 지향적)
과거 이집트에서의 부정적 체험에서 비롯된 회의적 태도	모세와 함께하시는 하느님에 대한 신뢰를 강조

하느님은 이스라엘을 이집트인들의 손에서 구하여 데리고 올라가려고 내려오셨다. 이는 이스라엘을 단순히 파라오의 정치적 억압에서 해방하기 위함만이 아니다. 모세를 파라오에게 보내 이스라엘 자손들을 이집트에서 데리

고 나가시려는 구원의 궁극적 목적은 이스라엘 자손들이 참된 하느님의 백성, 즉 '하느님을 예배하는 백성'이 되게 하는 것이다(3,12). 하느님을 예배하는 백성이 된다는 것은 이집트에서 파라오를 주인으로 섬겼던 이스라엘 자손들이 이집트 탈출 이후에는 이스라엘의 구원자요 주인인 하느님만을 섬긴다는 선언이다.

모세는 하느님의 전능하심을 보지 못하고 '내가 누구이고, 무엇을 할 수 있는가'에 근거하여 무능력한 자신이 사명을 수행하는 데 부적합하다고 여기고 소명을 부인한다. 나를 보내신 분이 누구이고, 내가 누구에게 의탁하면서 가고 있는가? 파견하시는 분이 하느님이라는 확신이 들 때 자신의 능력이 아닌 주님의 능력을 믿고 주저함 없이 갈 수 있다. 모세는 소명 수행에 대한 가능성을 자신이 아니라 파견하시는 하느님 안에서 발견해야 한다는 사실을 놓쳤다. 그 결과 자신의 사명 수행이 현실적으로 불가능하다고 생각한다. 이에 관하여 하느님은 모세에게 "내가 너와 함께 있겠다. 이것이 내가 너를 보냈다는 표징이 될 것이다"(3,12)라고 분명히 말씀하신다. 파라오의 권력에 대항할 힘은 모세에게 있는 것이 아니라 그를 파견하신 하느님에게 있다. 그가 주님의 말씀을 전할 수 있다는 표징은 주님께서 모세와 함께 하신다는 사실이다. 모세가 할 일은 주님을 믿는 것뿐이다. "내가 너와 함께 있겠다"에서 '내가 있다'에 해당하는 히브리어 '에흐예(אהיה)'는 하느님께서 당신 이름을 계시하는 3,14과 연계되어, '살아 계신 하느님이 모세와 함께 있겠다'는 약속을 강조한다.

성경에서 히브리어로 '오트(אות)'라고 부르는 '표징'은 초자연적 능력에 의해 외부로 나타난 현상을 말한다. 구약에 나오는 대표적인 표징은 노아 시대 홍수 후의 무지개(창세 9,12-16), 아브라함의 할례(창세 17,11), 파스카 밤에 문설주에 바른 어린양의 피(탈출 12,13) 등이다. 하느님께서 넷째 날에 창조하신 '빛물체들'(창세 1,14)과 카인에게 보호하시는 표를 찍어주실 때(창세 4,15)에도 같은 단어가 사용된다. 표징은 일반적으로 자연현상이나 일상에서 일어나는 현상으로, 하느님께서 보여주시는 것이다. 탈출기에서 모세에게 주시는 표징은 모세를 파견하시는 하느님이 '그와 함께 계시겠다는 약속'(3,12)이다. 이처럼 무형적인 것 혹은 추상적인 영역도 표징으로 사용된다. 중요한 것은 표징 자체가 아니라 표징을 통해 증명되는 하느님의 영광을 보는 눈이다.

"네가 이 백성을 이집트에서 이끌어내면, 너희는 이 산 위에서 하느님을 예배할 것이다"(3,12)라는 말씀은 탈출기 후반부에서 실현된다. 모세가 파라오를 찾아가 요구하는 '이스라엘 백성이 주님을 예배하는 것'은 탈출 사건의 궁극적인 목적이자 절정이다. 시나이 계약 이후 탈출기의 후반부에서는 주님을 예배하는 것이 핵심 주제로 등장한다.

3. 하느님의 이름 계시 3,13-15

모세의 두 번째 질문은 하느님의 이름에 관한 물음이다. 모세는 이스라엘 자손들에게 자신을 파견하신 분의 이름을 무엇이라고 해야 하는지 묻는다(3,13). 하느님은 세 개의 문장으로 상세하게 당신 이름을 계시하신다. 모세가 자신의 소명을 확신하도록, 그를 파견하시는 분이 '있는 나'이고 이스라엘의 '조상들의 하느님'이라고 밝히신다. 이는 이스라엘 백성 앞에서 모세에게 권위와 힘을 실어주시는 말씀이다.

> 14절: "나는 있는 나다. … '있는 나'께서 나를 너희에게 보내셨다."
> 15절: "너희 조상들의 하느님, 곧 아브라함의 하느님, 이사악의 하느님, 야곱의 하느님이신 야훼께서 나를 너희에게 보내셨다."

모세가 하느님의 이름을 묻는 것은 자연스럽고 중요한 일이었다. 고대 세계에서는 이름에 개개인의 정체성을 드러내는 본질이 반영되어 있다고 믿었다. 그리고 사물에 이름이 붙여지지 않으면 그 사물은 존재하지 않는다고 생각하는 경향까지 있었다. 신의 이름 역시 그 신의 본질과 능력을 드러낸다고 여겼기 때문에 하나의 신神이 여러 이름을 가지는 것은 특별한 일이 아니었다. 하지만 하느님께서 모세에게 나타나 당신의 이름을 밝히신 것은 특별한 계시 사건이다. 모세는 하느님을 전적으로 신뢰하지도 않았고, 하느님이 부여하신 사명조차 거부했다. 하지만 하느님은 그런 그에게 이전에는 아무에게도 알려주지 않은 당신의 이름을 알려주신다. 피조물인 인간이 하느님의 이름을 묻고 하느님이 그 물음에 응답하시며 당신의 이름을 계시하신 것은 놀라운 일이 아닐 수 없다.

하느님의 이름을 묻는 모세의 질문에는 여러 의미가 있다. 그 질문은 우선 모세의 우려와 두려움을 드러낸다. 그는 이스라엘 백성에게 갔을 때, 자신이 성조들의 하느님에게서 파견되었음을 인정받을 수 없을까 봐 두려웠다. 과거 이집트에서 동족들의 싸움을 말릴 때처럼 그들이 자신을 믿지 않을까 봐 불안했다. 모세가 다시 그들 앞에 서기 위해서는 하느님께서 자신을 파견했다는 확실한 표시, 곧 신임장 같은 것이 필요했다.

동시에 이 질문은 모세 자신에게 소명을 내리신 하느님이 누구이신지 보다 깊이 알고자 묻는 물음이라고 할 수 있다. 즉 하느님이 어떤 분이시기에 자신을 파라오에게 보내고, 그에게 요구하여 이스라엘 백성을 이끌고 이집트를 나와 약속의 땅으로 가라고 하시는지, 그 하느님이 무슨 일을 하실 수 있는지 알고 싶은 것이다.

이스라엘의 조상들은 자신들의 하느님을 '전능하신 하느님'(엘 샤다이)[5], '지극히 높으신 하느님'(엘 엘리온)[6], '영원한 하느님'(엘 올람)[7] 등 여러 이름으로 불렀다. 하느님 본성의 다양한 측면이 그분을 지칭하는 이름에 의해 강조된다. 이 다양한 이름은 이스라엘 조상들의 하느님 체험을 토대로 그들에게 주어졌다. 그 다양한 하느님의 이름이 이제 '야훼(יהוה)'라는 이름 하나로 집약된다(3,15; 6,2-3). 하느님께서는 이전에 '전능한 하느님'(엘 샤다이)

---

5) 창세 17,1; 28,3; 35,11; 43,14; 48,3; 49,25.

6) 창세 14,18-20.22.

7) 창세 21,33.

으로 나타났으나, '야훼'라는 이름으로 당신을 알리신 적은 없다. 하느님께서 계시하신 '야훼'라는 이름은 이집트 탈출 사건과 연관되어 있다. 따라서 이 이름은 이스라엘 백성이 이전에 알던 하느님의 이름과 차별된다. 야훼는 그들이 아직 경험하지 못한 이름으로 나타나셨다. 이제 이스라엘 자손들은 이집트 탈출 사건을 통해 조상들의 하느님을 야훼라는 이름으로 경험하게 될 것이다. 그들이 체험할 야훼는 구원과 해방의 하느님이다.

하느님께서는 구약성경에서 유일하게 당신의 이름을 '야훼'로 계시하셨다. '야훼'는 고유명사로서 히브리어로는 'יהוה'라고 쓰고, '아도나이'라고 읽었다. 하느님의 거룩한 이름을 함부로 입에 담을 수 없었기 때문이다. 칠십인역에서도 하느님의 이름을 '퀴리오스'(κύριος 주님)로 옮겼다. 그 영향으로 우리말 성경에서도 '아도나이'에 해당하는 하느님의 이름은 '주님'으로 옮기고 굵은 글씨로 표기하였다. 영어 성경에서는 '야훼'를 YHWH로 쓰고, '야훼'가 나오는 곳마다 대문자를 사용하여 'LORD' 혹은 'Lord'로 표기한다 (NRSV 탈출 3,7.15).

יהוה = YHWH = 야훼 = 주님

한편, '야훼'는 '있는 나'라고 표현할 때 사용된 동사 '에흐예'와 관련이 있다. 우리말 성경에서 "나는 있는 나다"(3,14)라고 번역된 구절의 히브리어 원문은 다음과 같다.

אהיה אשר אהיה (에흐예 아쉐르 에흐예 = I am who I am, 나는 나다)

'에흐예(אהיה)' 는 '하야(היה)' 동사의 1인칭 미완료 단수형이다(אהיה = I am). '하야' 동사는 영어에서 존재를 나타내는 'be' 동사처럼 '~이다, 있다, 존재하다'라는 의미를 지닌다. 하느님은 당신의 이름을 명사가 아니라 '있다, 존재하다'라는 동사로 계시하신다. 그분의 존재를 담고 있는 이 이름은 '어느 시점에 이르러 사멸되는 인간과 달리 주님은 항상 살아 계시며 존재하시는 분'이라는 중요한 의미를 내포한다. 또한 미완료형은 과거, 현재 그리고 미래까지 항상 존재하고 계시는 하느님의 속성을 강조한다. 이렇듯 하느님은 당신의 본성을 어떤 구체적 특성으로 제한하지 않는다. '있는 나'이신 하느님은 "이것이 영원히 불릴 나의 이름이며, 이것이 대대로 기릴 나의 칭호이다"(3,15)라고 선언하신다. 하느님은 분명히 인간과 다른 초월적 존재로 숨어 계시는 분인 동시에, 모세에게 '함께 있겠다'고 약속하신 것처럼 우리 가까이 살아 계시는 분이라는 것도 그 이름에서 드러난다.

모세가 지금 알게 되는 하느님은 성조들과 구체적으로 연결된 '아브라함의 하느님, 이사악의 하느님, 야곱의 하느님'이시다(탈출 2,24; 3,6.15-16; 4,5; 6,3.8; 32,13; 33,1). 하느님은 과거에 성조들과 동행하셨을 뿐 아니라 지금 이스라엘 자손들과 함께 계시고 미래에도 충실하시다. 그 하느님이 바로 지금 모세에게 나타나셔서, 이제 이스라엘 자손들의 고통에 개입하겠다는 의지를 분명하게 밝히신다. 하느님은 모세가 당신을 믿게 하시려는 것뿐 아니라 이스라엘 백성이 모세를 믿게 하시려고, 모세에게 나타나셔서, 이집트로 돌아가 이스라엘 원로들을 모아놓고 전할 말씀과 모세와 원로들의 요구에 대해 예상되는 파라오의 반응까지 알려주신다. 곧, 주님께서는 이스라엘 자손들이 이집트에서 겪고 있는 일을 살펴보셨고, 그들을 이집트에서 끌어내시어 젖과 꿀이 흐르는 땅으로 데리고 올라가기로 작정하셨다는 것이다(3,16-17). 원로들은 모세와 함께 파라오에게 '주 저희 하느님께 제사를 드릴 수 있도록 허락해주십시오'라고 말해야 한다(3,18). 그러나 파라오는 이 요구를 거절할 것이고, 하느님이 온갖 기적을 일으켜 이집트를 치신 뒤에야 이스라엘 백성을 내보낼 것이다. 그때에 주님은 이스라엘 자손들이 이집트를 빈손으로 떠나지 않게 하겠다고 말씀하신다(3,21-22).

이러한 하느님의 보증에도 불구하고 모세는 두려움에 사로잡혀 계속해서 '만일 …하지 않으면', '만일 …한다면' 하고 자신이 생각할 수 있는 온갖 '만일'을 예견하며 자신의 소명을 받아들이기를 주저하고 고사한다. 하느님은 그런 모세를 믿게 하시려고 또 다른 표징을 보여주신다.

4. 세 가지 표징 4,1-17

4장 전반부에서 모세의 소명에 대한 주님과의 대화가 계속해서 이어진다. 이 짧은 대목에서 '믿다'(אמן)라는 말이 무려 다섯 번이나 사용되는데, 이는 '믿음'이 모세의 소명 이야기를 전개하는 핵심 단어이고, 이를 통해 그가 소명을 수용하기까지의 과정이 주님의 말씀을 믿음으로 받아들이는 여정임을 알 수 있다[4,1.5.8(2회).9]. 모세는 앞서 두 번이나 자신의 소명을 거부하고 그에 대한 주님의 응답을 들었으나(3,11.13) 여전히 두려워하며, 이 단락에서 세 번이나 거듭해서 자신의 소명을 거절한다.

모세는 이집트에 돌아가서 주님의 말씀을 전할 때, 이스라엘 자손들이 자신의 말을 믿지 않고 그들에게 배척받을 것에 대한 두려움 때문에 또다시 소명을 거절한다(4,1.10.13). 이에 하느님께서는 모세가 당신에게서 파견받은 사람이라는 확증이 될 세 가지 표징을 주신다(4,2-9). 이 표징으로 모세는 하느님이 부여하신 권위를 드러낼 것이다.

① 지팡이 ⇄ 뱀　② 손의 나병 ⇄ 치유　③ 나일강 물 → 피

첫 번째 표징은 지팡이가 뱀으로 변했다가 다시 지팡이로 변하는 것이다(4,2-5). 뱀은 파라오의 권력, 이집트의 왕권을 상징한다. 모세의 양치기 지팡이가 뱀으로 변하는 것은 주님 앞에서 이집트의 권위가 무력함을 나타낸

다. 이후에도 모세의 지팡이는 양 떼를 인도하고 사나운 짐승으로부터 보호하는 '착한 목자의 지팡이'를 상징한다. 모세는 이집트로 돌아갈 때 "손에 하느님의 지팡이를 들고 있었다"(4,20). 모세의 평범한 지팡이가 하느님께서 기적을 일으킨 후로 '하느님의 지팡이'가 된다. 앞으로 이 지팡이는 주님이 지니신 권능의 상징이 되어 이스라엘 자손들을 이끄는 데 사용될 것이다.

모세에게 믿음을 주기 위한 두 번째 표징은, 모세의 멀쩡한 손이 나병에 걸려 하얗게 되었다가 다시 회복되는 것이다(4,6-8). 현대에 한센병이라 부르는 나병은 동서를 막론하고 고대 세계에서는 가장 치명적인 병이었다. 주님은 이 표징을 통해 인간의 능력으로 어떻게 해볼 수 없는 심각한 질병도 한순간에 깨끗하게 치유할 수 있는 능력을 드러낸다.

세 번째 표징은 나일강에서 퍼온 물이 마른 땅에서 피로 변하는 것이다. 나일강은 이집트의 경작과 풍요를 좌지우지하는 생명 줄과 같았기 때문에 고대 이집트 사람들은 나일강을 신격화해서 숭배하였다. 그래서 나일강을 표징의 대상으로 삼아 피로 변하게 한다는 것은 하느님이 자연뿐 아니라 이집트인들이 숭배하는 신들도 대항할 수 없는 최고의 권능을 지니신 분이라는 것을 말한다.

주님이 세 가지 표징을 주셔서 모세의 믿음을 굳게 하시려는데도 불구하고 모세는 여전히 자신의 약점을 핑계 삼아 소명을 수용하지 않는다. "저는 말솜씨가 없는 사람입니다"(4,10). "주님께서 보내실 만한 이를 보내십시오"(4,13). 주님은 그에게 두 가지 결정적인 응답을 하신다. 주님은 자신이 하늘과 땅을 지으시고 사람을 포함하여 온 세상 모든 만물을 지어내신 창조주 하느님이심을 밝히고(4,11), 그 하느님이 모세의 사명 수행에 함께하겠다고 약속하신다(4,12). 그리고 현실적으로 모세에게 아론을 협조자요 대변인으로 함께 보내겠다는 약속도 하신다(4,14-17). 모세는 주님의 이 말씀을 신뢰하고 가야 한다. 궁극적으로 주님의 일은 사람의 힘이 아니라 주님께서 그 사람에게 주시는 능력과 지혜로 감당하는 것이다. 그렇기에 주님의 구원 사업에 파견받은 사람에게는 주님을 향한 믿음이 관건이 될 수밖에 없다. 그러나 이 진리를 알기까지 저절로 믿음이 형성되지 않는다는 사실을 모세의 소명 이야기는 알려준다. 모세조차도 자신에게 소명을 부여하시는 분이 그가 예전부터 들어왔던 '조상들의 하느님'이라고 깨닫기까지 많은 시행착오를 거쳤고 그에 따른 적잖은 시간이 필요했다.

제3장 모세의 이집트 귀환 4,18-7,13

1. 이집트 귀환 길 4,18-26

주님은 모세에게 그의 목숨을 노리던 사람들이 모두 죽었으니 다시 이집트로 돌아가라고 말씀하신다(4,19). 이는 새로운 시기가 시작되었음을 암시하는 말씀이다(1,6 참조). 마침내 주님께 순종한 모세가 미디안에서의 삶을 정리하고 이집트를 향하여 간다(4,20). 꽤 오랫동안 자신의 소명을 수용하지 못하고 주저하던 모세가 주님께 순종하여 이집트로 출발하는 것은, 모세와 이스라엘 자손들의 구원과 해방을 가져오는 시작점이다.

이야기의 흐름을 끊으면서 삽입된 4,24-26은 이해하기 어려운 이야기 가운데 하나이다. "모세가 길을 가다 어떤 곳에서 밤을 지내는데, 주님께서 그에게 달려들어 그를 죽이려 하셨다"(4,24). 문장에서 정확한 인물을 지칭하지 않고 대명사를 많이 사용하기 때문에 사실 주님이 누구를 죽이려 했는지도 모호하다. 모세일 수도 있고 그의 아들 가운데 하나일 수도 있다. 무엇 때문에 모세 혹은 그의 아들을 죽이려 했는지 알 수 없다. 마지막에 치포라가 말하는 '피의 신랑'에 대한 뜻도 불분명하다. 이 사건을 파스카 밤의 구원에 대한 예시적 사건으로 이해하는 등 다양한 해석이 있다.

우선 "치포라는 할례를 두고 '피의 신랑'이라고 말한 것"(4,26)이라는 데서 단서를 찾을 수 있다. 모세가 파라오의 궁정에서 자라고 미디안 여자와 결혼하여 미디안 광야에서 살다가 이집트에 돌아가기까지 할례를 받지 않았고, 그 때문에 주님께서 모세 혹은 그의 아들을 공격하신 것으로 볼 수 있다. 앞으로 이집트에 있는 이스라엘 자손들을 가나안 땅으로 인도할 지도자 모세는 이스라엘 백성 앞에 서기 전에 할례를 받는 것이 가장 급선무였다. 그러므로 이 본문을 모세의 할례 의식으로 이해하는 것이다.

한편 모세를 죽음에서 보호하는 데 중요한 역할을 한 치포라는 4장 이후부터 등장하지 않는다.

2. 이스라엘 원로들의 응답 4,27-31

모세는 하느님의 산에서 아론을 만나, 주님께서 자기에게 하신 모든 말씀과 자기에게 일으키라고 명령하신 모든 표징을 아론에게 알려준다. 그리고 모세와 아론은 이집트로 돌아가 처음으로 이스라엘 원로들과 만난다. 이 단락은 모세를 통해 하느님의 말씀을 듣게 되는 이스라엘 원로들과 백성의 반응에 중점을 두고 있다. '원로'를 뜻하는 히브리어 '자켄'은 '턱수염' 혹은 '수염'을 의미하는 '자칸(זקן)'에서 나온 것으로, '늙다'(창세 27,1.2), '나이 먹은 사람, 연장자'(창세 19,4), '지도급 인사들'(창세 50,7), 각 지파의 '원로'(탈출 24,1; 신명 21,2; 여호 23,2)를 의미한다. 고대 이스라엘 사회에서는 공동체의 지도자들을 '원로'라고 불렀다. 탈출기에서는 원로들의 위치가 약간 불분명하지만, 시나이 계약을 체결하는 24장에 원로들이 등장하는 것을 보면 그들이 공동체에서 중요한 위치를 차지했음을 알 수 있다.

모세는 이집트에 돌아가기 전, 이스라엘 자손들이 모세 자신과 자신을 보낸 주님을 믿지 않을 것이라는 두려움 때문에 주님이 부여하시는 소명을 여러 번 거부하였다. 그러나 그가 걱정하였던 상황과 달리 이스라엘 원로들과 자손들은 주님께서 이스라엘의 자손들을 찾아오셔서 그들의 고난을 살펴보셨다는 모세와 아론의 말을 듣고 표징을 본 후, 순순히 그들의 말을 믿었다. 그리고 그들은 모세에게서 들은 주님의 말씀을 신뢰하고 믿으며 순종한다는 표시로 무릎을 꿇어 경배하였다(4,29-31; 참조 12,27). 이러한 그들의 응답은 또한 모세가 미디안 땅으로 도주하기 전에 "누가 당신을 우리의 지도자와 판관으로 세우기라도 했소?"(2,14) 하며 모세의 권위를 문제시했던 과거와 대조된다. 모세의 권위에 의문을 제기했던 이스라엘 자손들은 이제 그 답변을 한다. 그들은 주님께서 모세를 백성의 지도자로 세우셨음을 인정한다.

3. 모세와 파라오의 첫 대면 5,1-6,1

모세와 파라오의 첫 대면이 이루어지는 5장에서는 '누구를 섬길 것인가?'라는 주제에 초점이 맞춰진다. 이 주제는 5장 이후 재앙 이야기가 마무리되는 12장까지 이어진다. 이스라엘이 이집트의 노예였기에 '누구를 섬기는가'를 단순히 '파라오냐 주님이냐'는 식으로 볼 수 있으나, 사실 이는 '누가 진정한 신神이고, 어느 신을 섬기는가' 하는 문제이다.

주님께서는 모세에게, 당신이 그의 손에 담아주신 모든 기적을 파라오 앞에서 보여주라고 하셨다. 그러나 결국 파라오의 '마음을 완고하게' 하여 이스라엘 백성을 이집트에서 내보내지 않게 하겠다는 말씀도 하셨다(4,21). 이집트에 재앙을 내릴 때마다 자주 듣게 되는 '그의 마음을 완고하게 하여'라는 말씀은 파라오가 순순히 이스라엘 백성을 내보내지 않으리라는 뜻이다. 파라오가 갖가지 혹독한 재앙을 당하고 나서야 이스라엘을 내보낼 것이기 때문에, 모세가 이집트에서 사명을 수행하는 과정이 수월하지 않으리라는 의미도 내포하고 있다. 다른 한편으로는 모세에게 이러한 과정을 미리 언급하심으로써, 주님께서 파라오의 완고함을 알고 계시며 그럼에도 당신 계획대로 이스라엘을 파라오의 손에서 구해내시리라는 말씀이기도 하다.

1) 파라오의 반응 5,1-14

모세는 파라오를 찾아가 주님이 이르신 대로 "내 백성을 내보내어 그들이 광야에서 나를 위하여 축제를 지내게 하여라"(5,1) 하고 전하였으나, 파라오는 이를 거절한다. 그러자 모세는 다시, 이스라엘 백성을 데리고 광야로 사흘 길을 걸어가 하느님께 예배를 드리겠다고 요청한다. 말씀에 순종했던 이스라엘 원로들의 반응과 정반대로 파라오는 완고함을 드러내며 모세의 요청을 단호하게 거절한다. "그 주님이 누구이기에 그의 말을 듣고 이스라엘을 내보내라는 것이냐? 나는 그 주님을 알지도 못할뿐더러, 이스라엘을 내보내지도 않겠다"(5,2). 파라오는 그날로 이스라엘 자손들에 대한 억압정책을 강화함으로써 모세의 요구에 맞선다.

모세와 파라오와의 첫 대면에서 '주님을 올바로 아는 지식'이라는 탈출기의 중요한 신학적 문제가 대두된다. '알다'를 뜻하는 '야다(ידע)' 동사는 이스라엘의 주 하느님에 대한 파라오의 태도를 규정한다. 또 '야다' 동사는 주님을 점차 알아가는 과정을 담고 있는 탈출기를 관통하는 동사이다. 이 동사는 사람이 사람을 안다는 의미로 사용되기도 하지만(1,8), 사람이 주님을 아는 것에 대해 말할 때도 쓰인다. 탈출기에서는 '안다'(ידע)와 '알지 못한다'(לא־ידע)의 의미가 대조된다. 이스라엘은 점차 주님을 알아가는 그분의 백성이지만 파라오는 주님을 '알지 못하는' 사람이다(5,2). 설사 이스라엘 자손들일지라도 주님의 말씀에 순종하지 않는 사람들은 파라오처럼 주님을 알지 못한다(32,1).

이집트에는 하느님으로 섬기는 우상이 많았다. 그런데 파라오는 이스라엘의 하느님을 알지도 못하고 대수롭지 않게 여기며 그분의 존재 자체를 근본적으로 부정한다. '주님'이라는 하느님(神), 모세가 알리는 이스라엘의 신은 인정하지 않겠다고 단호하게 반박한다. 주님을 인정하는 것은 곧 하느님이신 주님의 주권을 인정하는 것이기 때문이다. 만일 파라오가 주님을 안다고 말하면 주님을 하느님으로 인정하는 것이 되고, 주님을 인정한다면 그분이 모세를 통해 요구하시는 '이스라엘 자손들을 내보내라'는 말씀을 파라오는 허락할 수밖에 없을 것이다. 파라오가 이집트에서 부리고 있는 수많은 히브리 노예를 풀어주어 떠나가게 한다면 그가 구축하고 있는 체제에 변화가 생길 것이다.

앎은 인간의 생각을 지배하고 판단력을 좌우한다. 탈출기에 나오는 '주님을 안다'는 말은 크고 작은 사안에서 주님의 뜻대로 사는 데 매우 중요한 문제이다. 파라오는 이 세상에서 자신의 힘만을 믿고 사는 사람의 표본과 같다. 그는 주님을 알지 못하기에 모세의 청을 단호히 거부하고, 이집트 왕국의 체제 변화를 조금도 허용하지 않는다. 주님을 알고 모르고는, 파라오의 태도에서 보듯이, 구원의 가능성과 직결된다. 그러므로 주님을 안다는 것은 탈출기에서 매우 중요한 의미를 지니며, 1장부터 후반부까지 이 주제가 계속 언급된다(1,8; 5,2; 6,3.7; 7,5.17; 8,6.18; 9,14.30; 10,2.26; 11,7; 14,4.18; 16,6.12; 18,11; 23,9; 29,46; 31,13; 33,12-13.16-17). 주님은 당신의 이름과 기적들을 통하여 자신을 드러내시고, 이러한 계시를 통해 사람들은 주님이 누구이신지 알 수 있다. 이처럼 주님에 대한 앎은 깊은 지식의 조합과 논리적 분석으로 그분을 설명하는 것을 의미하지 않는다. 하느님을 아는 것은 그분에 대한 순종과 직결된다. 곧, 그분을 아는 것은 하느님을 하느님으로 섬기는 것이고, 그분의 말씀과 뜻에 순종하며 살아가는 것을 의미한다. 이스라엘이 주님을 참 하느님으로 알아보고 그분을 섬기는 백성이 되는 것이 탈출기의 중요한 주제이다.

요셉을 알지 못한 파라오가 이스라엘 자손들에게 심한 노역을 부과하였듯이(1,8-11), 새로 등극한 파라오도 모세가 말하는 이스라엘의 주님을 모른다(5,2)고 선언하며, 이스라엘인들을 더 혹독하게 부리기 시작한다. 이스라엘 백성이 벽돌을 만드는 데 쓰는 짚을 대주지 않으면서 같은 생산량을 채우게 한 것이다. 벽돌을 햇볕에 말릴 때 뒤틀림을 방지하고 더 단단하게 만들기 위해서는 진흙과 함께 잘게 썬 밀이나 보리의 짚 등을 섞어야 했다. 이제 이스라엘 자손들은 이집트 온 땅에 흩어져 직접 지푸라기를 찾아 거두어다가 벽돌을 만들어야 했기에 이중의 고초를 겪게 되었다(5,7-12).

2) 이스라엘 원로들의 반응 5,15-21

파라오는 무거운 고역에 항의하며 부르짖는 이스라엘 조장들의 소리를 들을 생각조차 하지 않는다. 오히려 그들의 호소를 이스라엘 자손들의 게으름(5,8.17)으로 간주한다. 이스라엘 자손들은 더 심한 노역을 강요당하자 그들을 억압하는 파라오가 아니라 그들에게 하느님 말씀을 전한 모세와 아론을 비난하고 저주한다. "주님께서 당신들을 내려다보시고 심판해주셨으면 좋겠소. 당신들은 파라오와 그 신하들이 우리를 역겨워하게 만들어, 우리를 죽이도록 그들 손에 칼을 쥐어주었소"(5,21). 그들은 처음에 모세와 아론이 전하는 주님의 말씀을 듣고 감격하여 땅에 엎드려 예배까지 했으나, 감당하기 힘든 현실에 봉착하여 피해를 입게 되자 전혀 다른 태도를 보인다. 그들은 모세와 아론을 원망하며 두 사람이 전하는 말을 듣지도 않고 주님을 믿지도 않는다. 이스라엘 자손들은 이집트에서 해방되는 데 따르는 고난을 감수해야 한다는 것을 아직 알지 못한다. 이스라엘 백성은 5장 이후에도 계속 하느님 말씀을 믿는 데 한결같지 않은 태도를 반복적으로 보인다. 모세가 그랬듯 이스라엘 자손들도 주님을 향한 확고한 믿음에 이르기까지 결코 쉽지 않은 시련의 과정을 거쳐야 할 것이다.

3) 모세의 탄원 5,22-6,1

이스라엘 자손들의 냉소적인 태도는 첫 사명을 수행하는 모세를 절망으로 몰아간다. 모세는 "주님, 어찌하여 이 백성을 괴롭히십니까? 어찌하여 저를 보내셨습니까?"(5,22) 하며 탄원한다. 이스라엘 백성은 모세에게 항의하고, 모세는 오로지 주님께 호소한다. 모세의 탄원을 들으신 주님은 무심히 계시지 않고 절망에 빠진 그를 격려하시며 "이제 너는 내가 파라오에게 어떻게 하는지 보게 될 것이다"(6,1)라며, 당신이 파라오에게 압력을 가해 그들을 이집트에서 내보내겠다고 선언하신다. '본다'는 것은 어떤 사건을 직접 목격하고 체험하는 것을 의미한다. 하느님은 당신의 '강한 손'으로 이스라엘이 구원받으리라는 말씀을 반복하시며 해방에 대한 단호하고 확고한 의지를 드러내신다(6,1). '강한 손'은 파라오가 이제 보게 될 주님의 크신 능력을 말한다. 주님은 손을 들어 맹세하신다. 성경에서 손을 드는 것은 상대방과의 약속을 충실히 이행할 것을 나타내는 맹세의 행위로 묘사된다(민수 14,30; 신명 32,40; 느헤 9,15; 에제 20,5.42; 36,7; 44,12; 47,14).

이제 이스라엘이 시도하는 이집트 탈출은 인간의 힘이 아닌 주님의 능력으로 이뤄져야 하는 영역으로 넘어갔다. 이스라엘의 해방은 모세와 파라오의 협상, 합의, 혹은 인간적 지혜나 힘에 달려 있지 않다. 오직 주님이 당신의 강한 손을 들어 개입하셔야 비로소 성취될 것이다. 당시 세계의 지배자인 파라오라 하더라도 주님의 강한 손을 당해낼 수 없다. 파라오는 멸망의 길을 스스로 선택한 것이다. 모세와 이스라엘 자손들은 지금은 암담할지라도 하느님의 강한 손으로 구원의 길을 맞게 될 것이다.

4. 모세의 소명 6,2-13

1) 소명 이야기의 연관성과 차이점

6,2-7,13은 재앙 이야기의 서론 역할을 한다. 이 가운데에서도 모세의 소명 이야기를 담고 있는 6,2-13은 이미 앞서 나온 3-4장의 소명 이야기와 중복되는 기사이다. 구약성경에는 모세처럼 한 인물의 소명 사화를 반복해서 전하는 경우가 종종 있다. 예레미야 예언자(예레 15,19-21), 요나 예언자(요나 3,1-2)의 경우에도 각각 예언서 1장에서 이미 소명을 다루었으나 유사한 내용으로 재차 소명을 언급한다. 엘리야 예언자의 경우도 호렙산에서 두 차례에 걸쳐 같은 물음으로 주님이 자신을 부르는 소리를 듣는다(1열왕 19,9.13). 그런가 하면 아브라함의 경우 네 번이나 그의 믿음을 새롭게 선언한다(창세 12; 15; 17; 22장).

3장과 6장에 있는 모세의 두 가지 소명 이야기는 순차적으로 일어난 일이 아니다. 하느님께서 처음 부여하신 사명(3장), 즉 파라오에게 주님의 말씀을 전하고 이스라엘 백성을 광야로 데리고 나와 주님께 예배하게 하는 데 실패하여 낙심하고 있는 모세를, 주님께서 다시 부르시어 6,2-13에서 또 다른 사명을 내리신 것이 아니다.

3장에서 주님께서 모세에게 이집트에 돌아가 이스라엘 자손들을 해방하도록 소명을 내리신 것처럼, 6장에서도 주님은 모세를 불러 이스라엘을 해방하기 위한 새로운 출발을 말씀하신다. 게다가 소명을 받은 장소에 관한 언급이 없으므로, 모세의 소명 이야기가 시간상 순차적인 사건이 아니듯, 그 배경이 되는 장소도 처음 소명을 받은 미디안 광야에 있는 하느님의 산인지 이집트인지, 어디라고 말할 수 있는 근거가 없다. 소명 이야기의 시간이나 장소에 관하여 본문에서 별 관심이 없는 것은 이러한 내용이 탈출기 저자나 편집자의 목적과 무관하기 때문이다.

모세의 소명 이야기가 반복하여 나오는 것은 각각의 전승 자료가 다르기 때문이다. 일반적으로 3,16-22은 야훼계 전승으로, 4,10-17은 엘로힘계 전승으로, 6,2-13은 사제계 전승으로 본다. 사제계 편집자는 하느님이 이스라엘의 조상들에게 주신 계약이 성취될 것이고, 약속의 성취를 위해 모세와 아론을 부르셨으며 그들에게 사명을 주셨다는 것을 강조한다. 같은 내용이지만 6장에서 강조하는 바는 3-4장과 다르다. 3장에서는 주님의 현현을 매우 중요시하고, 현현을 통해 모세가 받은 소명에 더 큰 위엄과 권위를 부여한다. 6장에서는 주님의 현현을 생략하고 '야훼'라는 하느님의 이름에 집중하며 주님이 직접 성조들과 맺으신 계약을 중시한다. 이 계약은 성조들이 믿어오던 전능하신 하느님과 야훼가 동일한 분임을 밝힌다. 탈출기 저자는 주님이 조상들의 하느님이고 조상들과 맺은 계약은 여전히 유효할 뿐 아니라, 그 계약이 이스라엘 자손들을 구원함으로써 곧 성취될 것이라는 사실에 많은 관심을 둔다. 그래서 3장에서도 하느님을 '조상들의 하느님'으로 여러 번 소개한다(3,6.13.15.16). 또 이스라엘을 이집트에서 구원하시는 주님과 이스라엘 자손들이 새로운 관계를 맺게 된다는 것을 강조하고 그 계약을 앞으로 일어날 이집트 탈출 사건과 연결한다(6,6-8).

한편 6장 모세의 소명 이야기에서는 아론의 존재가 부각된다. 6,2-13에 이어 레위 지파의 족보(6,14-27)를 서술하는데, 족보를 통해 지도자로서 모세의 자격과 적법성을 확립하는 동시에 모세의 협조자로서 아론의 적법성 또한 확증하는 계기가 된다.

2) 나는 야훼다

3장에서 주님의 현현과 이름을 핵심 내용으로 다루었다면 모세의 소명을 재언급하는 6장에서는 재앙 이야기에 앞서 '야훼'라는 이름의 계시와 그들의 조상들과 맺은 '계약'이 핵심이 된다. 조상들과 맺은 계약과 그 계약의 성취는 이집트에서 속박당하고 있는 이스라엘 자손들의 구원과 직결되기 때문에 중대한 의미를 지닌다. 계약의 성취에 대한 보증은 야훼라는 이름에 있다. 히브리어 성경 본문에서 '나는 야훼다'라는 관용구는 6장에서만 다섯 번 반복되어 이 일을 성취하실 분이 바로 주님이심을 강조한다. 주님의 자기 계시는 그분이 계약을 기억하시고 이스라엘에게 하신 약속의 실현을 보증하며 이 세상에 살아 계시고 역사하신다는 의미를 지닌다.

20장에서는 3장과 6장에서 계시한 하느님의 이름을 악용하지 못하도록 "주 너의 하느님의 이름을 부당하게 불러서는 안 된다"(20,7)는 강한 금지 명령을 내린다. 6장에서 주님은 당신의 이름인 '엘 샤다이(אֵל שַׁדַּי)'와 '야훼(יהוה)'라는 두 개의 신명神名을 대조하여 말씀하신다. '엘 샤다이'(전능한 하느님)라는 이름은 어떤 존재와도 비교할 수 없는 주님의 충만한 권능과 초월성을 나타낸다(창세 17,1). 주님은 특별히 아브라함과 이사악과 야곱 등 이스라엘의 성조들에게 이 이름으로 당신 자신을 드러내셨으니(탈출 6,3), '엘 샷다이'는 이스라엘 백성에게 이미 잘 알려진 이름이었음이 분명하다(창세 28,3; 35,11; 43,14; 48,3). '엘 샷다이'는 성조들에게 자손의 번성을 약속하시고(창세 17,6) 이를 성취해주시는 분이다. 성조들의 신앙 여정에서, 하느님을 믿고 고향을 떠나와 가나안 땅을 떠돌아다니는 시절에 그분을 전능하신 하느님으로 체험하였던 것은 무엇보다도 중요한 일이었다.

하느님께서는 모세에게 "나는 아브라함과 이사악과 야곱에게 '전능한 하느님'으로 나타났으나, '야훼'라는 내 이름으로 나를 그들에게 알리지는 않았다"(6,3)고 말씀하신다. 하느님께서는 아브라함과 '전능한 하느님'(엘 샷다이)이라는 이름으로 계약을 맺으셨고(창세 17,1), 야곱이 나이가 들어서 삶의 전환점에 섰을 때 '전능한 하느님'으로 당신을 계시하신다(창세 35,11). 그분은 '전능한 하느님'이라는 이름으로 아브라함에게 후손의 번성을 약속하셨고 가나안 땅을 그들에게 주기로 약속하셨다. 하느님께서는 모세에게 당신을 '야훼'로 계시하신 후 곧바로 당신이 성조들에게 가나안 땅을 주기로 약속하셨다고 말씀하신다(6,3-4). 이는 '야훼'라는 이름의 계시가 가나안 땅을 주시겠다는 약속과 연관된다는 것을 다시 확인해주시는 것이다. 하느님께서는 이스라엘을 이집트에서 빼내어 조상들에게 주기로 한 가나안 땅으로 인도하시기 위해 '야훼'라는 이름으로 자유, 해방, 속량, 구원에 관해 말씀하신다. 이스라엘 자손들의 탄식과 고난의 신음을 들으신 주님은 성조들에게 하신 약속을 기억하시고 이스라엘 자손들을 이집트에서 해방하려는 당신의 계획을 선포하신다(6,4-5; 2,23-25).

주님은 모세에게 당신 이름을 '야훼'(주님)라고 계시하며 다음과 같이 약속하신다.

① 나는 이집트의 강제 노동에서 너희를 빼내고, 그 종살이에서 너희를 구해내겠다(6,6ㄱ).

② 나는 팔을 뻗어 큰 심판을 내려서 너희를 구원하겠다(6,6ㄴ).

③ 나는 너희를 내 백성으로 삼고, 너희의 하느님이 되어주겠다. 그러면 너희는 내가 '주님'임을, 이집트의 강제 노동에서 너희를 빼낸 너희 하느님임을 알게 될 것이다(6,7).

④ 나는 아브라함과 이사악과 야곱에게 주기로 손을 들어 맹세한 땅으로 너희를 데리고 가서, 그 땅을 너희 차지로 주겠다. 나는 '주님'이다(6,8).

하느님께서는 이스라엘의 해방에 관한 메시지를 선포하시기 전과 후에 당신을 '야훼'(주님)라고 분명하게 밝히시어, 오직 주님만이 이스라엘을 파라오의 억압에서 해방한다는 것을 말씀하신다. 주님이 약속을 성취하시는 방법, 곧 이스라엘을 해방하시는 방법은 그들을 이집트에서 빼내어 구원하는 것이다. '빼내다, 구원하다, 데리고 가다'라는 단어를 반복하여 사용함으로써 이를 강조한다.

빼내다(야차 יצא): 본래 의미는 '나아가다, 진행하다, 흐르다'이다. 계약의 책 가운데 '종에 관한 법'에서 자유를 얻어 주인의 집을 나가는 노예들을 언급할 때 '해방되어 풀려나다'라는 의미로 이 동사를 사용한다(21,3.4.11). 6,6과 20,2에서는 이스라엘 자손들이 이집트에서 풀려나는 것을 언급하면서 이 동사를 사용한다. 탈출기의 여러 곳에서 형태를 달리하여 이 단어가 나온다(7,5; 8,26; 9,29.33; 12,46; 20,2 등). 이스라엘 백성을 이집트에서 '빼낸다'는 말은 이스라엘을 위한 주님의 구원 활동을 생생하게 표현한다(3,10-12; 16,3). 이 사명을 모세에게 맡기셨다는 것이 중요하다. 주님께서는 '모세와 함께 있겠다'고 약속하시며 그에게 이스라엘 자손들을 종살이하는 땅 이집트에서 빼내라('야차')고 명령하신다.

구하다(나찰 נצל): '건져내다, 끌어내다, 구출하다, 구원하다'라는 뜻으로 다양한 형태와 의미로 사용된다. 모세가 미디안에서 르우엘의 딸들을 목자들의 횡포에서 '구해줄' 때(2,19), 이스라엘이 이집트를 떠나며 이집트 사람들에게서 금붙이와 은붙이를 '털 것'이라고 할 때(3,22)도 이 동사를 사용했다. 6,6에서는 이스라엘 자손들을 이집트의 강제 노동에서 '빼내다', 12,27에서는 '구원하다', 33,6에서는 '무엇을 스스로 벗다' 즉 장신구 등을 '떼어내다'라는 의미로 사용되었다.

'나찰'은 주로 어려움에서 벗어나게 하는 '구출', '해방' 등을 표현하는데, 구출하기 위해 힘을 행사한다는 의미가 함축된 경우가 많다. 주님의 구원 계획을 밝히는 말씀에 이 단어가 사용된 것은 이집트인들의 강력한 손아귀에서 당신 백성을 '구하겠다'는 강한 의지를 드러내는 것이다.

구속하다, 속량하다(가알 גאל): '되찾다, 무르다'라는 의미로, 기본적으로 '어떤 것을 원래 상태로 회복시키는 것'을 말한다. 가난으로 인해 땅을 저당 잡히거나 종으로 팔린 사람을 가까운 친척이 대신 값을 지불하고 되찾아주는 행위를 이 단어로 표현한다. 이 동사가 '피'와 함께 쓰이면 '복수하다, 앙갚음하다'라는 뜻을 나타낸다(민수 35,19; 신명 19,6.12; 여호 20,3). 그래서 '가알'의 명사형 '고엘'은 곤경에 처한 친족을 구제하는 '구원자'를 뜻한다. 룻기에 잘 묘사되어 있듯이, 한 집안의 가장이 대를 이을 후손을 남기지 못하고 죽게 되면 고엘은 그 부인과 혼인하여 후손을 이어주어야 한다. 그뿐 아니라 친척이 억울하게 살해되거나 심한 학대나 치욕을 당한 경우 피의 보복을 하는 것도 고엘이다(2사무 14,11). 주님은 이스라엘의 고엘이시다. 주님은 파라오의 폭력에 신음하며 죽어가는 이스라엘에게 야훼라는 당신의 이름을 걸고 이러한 구원자가 되어주겠다고 하신다(6,6). 주님이 이스라엘을 구속하시는 궁극적인 목적은 '너희를 내 백성으로 삼고 나는 너희의 하느님이 되리라'는 주님과 이스라엘의 특별한 관계에 있다.

주님의 구원 의지가 충만한 이 약속들(6,6-8)은, 당신을 '야훼'라고 선포하신 주님이 탈출기뿐 아니라 성경 전체에서 어떤 분인지 알리는 역할을 한다. 하느님께서는 이 약속의 말씀에서 '나는 주님이다'라고 세 번이나 공표하시며, 대제국 이집트 앞에 위기에 처한 이스라엘 자손들을 도울 수 있는 건 주님뿐임을 강조한다. 이는 3장에서 모세에게 당신 이름을 계시하신 '나는 있는 나다'라는 말씀과 같은 의미이다. 그 이름에서 알 수 있듯이 주님은 관념적으로 존재하는 먼 곳에 계신 분이 아니라 이스라엘과 함께 계시며 그들을 구원의 길로 이끄시는 살아 계신 분이다. 야훼라는 이름으로 시작하고 야훼라는 이름으로 끝나는 이 약속도 궁극적으로는 이전에 주어진 땅의 약속과 연관되어 있다. 이스라엘 자손들을 해방시켜 구원한 후, 당신이 직접 데리고 가서 약속하신 땅을 주고 그들을 당신의 백성으로 삼으실 것이라는 조건 없는 약속들이다.

5. 모세와 아론의 족보 6,14-27

족보는 한 가문에서 면면히 이어지는 혈통 관계의 기록이다. 조상부터 후손에 이르기까지, 각자의 인생사에서 발생한 개별적 사건들을 생략하고 연속적으로 기록된 이름들은, 일련의 세대가 이어져가는 과정을 보여준다. 족보를 통해, 개인의 의지와 관계없이 한 가문에 속한 삶이 일정한 수명을 다한 뒤에는 다음 세대가 등장하는 인간사를 한눈에 통찰할 수 있다. 하느님의 은총 속에 이어지는 세대의 연속성은 족보의 가장 두드러진 특성이라고 할 수 있다.

모세와 아론이 속한 레위 지파의 족보는 선대에서부터 후대로 내려오는 하향식으로 기록되었다. 탈출기에서 모세와 아론의 가족에 대한 세부 사항을 알려주는 본문은 이 족보뿐이다. 야곱의 나머지 아들들은 언급되지 않고 레위의 자손에게만 집중하는 데에는 특별한 목적이 있다. 이 족보는 모세의 소명과 파견이라는 결정적 단계에서 내용의 흐름을 깨고 삽입되었다. 모세와 아론 집안의 족보는 레위 지파의 사제 전통을 소개하며 '사제 혈통을 강조'한다. 왕권이 혈통으로 계승되듯이, 사제직도 누구에게 임명되는 것이 아니라 태어나면서부터 주어지는 직분이다. 이야기의 흐름을 깨면서까지 굳이 족보를 끼워 넣은 것은 이스라엘의 지도자로 부상한 모세와 아론을 정당화하려는 의도이다.

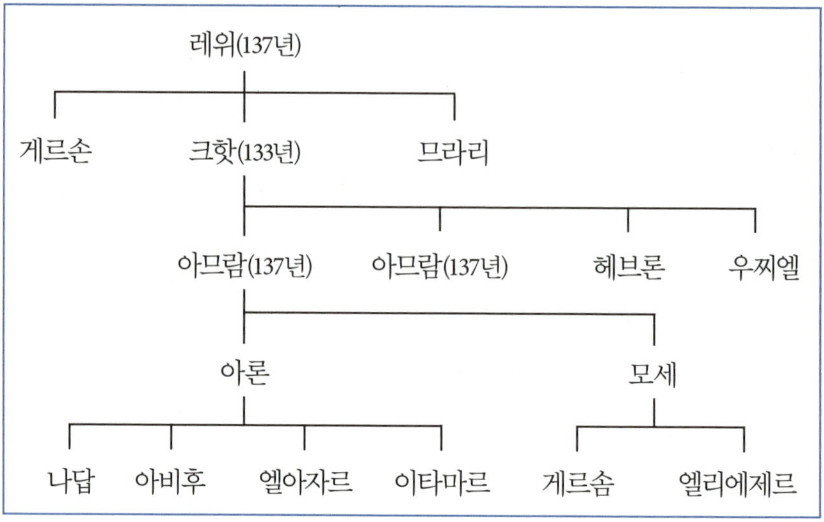

모세와 아론의 족보

성경에서 족보를 서술하며 특정 인물을 부각하고자 할 때 그 사람의 나이 등 부수적인 내용을 첨가하는 경우가 있다. 모세와 아론의 족보에서도 오직 레위, 크핫, 아므람 세 사람에 대해서만 각각 그들이 산 햇수인 137년, 133년, 137년을 명기하여 탈출기 저자가 이 세 인물에 초점을 맞추고 있음을 알 수 있다. 족보를 읽는 독자들은 자연스럽게 이들에게 주목하게 된다. 결과적으로 레위 - 크핫 - 아므람 - 아론으로 이어지는 족보는 하느님께서 이스라엘을 이끌 지도자로 뽑으신 모세의 자격을 확립할 뿐 아니라 모세의 협조자로서 아론의 자격 또한 확립해주는 역할을 한다.

6. 부르심과 재앙 선언 6,28-7,13

1) 모세를 부르시다 6,28-7,2

앞서 모세가 소명을 거부하는 네 번째 이유로 자신은 말솜씨가 없는 사람이라고 핑계를 대자, 주님은 모세의 형 아론을 협력자로 세우시며 두 사람의 관계를 정리하신다(4,14-16). 주님이 모세에게 말씀하시면 모세는 그것을 아론에게 전하고 아론은 모세에게서 들은 대로 파라오에게 선포하기 때문에 모세는 아론보다 우선적으로 주님의 말씀을 듣는다. 아론은 모세의 대변인이다. 아론의 역할은 모세의 역할과 연관되어 있다. 모세의 탁월성이 감소되지 않으면서 아론의 직분이 세워진다. 예언자는 주님의 말씀을 받아 전하는 주님의 입과 같은 존재이다. 주님께서, 모세는 파라오에게 하느님처럼 되고 아론은 모세에게 예언자가 될 것이라 말씀하셨기에(7,1), 모세와 주님의 관계와 아론과 주님의 관계가 분명히 다르다는 것을 인정할 필요가 있다. 하느님께서는, 이집트인들이 신처럼 받드는 파라오에게 모세가 하느님처럼 되게 하신다. 이는 결과적으로 파라오를 신적 존재로 숭배하는 이집트인들이 가지고 있는 그릇된 신념을 깨뜨리는 말씀이다. 주님이 강한 손으로 개입하심을 믿고, 모세는 이스라엘 자손의 구원을 위해 파라오에게 주님의 말씀을 전하기만 하면 된다.

4,10-13에서 나왔던 '말을 잘 못하기 때문'이라는 모세의 변명이 6,12.28-

30에서 상당히 자주 언급되고 있다. 고대에 '말'은 단순한 언변만을 의미하지 않고 그 사람의 능력과 지혜를 함께 드러내는 포괄적인 의미로 상용되었다. 지혜는 주님을 두려워하고 무엇보다도 주님의 뜻이 무엇인지 이해할 줄 아는 능력이다. 지혜는 오직 주님에게서 비롯되는 은총이기 때문에 주님과 무관한 지혜는 존재하지 않는다. 말을 못 한다는 이유로 뒤로 물러서려는 모세에게, 주님께서는 말을 잘하는 아론이 그를 도와줄 뿐 아니라 당신도 모세와 함께하시면서 무슨 말을 해야 할지 가르쳐주겠다고 약속하셨다(4,13-15). 모세의 사명 수행은 그의 언변이 좋아서가 아니라 주님께서 그와 함께하기에 가능한 일이다.

2) 모세와 아론이 파라오를 만나다 7,3-13

"나는 파라오의 마음을 완고하게 하고, 이집트 땅에서 표징과 기적을 많이 일으키겠다. 그래도 파라오가 너희 말을 듣지 않으면, 나는 이집트에 내 손을 뻗쳐 큰 심판을 내려서 나의 군대, 곧 나의 백성 이스라엘 자손들을 이집트 땅에서 이끌어내겠다"(7,3-4). 이 짧은 말씀은 7,14-11,10과 12,1-14,31에서 드러날 주님의 엄위로운 행동을 담고 있다. 하느님께서는 모세에게 이집트에 내릴 재앙을 예고하고, 파라오의 불응에도 이스라엘을 이집트에서 반드시 구원하겠다고 선언하신다. 이 선언에는 '표징, 기적, 심판'이라는 재앙과 관련된 용어들이 함께 언급된다. 이 세 단어는 동의어처럼 사용되기도 하지만 각 단어가 가리키는 대상은 약간씩 다르다.

표징(오트 אות): '표시, 징조, 신호' 등을 말한다. 하느님과 아브라함이 맺은 계약의 표지인 할례처럼 표징이 반드시 기적적 의미를 함축하는 것은 아니다. 안식일의 준수 또한 하느님과 이스라엘 자손들 사이에 세운 계약의 표징 중의 하나가 된다(31,13.17). 표징은 미래에 있을 어떤 징조를 가리키기도 한다. 7,14부터 나오는 열 가지 일도 주님에게서 오는 표징이다.

기적(모페트 מופת): 이미 세상에 알려진 순리 혹은 자연법칙을 거슬러 일어나는 사건을 말한다. 주님은 자연법칙을 관장하시는 분이다. 따라서 자연질서에 제한받지 않고 당신의 의지를 실현하는 권능을 행사하신다. 지팡이가 뱀으로 된 것, 모세의 손이 나병에 걸려 눈처럼 희게 된 것, 열 가지 재앙 그리고 이집트를 탈출하면서 '바다 가운데로 마른 땅을 걸어서 건너는 일' 등이 기적에 속한다(4,21; 7,3.9; 11,9-10; 14,21-22).

심판(쉐페트 שפת): 이 단어는 앞의 두 단어와 그 의미가 많이 다르다. 심판은 표징과 기적을 통해 내리시는 결과다. 파라오가 표징과 기적을 보고도 '말을 듣지 않으므로' 심판이 내린다. 표징과 기적을 일으키는 분이 주님이듯 심판도 주님이 주도하신다. 고대 이스라엘에서 심판은 종교·사회생활 전반에 미치는 것으로, 주님과 관련 없이 생각할 수 없다. 심판은 주로 사제, 예언자, 임금이 행했으나 여기에서는 모세가 주님이 내리실 표징을 예고하고 파라오가 어떻게 응대하느냐에 따라 그 표징들이 이집트에 심판으로 내려진다.

주님께서 재앙을 내리시는 목적 즉, 심판의 궁극적 목적은 두 가지다. 이스라엘 자손들이 자유롭게 주님을 예배하며 사는 당신 백성이 되도록 그들을 구원하고 해방하는 것이고(6,6-7), 파라오를 비롯한 이집트인들이 주님을 알게 하려는 것이다(7,5; 14,18).

한편 지팡이가 뱀으로 변하는 기적은 하느님께서 모세와 함께하신다는 것을 확증하는 것으로, 모세의 소명 이야기를 마무리하는 기적이다. 동시에 파라오와 그의 신하들 앞에서 처음으로 하느님의 능력을 보이는 것으로, 이집트에 내리는 열 가지 재앙 이야기의 서론과 같은 부분이기도 하다.

주님께서 지시하신 대로 아론은 하느님의 능력을 상징하는 지팡이를 파라오 앞에 던져 뱀이 되게 하였다. 그러자 파라오도 이집트 요술사들에게 명령을 내려 같은 요술을 부리도록 하였다. 하느님의 능력 앞에 파라오가 자신의 능력으로 맞섰으나 결국 아론의 지팡이가 이집트 요술사들의 지팡이를 삼켜버려 파라오의 무능력을 그대로 드러냈다. 파라오는 자신의 권능이 세상 누구보다도 크다고 생각하여 하느님에게까지 도전하였다. 하지만 하느님의 권능은 파라오가 지닌 권능과 비교할 수 없을 만큼 크다는 것이, 재앙 이야기가 시작되기 전에 모세와 아론 그리고 파라오와 이집트인들 앞에서 증명된다.

제4장 재앙 이야기 7,14-11,10

7장부터 11장까지 이야기 양식으로 소개되는 아홉 가지 재앙과 열째 재앙 예고는 매우 역동적으로 펼쳐진다. 재앙 이야기는 주님이 누구이신지를 알 수 있도록 이끌어간다. 그러므로 이 재앙 이야기에서 탈출기 신학의 중요한 주제 가운데 하나인 '주님(야훼)을 아는 것', '이스라엘의 주 하느님은 누구이신가?'에 대한 내용이 전개된다. 다신교를 신봉하는 이집트인들뿐 아니라 그곳에서 긴 세월을 산 이스라엘 자손들 역시 하느님이신 '주님'을 알아야 한다. 열 가지 재앙은 주님이 누구이고 어떤 권능을 지닌 분인지 드러내는 사건들인 동시에, 파라오가 주님께 굴복하고 이스라엘 백성을 이집트에서 내보내는 구원 이야기이다.

1. 열 가지 재앙의 의미와 목적

과학적 사고가 발달하지 않았던 고대 세계에서는 천재지변으로 인한 사고나 뜻하지 않게 발생한 '재앙'을 신의 처벌과 연관 지어 하나의 징벌로 여겼다. 사고방식과 문화가 다른 현대사회에서는 열 가지 재앙이 가지고 있는 기능과 재앙의 목적을 올바로 이해하는 것이 필요하다.

과학의 시대에 사는 우리는 모든 것을 과학적으로 설명하고 이해하는 데 익숙하다. 주석가들 가운데에도 열 가지 재앙을 과학적으로 접근하여 설명하려는 데 더 집중하는 이들도 있다. 그래서 나일강의 물이 피가 되는 기적을 나일강의 상류가 범람하여 생긴 일로 보거나, 우박·메뚜기·어둠의 재앙 등은 계절풍 때문에 발생한 일로, 맏아들과 맏배의 죽음은 페스트(흑사병)로 설명하기도 한다. 고대 이집트에서 이러한 자연현상들이 발생할 수 있었음을 부인할 수는 없다. 그러나 열 가지 재앙을 우연히 일어난 자연현상으로만 해석한다면 본문의 진의를 파악하지 못하고 탈출기 저자가 전하고자 하는 핵심 메시지를 놓치게 된다.

탈출기에서 '재앙'을 가리키는 히브리어는 11,1에 나오는 '네가(נגע)'와 12,13과 30,12에 나오는 '네게프(נגף)' 두 가지가 있다. 둘 다 하느님께서 사람에게 가하시는 재난이나 재앙을 의미하는 명사이다. '네가'는 재앙이라는 의미 외에 '타격, 치기' 등의 뜻도 가지고 있다. '네게프'의 동사형인 '나가프' 도 '때리다, 치다'의 의미로 쓰인다(7,27; 9,14; 12,23.27). 하느님께서 이집트를 '때리다, 치다'(나가프)라고 할 때 그 의도를 눈여겨볼 필요가 있다. 하느님께서 누군가를 치시는 것은 그를 쳐서 없애시려는 것이 아니라 그가 근본적으로 잘못된 길에서 돌아서 회개하기를 기대하시는 움직임이다. 만일 하느님이 악한 길에 있는 사람을 치시지 않는다면 그 사람은 멸망으로 치닫는 발걸음을 멈추지 않을 것이다. 그래서 신앙인들은 이를 두고 은총이라고 표현한다. 자비로우신 주님이 재앙으로 이집트를 치신 것은 이스라엘을 위해서 그들을 파멸하기 위한 목적이 아니라 이집트를 위해서 뜻하신 바가 있기 때문이다. 그러한 주님의 의도를 읽을 수 있을 때, 사건은 더 이상 재앙이 아니라 표징으로 작용한다.

재앙 이야기가 근본적으로 전제하는 바는 자연현상 배후에 그것을 지배하시는 창조주 하느님이 계시고, 재앙은 하느님이 당신 권능으로 개입하여 일으킨 사건이라는 점이다. 이러한 사건들의 목적은 두 가지로 요약할 수 있다. '이스라엘의 주님만이 권능이 충만한 신이시고 다른 신은 없다'는 사실과 '창조주이신 주님이 모든 만물 위에 권능을 가지신 분'이라는 사실을 이스라엘을 포함하여 이집트 백성도 알게 하는 것이다. 그래서 재앙을 예고하거나 설명할 때에 '내가 주님임을 알게 될 것'이라는 선언이 자주 나타난다(7,5.17; 14,4.18).

주님의 이 선언은 파라오를 매우 불편하게 하는 말씀이다. 고대 사람들은 신의 능력이 그 신이 지배하는 지역 안에서만 영향을 미친다고 생각하였다. 따라서 그 영역 밖에서는 그 신이 힘을 발휘하지 못한다고 믿었다. 그런데 이스라엘의 신(하느님)인 주님은 영역의 제한을 받지 않고 영향력을 발휘하는 것으로 드러난다. 유일신 사상이 드러나는 이러한 새로운 신神 개념은 이집트 사회에서 관습적으로 알고 있던 다신교 세계관을 전복하는 위협적인 것이었다. 파라오가, 이스라엘의 하느님인 주님을 인정할 수 없는 또 다른 이유는 신격화된 파라오의 권세에 위협이 될 수 있기 때문이다. 그래서 파라오는 자신에게 권능을 행사하며 영향력을 발휘하는 신(하느님)인 주님이 존재하신다는 것 자체를 근본적으로 수용할 수 없었다. 수많은 히브리 노예를 해방할 경우 감수해야 할 경제적 불편뿐 아니라 이러한 근본적 위기의식을 느끼는 파라오는, 이스라엘 백성을 데리고 하느님께 예배를 드리러 가겠다는 모세의 요청을 완강히 거부한다. 그는 재앙을 겪으면서도 주님께서 모세를 통해 보여주시는 여러 표징을 부인하며 무시했고, 이집트를 치시는 주님의 뜻을 끝까지 깨닫지 못하였다. 그는 완고하게 불응하다가 열 번이나 재앙을 겪고 나서야 모세가 전한 주님의 말씀에 순응하고 이스라엘 자손들을 이집트에서 나가도록 허락한다.

2. 재앙 이야기의 구조

열 가지 재앙 중에 첫째 재앙부터 아홉째까지의 재앙은 자연현상에서 찾아볼 수 있는 것들이고 열째 재앙만 초자연적인 현상이다. 그러나 성경 본문은 이 재앙들이 모두 하느님의 개입으로, 그분의 뜻에 의해 일어난 사건임을 강조한다. 하느님은 많은 경우 자연현상을 이용하여 기적을 일으키신다. 기적을 일으키는 그때 그 시점(timing)에서 정확히 발생하는 자연현상들은 하느님이 자연을 통해 개입하신 것이라고 인정할 수밖에 없다. 재앙 이야기에서 파라오가 모세에게 재앙이 물러나도록 주님께 청해달라고 요청할 때마다 재앙을 거두어주시는 것과 구체적으로 재앙이 멈추는 시간을 파라오에게 정하라고 하는 것도, 그 기적이 우연히 일어난 자연현상이 아니라 주님이 개입하셔서 일어난 일임을 증명하는 단서가 된다(8,5).

모세를 통해 "내 백성을 내보내어 그들이 광야에서 나를 위하여 축제를 지내게 하여라"(5,1) 하고 말씀하신 주님의 요구를 파라오가 완강하게 거부하자, 주님께서는 파라오의 순종을 이끌어내려는 해결책으로 재앙을 내리신다. 모세와 아론에게는 그들을 보낸 주님이 계시고, 모세와 아론의 기적에 대항하는 이집트의 요술사들에게는 그들을 내세운 파라오가 있었다. 이렇게 재앙 이야기 초반에는 적대적 두 세력이 대립 구도를 띠고 있다(7,8-8,11). 그러나 세 번째 재앙부터는 모세와 아론이 예고하는 현상만 일어나고 파라오가 내세우는 대응 세력은 없다.

3. 열 가지 재앙

<table>
<tr><th></th><th>재앙</th><th>예고</th><th>장소</th><th>도구</th><th>특징</th></tr>
<tr><td rowspan="3">초반</td><td>1. 물이 피가 됨</td><td rowspan="2">있음</td><td>나일 강가</td><td rowspan="3">아론의 지팡이</td><td rowspan="9">- 자연의 변화를 통한 재앙에서 직접적인 질병과 손상을 주는 재앙으로

- 나일강에서 시작하여 점차 땅과 대기와 관련된 재앙으로

- 하느님의 백성과 파라오의 백성을 구분하는 재앙으로</td></tr>
<tr><td>2. 개구리</td><td>파라오의 궁</td></tr>
<tr><td>3. 모기</td><td>없음</td><td>-</td></tr>
<tr><td rowspan="3">중반</td><td>4. 등에</td><td rowspan="2">있음</td><td>나일 강가</td><td rowspan="3">없음</td></tr>
<tr><td>5. 가축병</td><td>파라오의 궁</td></tr>
<tr><td>6. 종기</td><td>없음</td><td>-</td></tr>
<tr><td rowspan="3">후반</td><td>7. 우박</td><td rowspan="2">있음</td><td>나일 강가</td><td rowspan="3">모세의 지팡이</td></tr>
<tr><td>8. 메뚜기 떼</td><td>파라오의 궁</td></tr>
<tr><td>9. 어둠</td><td>없음</td><td>-</td></tr>
<tr><td>*</td><td>10. 맏아들과 맏배의 죽음</td><td>있음</td><td>-</td><td>없음</td><td>- 사람과 짐승의 죽음</td></tr>
</table>

아홉 가지 재앙은 재앙에 사용되는 도구로 분류하자면 아론의 지팡이를 사용하는 재앙, 도구 없이 일으키는 재앙, 모세의 지팡이를 사용하는 재앙, 이렇게 세 종류로 구분할 수 있다. 첫 번째와 두 번째 재앙, 네 번째와 다섯 번

째 재앙, 일곱 번째와 여덟 번째 재앙 그리고 이후에 일어나는 열 번째 재앙은 예고(7,17-18.27-29; 8,17-19; 9,2-5.18-19; 10,4-6; 11,1-10)가 있는 반면에 세 번째, 여섯 번째, 아홉 번째에는 경고가 나오지 않는다. 장소도 첫 번째와 두 번째, 네 번째와 다섯 번째, 일곱 번째와 여덟 번째가 나일 강가와 파라오 궁전이 반복해서 나온다. 게다가 첫 번째 재앙과 아홉 번째 재앙은 이집트인들이 신성하게 여기고 숭배하는 그들의 신(나일강과 태양)과 관련된 재앙이라고 할 수 있다. 재앙 이야기의 절정을 이루는 열 번째 재앙은 설명할 수 없는 초자연적 영역에 속하는 표징이기 때문에 따로 분류하였다.

이러한 구분보다 더 주목하게 되는 것은 주님께서 일으키시는 재앙이 어떠한 흐름을 타고 있다는 사실이다. 초반에 등장하는 강물이 피가 되는 사건과 개구리 소동(7,14-8,11)은 나일강과 연관된 재앙이라는 것을 보았다. 나일강은 이집트인들이 삶의 기반으로 삼는 수원지이며 위대한 신으로 섬기는 장소다. 그들이 신성하게 여기는 강물을 피로 바꾸고 그 강가에 수많은 개구리가 우글거리게 하는 재앙은 이집트인들에게는 신성모독으로 여겨진다. 중반에 이어지는 재앙들은 땅과 관련된다(8,12-9,12). 땅과 연관된 재앙은 모기, 등에, 가축병, 종기이다. 이 재앙들은 가축과 사람의 신체에 영향을 미친다. 땅과 관련된 재앙과 달리 후반에 나오는 재앙들(9,13-10,29)은 우박, 메뚜기 떼, 어둠의 내림으로 기상 조건이나 천체의 움직임과 연관되며 대기에서 일어나는 기적들이다. 이처럼 아홉 가지 재앙은 물과 관계된 재앙, 땅과 관계된 재앙 그리고 대기 중에 일어난 재앙들로 장소적 흐름이 이어진다. 이는 그 재앙들이 우연히 발생한 자연현상이 아니라 주님께서 의도적으로 일으키신 치밀하게 계산된 재앙임을 말해주는 것이기도 하다.

전체적으로 재앙은 약한 것에서부터 점차 강도가 높은 것으로, 그 순서가 진행된다. 초반에 내린 재앙들은 물이 피가 되는 재앙을 시작으로 개구리·모기·등에 소동으로 생활을 불편하고 혼란스럽게 만든다면, 중반에 내린 재앙들은 그 수위가 좀 더 높아져 질병을 일으키고 더 큰 손해를 불러일으킨다. 후반에 해당하는 재앙들은 이집트 땅을 더욱더 황폐하게 만들고 재산과 가축의 생명을 위협하고 파괴한다. 마침내 재앙의 절정에 이르러서는 짐승뿐 아니라 인간의 죽음까지 초래한다. 이 열 가지 재앙은 파라오와 이집트인들이 제기한 '주님이 누구이신가?'(5,2)라는 질문의 대답이 된다.

1) 물이 피가 되다 7,14-25

주님께서는 파라오의 고집을 예견하시면서도 모세를 파라오에게 보내신다. 모세가 파라오 앞에서 물이 피가 되게 하는 기적을 일으키게 하는 것은 이스라엘을 내보내라고 요구하시는 분이 주님이라는 것을 파라오가 알게 하려는 것이다(7,17). 모세는 주님의 명령대로 지팡이를 손에 들고 나일 강가에 서 있다가 파라오를 만나 첫 번째 재앙을 예고한다. 아론이 지팡이를 잡고 손을 뻗자 나일강뿐 아니라 이집트의 모든 물이 피로 변했다.

생명과 풍요의 근원이라 여긴 나일강을 피로 변하게 만든 것은 이집트인들이 숭배하는 신들에 대한 경외심을 뒤흔드는 일이다. 나일강 삼각주의 퇴적층은 매우 기름진 땅이어서 이집트의 국가경제를 튼튼하게 지탱하는 근간이다. 사실 나일강의 풍요는 이집트인들의 풍요로운 삶과 직결되고 이집트가 어느 민족보다도 융성한 문화 창달을 이룰 수 있는 토대가 되었다. 그러므로 나일강이 피로 변하는 재앙을 이집트인들은 상상하기 어려웠다. 보통 나일강 상류에 폭우가 내리면 강의 수위가 높아지면서 상류 지대에서 붉은 황토가 흘러내려 강물이 붉게 된다. 이런 현상을 육안으로 볼 때 물이 마치 피로 물든 것처럼 보인다. 이때 물에 섞인 황토 때문에 물고기들이 죽고 악취가 풍기는 일이 발생한다(7,18). 물이 피로 변하는 첫째 재앙은 나일강의 범람 현상과 유사한 형태를 띠기 때문에 일부에서는 이 재앙을 주기적으로 일어나는 자연현상이라고 해석하기도 한 것이다.

파라오는 모세가 나일강에서 일으킨 기적에 대립하여 자신이 거느리는 이집트의 요술사들을 불러 마술로 같은 기적을 행하도록 명령한다. 마술은 이집트뿐 아니라 메소포타미아의 아시리아와 바빌론 제국 등에서 널리 퍼져 있었다. 파라오도 왕궁에 학문적 식견과 예술적 소양이 풍부한 요술사들을 두고 있었다. 그들은 요술뿐 아니라 파라오에게 조언하는 역할도 하였다(8,15). 이것은 이집트에 우상숭배가 성행하였음을 알 수 있는 단서가 된다. 파라오의 명령으로 이집트의 요술사들이 똑같은 기적을 행하자 파라오는 주님이 내린 첫 번째 재앙을 대수롭지 않게 생각하고 마음이 완고해져 모세의 말을 듣지 않는다.

2) 개구리 소동 7,26-8,11

둘째 재앙에서 파라오는 모세와 아론에게 처음으로 재앙을 물러가게 해달라고 요청하고, 그러면 이스라엘 백성이 주님께 제사를 드릴 수 있게 해주겠다고 약속한다. 둘째 재앙은 개구리가 나일강에서 올라와 파라오의 침실과 궁궐뿐 아니라, 화덕과 반죽 통 속, 그리고 신하들과 백성의 집까지 들어가는 재앙이다. 개구리가 가지 않는 곳이 없다는 것은 재앙이 이집트인들의 생활 전반에 영향을 미친다는 것을 말한다. 주님의 권능이 그들의 삶 구석 구석까지 미친다는 것을 알 수 있다. 나일강이 범람한 후에는 엄청난 수의 개구리가 생겨난다. 이 때문에 이집트인들은 개구리를 다산의 상징으로 여겼다. 그러므로 이 재앙 또한 첫 번째 재앙과 같이 근본적으로 주님이 모든 생명을 주관하신다는 것을 강조하고 이집트인들이 섬기는 특정한 신을 부정하는 의미가 담겨 있다. 주님은 이집트인들이 섬기는 신들과 대결을 벌여 누가 참된 하느님인가를 판가름하는 것이 아니라 일방적으로 이집트의 모든 신을 벌하겠다고 선언하신다(12,12). 주님께서 재앙을 내린 대상은 파라오와 이집트인들이었지만, 이 재앙들은 더 근원적으로 이집트인들이 숭배하는 우상의 실상을 그대로 드러낸다(민수 33,4; 예레 46,25).

이집트의 마술사들은 개구리를 땅에 올라오게 할 수는 있었으나 강으로 물러가게 할 수는 없었다. 파라오는 이집트 마술사들의 한계를 깨닫고 이집트 땅이 정상적인 상태로 회복될 수 있도록 모세와 아론을 부른다. 이는 모세에게 중재할 능력이 있다고 파라오 스스로 인정하는 행동이다. 파라오는 그들에게 "너희는 주님께 기도하여 나와 내 백성에게서 개구리들을 물리쳐다오. 그러면 내가 너희 백성을 내보내어, 주님께 제사를 드릴 수 있게 해주겠다"(8,4)고 약속한다. 그러나 결과적으로 자기가 한 말을 이행하지 않는 파라오의 태도를 본문에서는, "그러나 파라오는 일이 진정되는 것을 보고, 마음이 완강해져 그들의 말을 듣지 않았다. 주님께서 말씀하신 대로였다"(8,11)고 전한다. 이는 파라오가 주님의 권능을 보기만 하였을 뿐 그것을 믿지 않았기 때문에 당장 급한 위기를 모면하자 약속을 번복하고 이행하지 않았다는 것을 강조한다.

3) 모기 소동 8,12-15

셋째 재앙인 모기 소동은 가장 짧게 서술된 재앙으로 파라오와의 협상이나 경고 없이 주님께서 바로 모세에게 지시하여 아론이 땅의 먼지를 일으켜 모기로 변하게 한다. 둘째 재앙까지는 파라오의 요술사들이 마술을 부려 아론을 따라 했지만, 이번에는 실패한다. 이 재앙 이후부터 이집트의 현인들과 요술사들이 더는 마술을 부리며 따라 하지 못한다. 성경은 종종 이방인들을 통해 하느님의 권능을 고백하는 것을 전하는데(18,11-12), 이 대목에서 이집트의 요술사들도 그런 역할을 한다. 요술사들은 “이것은 하느님의 손가락이 하신 일입니다”(8,15)라고 하여 주님의 권능이라고 시인했다. 그들의 이 진술은 오직 하느님만이 이런 일을 할 수 있다는 것으로, 이집트인들이 섬기는 신들을 능가하는 뛰어난 하느님이 나타났다고 인정하고 고백하는 말이기도 하다. 그럼에도 불구하고 파라오는 그들의 말을 듣지 않는다. 파라오를 대변하여 마술을 부리던 그의 신하들이 사라진 후부터 재앙 이야기는 지상의 권력자인 오만한 파라오와 절대 권능을 지니신 주님과의 대결 구도를 형성한다.

4) 등에 소동 8,16-28

등에 소동부터는 앞선 재앙들보다 수위가 높아진다. 생활에 불편함을 주었던 수준을 넘어 이집트 땅을 파괴하는 재앙들이 내린다. 그리고 세 번째 재앙까지는 이스라엘과 이집트 사람들을 따로 구분하지 않았으나 넷째 재앙부터는 주님의 백성 이스라엘과 파라오의 백성 이집트인들을 구별한다(8,18). 이 구별은 앞으로 내릴 재앙들에서도 계속 이어진다. 등에 떼가 파라오의 궁궐뿐 아니라 이집트 온 땅에 가득했다. 온 이집트가 등에로 시달리는 것과 달리 이스라엘 백성이 사는 고센 지역은 피해가 가지 않았다. 이 역시 하느님이신 주님이 이 땅에 계심을 드러내는 기적에 대한 분명한 단서가 된다(8,18).

등에 소동으로 사태가 악화되자 파라오는 모세와 아론을 불러 하느님께 제사를 드리라고 허락하지만, 자신의 통치 영역인 이집트 땅에서 벗어나지 않아야 한다는 조건을 붙인다. "가거라. 그러나 이 땅 안에서 너희 하느님께 제사를 드려라"(8,21). 그러나 이집트는 주님께서 원하시는 예배 장소가 아니었다. 모세는 파라오의 제안을 거절하며 따를 수 없다고 대답한다. "그렇게 하는 것은 옳지 않습니다. 저희가 주 저희 하느님께 바치는 제물을 이집트인들이 역겨워하기 때문입니다"(8,22). 파라오는 다시 제안하기를 광야로 나가는 것까지는 허용하되, "너무 멀리 가서는 안 된다"고 명령하여 여전히 주님이 요구하는 장소가 아니라 자신이 원하는 장소로 제한을 둔다(8,24). 그러나 모세가 주님께 청한 대로 재앙이 물러가자 파라오는 이 약속마저도 번복하고 이행하지 않는다.

5) 가축병 9,1-7

가축들이 흑사병으로 죽는 다섯째 재앙은 넷째 재앙보다도 수위가 높아져 생명에 결정적 타격을 가한다. 예고대로 이집트인들의 가축이 모두 흑사병으로 죽게 되지만 이스라엘 백성의 가축은 전혀 피해를 입지 않았다. 이집트인들의 가축들에게만 내린 이 재앙은 '주님의 백성이 예배하도록 내보내라'는 요구에 저항하는 파라오의 완고함 때문에 비롯되었으나 그 피해는 백성이 받는다. 그럼에도 불구하고 파라오는 여전히 완고한 마음으로 이스라엘 백성을 내보내지 않는다(9,7). 파라오는 재앙의 피해가 어느 때보다 심각하다는 것을 자신의 눈으로 확인하였으나 모세에게 다급한 요청도 하지 않고 그에 따른 약속도 하지 않는다. 자신과 이집트가 살길이 무엇인지도 모르고 아무 조처도 취하지 못하는 파라오의 무능력함이 드러난다.

6) 종기 9,8-12

주님께서는 셋째 재앙처럼 아무런 경고 없이 이집트의 모든 사람과 짐승들에게 악성 종기가 생기는 여섯째 재앙을 실행하신다. 아홉 재앙을 눈여겨보면 규칙적으로 두 번의 재앙은 경고 후에, 세 번째에 이르러서는 경고 없이 재앙을 내리신다. 따라서 아홉 재앙 가운데 셋째, 여섯째, 그리고 아홉째 재앙은 경고 없이 진행된다. 이집트를 강타하는 재앙을 경고 없이 곧바로 내리시는 것은 앞선 두 번의 재앙에 대한 어떠한 경고에도 파라오가 요지부동이었기 때문에 주기적으로 세 번째에는 아무 경고 없이 재앙을 내리신다고 이해할 수 있다.

모기 소동처럼 짧게 묘사된 종기 재앙에서, 처음으로 사람의 생명을 위협하는 급박함이 나타난다. 앞서 내린 재앙들과 차별화되는 내용이다. 이처럼 여섯째 재앙을 시작으로 우박, 메뚜기 떼, 어둠으로 이어지는 재앙들이 마지막 열째 재앙에서 맏아들과 맏배의 죽음을 다루며 사람의 생명을 위협하는 재앙의 절정에 이른다.

이집트의 현인이라는 요술사들조차도 재앙의 피해자로 남는다. 그들은 종기 때문에 자신의 몸도 가누지 못하여 모세 앞에 서 있을 수도 없는 처지가 되어(9,11) 무능력을 드러낸다. 종기 재앙 이후 파라오 수하의 이집트 요술사들은 완전히 무력해진 상태로 사라진다. 게다가 모세의 협조자로 등장하였던 아론도 일곱째 재앙 이야기에는 등장하지 않고 오로지 모세와 파라오에게로 이야기가 집중된다. 모세는 주님의 대리자로서 파라오와 직면한다. 파라오는 이집트 요술사들조차도 무기력하게 당하는 것을 보았으나 아직도 마음이 완강하여 모세의 말을 듣지 않는다. 지금까지 파라오가 자기 마음을 완고하게 하였다고 하지만, 이제부터는 하느님께서 파라오의 마음을 완고하게 하셨다고 표현한다(9,12). 주님은 파라오의 완고함에 매여 있지 않은 자유 자체이신 분이다. 주님은 모든 것을 주관하는 권능을 가진 분이면서도 사람의 자유의지를 존중하시기 때문에 파라오의 완강함을 당장 응징하지 않고 또다시 인내하신다.

7) 우박 9,13-35

우박, 메뚜기 소동, 어둠의 재앙은 모두 대기와 연관된다. 우박은 종종 심판하시는 하느님과 깊이 연관되어 나오기 때문에, 정의를 실현하기 위한 심판의 도구로 이해하기도 한다(여호 10,11; 이사 28,17). 우박 재앙은 주님이 땅뿐 아니라 하늘까지도 지배하시는 분임을 밝힌다. 그래서 "온 세상에 나와 같은 신이 없음을 네가 알게 하겠다"(9,14)는 말씀처럼, 파라오에게 이스라엘의 하느님이신 주님은 다른 신과 비교할 수 없는 분이라는 것을 가르쳐준다. 이스라엘 백성이 사는 땅을 제외하고 이집트 온 땅에 우박이 내렸다. 다른 재앙보다 상세히 묘사되는 우박 재앙은 한층 가중된 파괴력을 보여주었다. 재앙이 예고되자 파라오의 신하들 가운데에는 주님의 말씀을 두려워하여 종들과 집짐승들을 피신시키는 사람도 있었다(9,20). 주님이 내리는 재앙의 심각성을 알아차리고 대처하는 신하들과 대조적으로 파라오는 자신의 세계에 갇혀 고집을 부린다. 잠깐 내리고 사라질 줄 알았던 우박이 멈추지 않고 계속 내리자 이집트 사람들은 훨씬 큰 공포를 느꼈다(9,24). 엄청난 양의 우박이 사람을 비롯하여 짐승, 들의 풀, 나무에 모조리 피해를 주었다는 기록은 주님의 심판이 점점 확대되고 있음을 말한다(9,25).

사태가 급박하고 심상치 않게 돌아가자 파라오는 모세와 아론을 불러 처음으로 자기 죄를 고백한다. "이번에는 내가 죄를 지었다. 주님께서는 옳으시고 나와 내 백성은 그르다"(9,27). 파라오는 일곱째 재앙을 맞고서야 이스라엘의 하느님이신 주님을 인정한다. 이스라엘 백성이 자신에게 속박된 노예가 아니라 주님과 끊을 수 없는 유대 관계를 형성한 하느님의 백성임을 파라오가 인정한 셈이다. 그는 모세에게 우박이 멎도록 기도해주기를 청하며 "내가 너희를 내보내겠다. 더 이상 여기에 머무르지 않아도 된다"(9,28)고 말한다. 모세는 기도해줄 것을 약속하면서 "세상이 주님께 속한다는 것을 임금님께서 아시게 하려는 것입니다"(9,29)라는 말을 덧붙인다. 이는 우박 재앙으로 '온 세상에 나와 같은 신이 없음을 알게 하겠다'는 주님의 의지를 다시 상기시키는 말이다(9,14).

그러나 파라오는 막상 우박이 그치자 다시 마음이 변하여 그들을 보내지 않는다. 파라오의 이러한 태도는 자기 잘못을 깨닫고 인정하지만 아집을 끊어버리지 못하고 점점 완고해지는 인간의 나약함을 그대로 반영한다. 주님께서는 신비의 영역을 특정한 사람들에게만 계시하시는 것이 아니다. 파라오와 같이 주님을 부정하는 사람에게조차 당신 신비를 접하게 하신다. 파라오는 여러 재앙을 통해 신비의 세계를 목격하면서 자신의 잘못을 인정하기도 하고 주님께 기도를 청하기도 한다(9,27-28; 10,16-17). 문제는 잠시뿐이라는 사실이다. 파라오는 잠시 주님의 주권이 다스리는 신비를 인정하였으나 그 순간이 지나자 고집을 부린다. 일곱째 재앙을 맞고도 이스라엘 백성을 내보내지 않는 고집스럽고 무모한 태도를 보이는 파라오를 두고, 탈출기 저자는 반복해서 그의 마음이 완고해졌기 때문이라고 전한다(9,34-35).

8) 메뚜기 소동 10,1-20

메뚜기 떼는 넓은 면적을 뒤덮고 떼를 이루어 날기 때문에 하늘에 있는 태양을 가리기도 한다. 메뚜기의 침입을 막을 수 있는 방법은 오직 거센 바람뿐이다. 메뚜기 떼는 무서운 속도로 번식하고 나무로 된 것은 모두 갉으며 무슨 식물이든지 가리지 않고 먹어 치우기 때문에 메뚜기 떼가 한 번 지나간 곳은 모든 초목이 사라져버린다. 이처럼 거대한 파괴력으로 큰 피해를 주는 메뚜기 떼 재앙을 이스라엘에서는 하느님의 심판으로 여겼다(신명 28,38; 아모 7,2). 모세는 파라오에게, 우박의 피해를 입지 않고 남은 것이 있다면 메뚜기 떼가 먹어 치울 것이라고 경고했다(10,5). 모세의 경고를 듣고 파라오의 신하들은 파라오를 설득하여 이스라엘 백성을 내보내려고 애썼으나 결과적으로 성공하지 못하고 만다(10,7.10). 여덟째 재앙에서도 여섯째 재앙에서처럼 하느님이 파라오의 마음을 완고하게 하셨다고 한다. 그 이유는 두 가지이다. 첫째는 그들 한가운데에 표징을 일으키려는 것이고(10,1), 둘째는 주님께서 이집트 사람들을 어떻게 다루셨는지 그리고 그들에게 어떤 표징을 이루셨는지 모세와 이스라엘 백성이 그들의 후손들에게 주님의 업적과 기적을 대대로 이야기해주고, 그분이야말로 주님임을 알게 하려는 것이다(10,2).

모세는 주님께 예배드리기 위해서는 어린아이와 노인까지 포함한 이스라엘 백성 모두와 짐승들까지 같이 가야 한다(10,9)고 요구하고, 파라오는 장정들만 가서 예배를 드리라며 거부한다(10,11). 모세가 파라오 앞에서 쫓겨나자 주님께서 이집트 땅 위에 메뚜기 소동을 일으키셨다. 거대한 재앙 앞에 파라오는 일곱째 재앙에 이어 여기에서도 '내가 죄를 지었다'며 다시 자신의 잘못을 인정하였다(10,16-17). 하지만 모세의 기도로 메뚜기 떼가 물러가자 파라오는 다시 고집을 부려 이스라엘 자손들을 내보내지 않는다.

9) 어둠 10,21-29

어둠이 사흘간이나 이집트 땅을 뒤덮는다. 여기서 나오는 '어둠'(호세크 חשך)은 매일 주기적으로 오는 '밤'(라일라 לילה)을 뜻하는 어둠이 아니다. 이는 더 근원적 어둠으로, 창조 때 빛이 생기기 전 심연을 덮고 있던 어둠(호세크: 창세 1,2)이며, 여기서도 같은 단어를(창세 1,2) 사용하여 칠흑과 같은 어둠이라는 것을 강조한다. 이 재앙에서도 이스라엘 백성은 파라오의 백성과 구별되어, 그들이 머무는 지역은 어둠이 드리우지 않고 빛이 있었다(10,23). 이는 이집트에 내린 어둠이 사막에서 이는 모래바람이나 개기일식과 같은 자연현상이 아니라, 주님께서 그때 그 장소에만 내리시는 초자연적인 기적이라는 증거이다.

이집트인들에게 태양이 가려지고 어둠이 뒤덮는 현상은 태양신의 무력함을 드러내는 믿을 수 없는 재앙이었다. 다급해진 파라오는 모세와 마지막 협상을 한다. 그는 모세의 요구대로 이스라엘 백성을 내보내겠다고 약속은 하였으나 그들을 보내고 싶은 마음이 전혀 없기에, 주님께 예배드리러 가되 "다만 너희 양 떼와 소 떼만은 남겨두어라"(10,24)라고 단서를 붙인다. 이스라엘 백성이 주님께 예배를 드릴 때는 반드시 그에 합당한 제물이 있어야 한다. 그러므로 제물이 될 양과 소를 두고 가라는 말은, 표면적으로는 이스라엘이 광야에서 주님께 제사를 드리도록 허락하였으나 실제로는 가지 못하게 하는 교묘한 제안이다. 제물 없이 제사를 드릴 수 없으므로 모세는 파라오의 제안을 단호하게 거절할 뿐 아니라, 이후로는 결코 파라오와 다시 대면하지 않겠다는 예고까지 하고 파라오의 궁전에서 나온다.

4. 열째 재앙 예고 11,1-10

마지막 재앙은 예고(11,1-10)와 실행(12,29-36)을 구분하여 기록하였다. 아홉째 재앙에서 어둠으로 빛이 사라진 것처럼, 열째 재앙에서 주님께서 이집트 가운데로 나아가시면 희생양의 피를 바르지 않은 이집트인들의 집안에는 즉시 죽음이 닥칠 것이다(11,4-5). 지금까지 내린 아홉 번의 재앙은 모세와 아론을 통하여 말씀하시고 그에 따른 현상이 일어나게 하셨다. 하지만 열째 재앙에서는 밤중에 주님께서 직접 나서시어 이집트인들의 맏아들과 짐승들의 맏배는 모조리 죽음을 면치 못하게 하겠다고 말씀하신다.

이집트에서든 이스라엘에서든 지역을 막론하고 고대로부터 한 집안의 장자는 누구보다 귀한 자손으로 여겨졌다. 이제 계속 고집을 부리던 파라오에게 맏아들을 치겠다는 결정적 재앙이 내린다. 이집트의 미래를 상징하는 맏이들의 죽음을 불러오는 열째 재앙은 파라오를 포함한 온 이집트인들에게 회복할 수 없는 치명적 재앙이 될 수밖에 없다. 주님께서 파라오와 이집트인들에게 내리는 이런 무시무시한 재앙에서 이스라엘의 맏이들을 보호하여 살려두셨기 때문에, 열째 재앙 이후 이스라엘의 맏아들과 맏배는 항상 주님의 것이라는 개념이 이스라엘인들 사이에 생겨났다. 그러므로 주님의 것인 이스라엘의 맏배는 사람이든 짐승이든 모두 생명을 지켜주신 주님께 봉헌해야 한다(13,2).

부록

☞ 파라오의 완고한 마음 9,12.34-35

재앙 이야기(7-11장)에는 '파라오의 완고(완강)한 마음'이라는 표현이 자주 나온다(7,3.13.14.22; 8,11.15.28; 9,7.12.34.35; 10,1.20.27; 11,10). 파라오의 마음을 묘사하는 '완고하게 하다'라는 말은 '굳어지게 하다' 또는 '강하게 하다'라는 뜻이다. 탈출기에서는 굳을 대로 굳고 단단해져서 주님께서 보여주시는 표징을 보고도, 모세와 아론이 전하는 말을 듣고도 주님의 뜻에 순응하기를 거절한 파라오의 고집스럽고 딱딱한 마음을 표현한다. '파라오의 마음이 완고해졌다 혹은 완고하게 되었다', '주님이 파라오의 마음을 완고하게 하셨다'는 것은 모두 자신이 고집스럽게 우겨서 주님의 뜻에 순응하기를 거절한 파라오의 마음을 묘사한 표현이다.

주님이 파라오가 고집을 부리도록 마음을 악하고 완고하게 만드셨다는 것이 아니라, 파라오가 자유의지로 완고한 마음을 고집하며 주님께 대항하는 것을 그대로 두셨다는 것이고, 또한 파라오의 이러한 선택조차도 주님의 절대주권에 종속된다는 것을 의미한다. 모세가 주님의 절대주권을 신뢰하도록 그에게 '파라오의 완고한 마음'을 예고해주시기도 하지만 인간 파라오의 완고함이 주님의 구원 계획을 제어할 수는 없다. '파라오의 마음을 완고하게 하셨다'는 표현은 파라오의 완고한 마음 때문에 주님의 권능이 더 크게 드러나게 되었고, 그 결과 주님께서 이루고자 하신 구원 계획이 이루어졌다는 의미이다.

5. 파스카 축제와 무교절 축제

12-13장에는 이집트에 내린 재앙과 이스라엘이 입은 구원의 은혜가 함께 나타난다. 곧 파스카 축제의 지시, 파스카 어린 양, 무교절, 그리고 이집트의 맏아들과 맏배의 죽음이라는 주제가 함께 묶여 있고 그 내용이 중복된다. 주님께서는 대부분 법규를 시나이산에서 주셨으나 파스카 축제와 무교절 축제에 관한 규정은 이집트를 떠나기 전에 말씀하신다. 이는 두 축제가 특별히 파스카 사건과 불가분의 관계라는 것을 드러낸다.

탈출 사건을 승리로 이끄시는 주님께서 12장에서 파스카와 무교절에 관한 규정을 말씀하신다. 이스라엘이 마지막 재앙에서 보호받기 위해 지켜야 할 파스카 축제를 지시하는 말씀은 '법' 문학 양식으로 쓰였다. 파스카 밤에 일어난 열째 재앙에서 이스라엘이 살아남도록 주님께서 모세와 아론에게 들려주시는 첫 파스카 축제에 대한 구체적인 지시(12,1-14), 무교절에 대한 지시(12,15-20), 모세가 이스라엘의 원로들에게 말하고 실행하는 맏아들과 맏배의 생명을 보호하기 위한 첫 번째 파스카 제사(12,21-28), 그리고 역사적인 파스카 밤에 일어난 열째 재앙이 묘사된다(12,29-42). 그러므로 11장에서 예고된 열째 재앙 이야기는 12장을 시작하며 잠시 중단된다. 열째 재앙 예고와 실행 사이에 파스카에 관한 이야기로, 파스카 밤에 열째 재앙이 벌어지는 동안 이스라엘인들이 실행해야 할 규정들을 상세하게 서술하고(12,1-28), 12,29부터 다시 열째 재앙 이야기를 이어 마무리한다.

1) 파스카 축제 12,1-14

(1) 아빕 달

이스라엘 백성이 해방되는 이 달을 한 해를 시작하는 첫째 달로 삼으라는 주님의 말씀(12,2)에 따라 파스카 사건이 일어난 달을 '아빕 달'이라고 한다(13,4; 23,15; 34,18). '아빕(אביב)'은 히브리어로 '이삭', '곡식의 새 이삭' 혹은 '보리 이삭'을 뜻한다. 아빕 달에 보리 이삭이 여물어 수확하기 때문에 아빕 달을 또한 '보리 이삭의 시기'라고도 한다.

이스라엘 백성은 바빌론 유배 생활을 통해 바빌론인들이 사용하는 달력을 알게 되었고, 유배 후 귀환한 유다인들을 통해 바빌론식 달력이 유입되어 통용되었다. 따라서 유배 이전에 쓴 가나안식 이름인 아빕 달을 유배 이후에는 바빌론식 표기로 니산 달이라고 부르기도 했다. 성경에서도 이 명칭으로 기록한 것을 찾아볼 수 있다. 바빌론 유배 시기의 정황이 담긴 느헤미야기(2,1)나 에스테르기(2,16; 3,7.13)에는 '니산 달'을 비롯해 바빌론식 달 표기가 등장한다.

아빕 달은 현재 사용하는 태양력의 3월 중순에서 4월 중순 사이에 해당한다. 가나안 땅에서 가나안인들이 주로 농사, 목축 등과 관련하여 사용하고 있던 민간력의 7월에 해당하는 아빕 달을 이스라엘의 종교력에서는 한 해를 시작하는 첫 달로 하라는 것이다. 이집트 탈출을 통해 이스라엘의 새로운 역사가 시작되었기 때문에 구원 역사의 중심이 되는 이달을 한 해의 시작점으로 두라는 의미이다.

(2) 유다의 달력[8)]

종교력(민간력)	유배 이전	유배 이후	태양력	축제
첫째 달(7월)	아빕 달 (탈출 12,2; 23,15)	니산	3-4월	파스카, 무교절
둘째 달(8월)	지우 달 (1열왕 6,1.37)	이야르	4-5월	
셋째 달(9월)		시완	5-6월	주간절, 맥추절
넷째 달(10월)		탐무즈	6-7월	
다섯째 달(11월)		아브	7-8월	
여섯째 달(12월)		엘룰	8-9월	
일곱째 달(1월)	에타님 달 (1열왕 8,2)	티쉬리	9-10월	속죄일, 초막절
여덟째 달(2월)	불 달 (1열왕 6,38)	헤쉬완	10-11월	
아홉째 달(3월)		키슬레우	11-12월	성전봉헌축제
열째 달(4월)		테벳	12-1월	
열한째 달(5월)		스밧	1-2월	
열두째 달(6월)		아다르	2-3월	부림절

8) 영원한도움 성서연구소, 《오경: 성서사십주간 전정판》, 성서와함께, 2006, 161쪽 참조.

(3) '파스카' 단어의 의미

주님께서는 파스카 축제를 지내는 달을 첫째 달로 삼으라고 명령을 내리신 후 파스카 축제에 대해 집중적으로 설명하신다(12,3-14). 모세는 이스라엘 자손들이 지켜야 할 파스카 축제에 대한 준비와 규정들을 상세하게 전했다(12,21-28). 파스카 축제 내용은 탈출기뿐 아니라 오경과 구약성경의 다른 책에서도 찾아볼 수 있다. 파스카는 이스라엘이 자손 대대로 지켜야 할 중대한 축제이기 때문에 이를 계속해서 상기하도록 여러 곳에 기록되었다(레위 23,5-8; 민수 9,1-14; 28,16-25; 신명 16,1-8; 여호 5,10-12; 2열왕 23,21-23; 2역대 30,1-27; 35,1-19; 에즈 6,19-22).

주님께서는 이스라엘 자손들에게 파스카 사건을 대대손손 영속적으로 기억하고 기념하도록 명령하신다. 이스라엘 자손들이 "이 예식은 무엇을 뜻합니까?" 하고 물으면, "그것은 주님을 위한 파스카 제사이다. 그분께서는 이집트인들을 치실 때, 이스라엘 자손들의 집을 거르고 지나가시어, 우리 집들을 구해주셨다"고 하라며, 후손들에게 대답할 말까지 일러주신다(12,26-27). '파스카(πάσχα)'는 '거르고 지나가다'라는 뜻의 그리스어이다. 이에 해당하는 히브리어는 '페사흐(פסח)'인데, '넘어가다'(passover), '거르고 지나가다'를 의미하는 동사 '파사흐(פָּסַח)'에서 나온 명사이다. 이 동사는 12장에 세 번이나 사용되는데 모두 이집트에 내린 마지막 재앙 때에, 주님께서 희생제물의 피로 표시된 이스라엘 사람들의 집들을 거르고 지나가시어 맏아들과 맏배를 구하신 구원 사건을 표현한다(12,13.23.27).

(4) 파스카에 지켜야 할 규정들

제물 준비

파스카 축제는 아빕 달 14일 저녁, 파스카 제물로 바치는 가축의 도살로 시작된다. 주님께서는 이집트 땅 전체에 열 번째 재앙으로 심판을 내리실 때 이스라엘 자손들이 죽임을 당하지 않도록 예방하는 방법들을 미리 말씀하신다. 파스카 축제 사흘 전인 아빕 달 10일, 각 가정의 규모에 따라 양이나 염소 가운데 한 마리를, 식구가 적은 경우에는 이웃과 공동으로 한 마리를 파스카 제물로 준비한다(12,3-4). 희생제물로 바칠 양이나 염소는 일 년 된 흠 없는 수컷이어야 하며 나흘 동안 집안에 두어 제물로 바치기 전에 부정한 것에 접하지 않도록 주의하며 잘 돌보아야 한다(12,5). 흠 없는 제물과 연관하여 레위기에서는 제물뿐 아니라 사제도 신체에 흠이 있는 사람은 직무를 수행할 수 없다고 전한다(레위 21,17-23). 희생제물인 흠 없는 숫양이나 염소는 제물을 바치는 사람의 소유여야 한다. 다른 사람의 재산을 훔쳐서 바치는 제물은 허용되지 않는다. 그러므로 이스라엘 자손들이 주님께 희생제물을 바칠 때는 아벨처럼 정성을 다해 가장 좋은 것으로 제물을 준비하는 마음이 필요하다.

파스카 양을 도살하는 시간

이스라엘 온 공동체는 '저녁 어스름'(벤 하알바임 בין הערבים, '두 저녁 사이')에 어린 양을 잡도록 시간을 정해놓았다(12,6). '저녁 어스름' 혹은 '해 질 무렵'은 완전히 캄캄해져서 사물을 분간하지 못하기 전, 초저녁 해질 때에 양을 도살하라는 말이다. 칠십인역에서도 '프로스 헤스페란(πρὸς ἑσπέραν)'이라고

하여 '거의 저녁이 되어' 혹은 '저녁 무렵에'로 표현한다. 각 가정에서 파스카 양을 도살하는 시간이 큰 차이가 나지 않아 파스카 음식을 나누는 시간도 거의 비슷하다. 그러므로 이스라엘 자손들은 열째 재앙이 내리는 파스카 밤에 이웃들과 함께 파스카 만찬을 할 수 있었다.

희생제물의 피

주님께서는 희생제물의 피를 좌우 문설주와 상인방에 바르라고 하신다(12,7). 이스라엘 자손들은 저녁 어스름에 파스카 양을 도살함으로써 주님께서 이집트를 치실 때 자신들의 집을 거르고 지나가시도록 좌우 문설주와 상인방에 바를 어린 양의 피를 제때에 준비할 수 있었다. 그러나 이스라엘 자손일지라도 좌우 문설주와 상인방에 희생제물의 피를 바르지 않는다면 주님의 보호를 거부한다는 뜻이므로 죽음을 피할 수 없었다.

피는 사람과 짐승의 생명을 유지하는 필수 조건이기 때문에 생명력을 상징한다. 그래서 성경에서는 '피를 흘리다'라는 표현을 '죽이다'라는 의미로 이해하였다. 또 생명을 유지하는 피가 가지고 있는 신비함 때문에 고대 근동 사람들은 피에 악령을 쫓고 치유하는 능력이 있다고도 생각하였다. 이스라엘인들은 피를 금기시하기도(창세 9,4; 레위 17,10-16) 하고 신성시하기도(탈출 24,8) 하는 이중적 태도를 보인다. 제의에서 이스라엘인들은 피를 생명의 신비가 깃든 신성한 것으로 생각하였다. 피 자체가 생명의 신비라는 것이 아니다. 파스카 밤에도 희생제물의 피가 그 집들을 보호하고 맏아들과 맏배의 생명을 보호하는 것이 아니다. 그들을 보호하시는 분은 오직 주님 한 분이시다. 제물로 바친 숫양이나 염소의 피는 악귀를 쫓아내는 주술이 아니라 주님과의 관계에서 이스라엘 자손들이 보호받을 수 있는 징표로 사용되었다. 이집트 탈출 이후에 시나이에서도 이스라엘은 희생제물의 피로 계약을 맺으며 하느님의 백성으로 성별되고 계약 공동체가 된다. 이러한 피의 속성 때문에 이스라엘인들은 함부로 타인의 피를 흘리게 하거나 피를 직접 마시는 것을 엄격하게 금지했다(창세 9,4; 레위 3,17). 만일 남의 피를 흘리게 했다면 자기 생명으로 갚아야 했고(창세 9,5; 탈출 21,12), 남의 목숨을 빼앗은 살인자는 그에 상응하는 대가인 피의 보복을 피하기가 어려웠다(신명 19,6). 구약성경에서 희생제사는 대부분 제물의 피를 사용하여 속죄하는 예식을 거행한다(탈출 29,20; 레위 3,2). 파스카 예식에서 희생제물의 피를 사용한 것처럼 이스라엘인들은 주님께 올리는 예배나 속죄 예식 등에서도 피를 뿌리는 예식을 거행하였다.

파스카 만찬

희생양의 피를 바르라는 말씀 다음 파스카 식사에 관한 규정이 길고 상세하게 이어진다. 식사 때에는 제물로 잡은 가축의 고기와 머리·다리·내장을 모두 불에 구워 누룩을 넣지 않은 빵과 쓴 나물을 함께 먹고, 남은 것은 불에 태워 없앤다. 고기는 날 것이어서도 안 되고 삶아서도 안 되며 꼭 구워 먹어야 한다(12,8-9). 구운 고기를 강조하는 명확한 이유를 성경 본문은 설명하지 않지만 몇 가지로 추측해볼 수 있다.

먼저 이방 민족의 제의에서 행하던 관습을 모방하지 못하도록 파스카 밤에 고기를 삶지 말고 구워 먹으라는 규정을 정한 것으로 이해할 수 있다. 또 다른 이유는 다음 날 아침에 서둘러 이집트를 떠나야 했기에 고기가 남을 경우 삶은 고기보다는 구운 고기가 불태워 처리하기에 수월하였기 때문으로 볼 수 있다(12,10). 그뿐 아니라 고기를 준비하는 과정에서도 삶는 것보다 굽는 게 훨씬 빠르고 손쉬웠으며, 위생적으로도 더 나았으므로 구운 고기를 먹도록 규정한 것으로 생각할 수 있다. 만일 양을 잡아서 준비한 고기를 삶으려면 굽는 것보다 더 많은 시간이 필요했을 것이다. 서둘러 음식을 준비하여 지체하지 않고 먹으려면 파스카 밤에는 고기를 불에 구워 먹는 게 훨씬 수월했기 때문에, 파스카 양의 내장조차 빼내지 않고 '머리와 다리와 내장'을 그대로 구워 먹었다(12,9).

이처럼 파스카 식사 규정의 세부 사항은 서둘러서 길을 떠나는 상황을 염두에 두고 있다. 그래서 허리에는 띠를 매고 발에는 신을 신고 손에는 지팡이를 잡은 채로 서둘러 먹어야 한다. 날이 새면 바로 이집트를 떠날 만반의 준비가 완료된 상태로 먹어야 하기 때문이다. "서둘러 먹어야 한다"(12,11)는 표현에서 '서둘러'를 뜻하는 히브리어 '히파존(חפזון)'은 '급함, 서두름, 황급함, 놀람, 두려움'을 의미하는 명사이다. 이 단어의 어근인 동사 '하파즈(חפז)'는 '서두르다'라는 의미와 함께 '놀라서 두려워하는 것', '마음을 졸이면서 급하게 서두르는 것'을 의미하기도 한다(신명 20,3).[9] 이스라엘 자손들은 주님께서 다른 신들을 섬기는 이집트 사람들과 자신들을 구별하시며, 이집트인들의 맏아들과 맏배를 치시고 이집트 신들을 심판하시는 파스카 밤의 급박한 정황에서 파스카 음식을 먹었다. 삶과 죽음이 교차되는 긴장된 시간이기에 이스라엘인들은 두려움 속에 서둘러서 파스카 음식을 먹었을 것이다.

이스라엘 자손들은 파스카 만찬 때 누룩 없는 빵과 함께 쓴 나물을 곁들여 먹어야 한다. 파스카 식사의 필수 요소인 '누룩 없는 빵'도 파스카 밤

9) 존 더햄, 앞의 책, 276쪽.

의 급박한 상황을 알게 한다. 쓴 나물은 이집트 땅에서 노예로 살았던 그들의 괴로웠던 시기, 가혹한 노동으로 겪은 고통을 상징하고 이를 상기시킨다(탈출 1,14).

2) 무교절 축제 12,15-20

(1) 무교절 축제 준비

누룩을 넣지 않고 만든 빵을 히브리어로 '마짜(מצה)'라고 하는데 12,15에서는 복수형인 '마초트(מצות)'가 나온다. 무교절은 첫째 달 15일부터 21일까지 7일간 지낸다. 이 기간에는 파스카 축제 다음 날부터 시작하여 7일 동안 누룩을 넣지 않고 구운 빵(마짜)을 먹어야 했다(12,15).

고대 이스라엘인들은 평상시에, 누룩을 넣어 미리 발효시킨 반죽에 새 밀가루를 넣어 다시 반죽하는 방법으로 빵을 만들었다. 무교절에 누룩 없는 빵을 먹는 것은, 발효시킬 시간이 없어 밀가루만으로 급히 빵을 만들 수밖에 없었던 다급함을 말해준다. 그들은 해마다 이 기간에 누룩 없는 빵을 먹으며 역사적 탈출 사건을 기억한다. 그러므로 무교절이 시작되기 전 13일 저녁에는 등불을 켜고 집안의 누룩을 제거한다(13,7).

본문은 무교절과 관련하여 세 가지 지침을 반복하여 강조한다. ① "너희는 누룩 없는 빵을 먹어야 한다"(12,18). ② "이레 동안 너희 집 안에 누룩이 있어서는 안 된다"(12,19ㄱ). ③ "첫날부터 이렛날까지 누룩 든 빵을 먹는 자는 누구든지 이스라엘에서 잘려나갈 것이다"(12,15; 12,19ㄴ). 이처럼 주님께서는 파스카 축제의 규정들을 철저히 지키도록 엄한 경고를 내리신다. 누군가가 자신이 속해 있던 공동체로부터 잘려나간다고 하는 것은 곧 죽음을 선고받는 것과 같은 매우 무거운 징벌이었다.

"너희는 무교절 축제를 지켜야 한다. 바로 이날, 내가 너희 부대들을 이집트 땅에서 이끌어냈기 때문이다"(12,17). 12장에서만 '지키다' 혹은 '보존하다'라는 '샤마르(שמר)' 동사가 일곱 번이나 나오는데, 이는 파스카 축제와 무교절 축제가 철저히 영원토록 지켜져야 한다는 것을 반복해서 강조한 것으로 볼 수 있다.

이스라엘 자손은 무교절 첫째 날과 마지막 날(일곱째 날)에는 어떠한 노동도 하지 않고 경건한 마음으로 탈출 사건을 생각하며 지내야 하고, 또한 이 첫째 날과 일곱째 날에 '거룩한 모임'을 열어야 했다(12,16). 그러므로 파스카 규정의 준수는 이스라엘 자손들을 결속하는 계기가 되기도 하였다.

(2) 파스카 축제와 무교절 축제의 결합

파스카 축제에 대한 지시(12,1-14)와 무교절 축제에 대한 지시(12,15-20)가 연이어 나오고, 14일에 시작하는 파스카 축제 다음 날부터 무교절 축제가 이어지기 때문에(아빕 달 15-21일) 이 두 축제를 원래부터 하나의 축제로 생각할 수 있다. 하지만 파스카 축제와 무교절 축제는 각각의 이름을 분류하여 부르는 것처럼 기원이 다르다.

파스카 축제는 유목민의 축제 양식에 그 기원을 두고, 무교절 축제는 아빕 달에 보리 수확의 시작을 알리는 농경문화에서 비롯되었다. 유목 생활을 하던 이스라엘 사람들이 농경 생활을 하게 되면서 가나안의 축제를 받아들인 데서 그 기원을 찾아볼 수 있다. 매우 다른 성격을 지닌 파스카 축제와 무교절 축제는 이스라엘 자손들이 가나안 땅에 정착하여 살다가 바빌론으로 끌려가기 전 어느 시점에 하나로 합쳐진 것으로 추측할 수 있다. 두 축제 모두 이집트 탈출 사건과 분리할 수 없는 축제이고, 같은 시기인 아빕 달에 거행되며, 파스카 축제 때 누룩 없는 빵을 먹어야 한다는 규정은 파스카 축제와 무교절 축제를 자연스럽게 하나로 묶는 계기가 되었다.

12장은 기원이 다른 두 축제를 의도적으로 하나의 이야기처럼 연관 짓는다. 이렇게 두 축제를 하나로 결합하여 거행함으로써 미래에 다가올 이스라엘의 모든 세대에게, 이집트 탈출 사건을 기억하고 기념하는 이 축제를 권위 있게 전수할 수 있게 되었다. 그러므로 파스카와 무교절 축제는 일회적인 축제가 아니다. 이스라엘은 이 축제를 일정 기간이 아니라 영원히 지켜야 한다(12,14.17.24; 13,10). 주님의 명령에 따라 이스라엘이 대대로 이 축제를 거행하는 것은 주님께서 행하신 구원 업적을 기리며, 모든 세대에게 그들이 체험한 이집트 탈출 사건을 상기시키고, 이스라엘 자손들을 믿음으로 인도하는 수단이 되기 때문이다.

3) 파스카 축제에 대한 지시 12,21-28

이 대목은 12,1-14에 묘사된 파스카 축제 규정에 대해 반복하여 그 생생한 의미를 전달해준다. 그러나 전체를 반복하는 것이 아니라 파스카 제물의 준비와 제물의 피를 바르는 일 그리고 파스카 축제를 영원히 지키라는 지시를 요약한 것과 같다. 그러므로 무엇보다도 이 대목은 열째 재앙에서 맏아들과 맏배의 생명을 보호하기 위해 이스라엘이 지켜야 할 규정들에 초점이 맞추어져 있다.

이스라엘 백성은 집집마다 파스카 제물을 잡고 그 피를 대야에 받아놓은 다음, 우슬초 묶음을 담가 그 피를 좌우 문설주와 상인방에 발라야 한다. 그리고 아침까지 아무도 자기 집 문밖으로 나가서는 안 된다(12,21-22). 양이나 염소를 도살하고 제물의 피를 바를 때 사용되는 우슬초는 팔레스티나 집 주변에서 흔히 자라는 박하류 식물로서 단으로 묶어 정화 의식에 주로 쓰였다.

“주님께서 이집트인들을 치러 지나시다가, 두 문설주와 상인방에 바른 피를 보시면, 그 문은 거르고 지나가시고 파괴자가 너희 집을 치러 들어가지 못하게 하실 것이다”(12,23). 주님의 명령에 따라 좌우 문설주와 상인방에 바른 희생제물의 피는 그 집에 이스라엘인이 살고 있음을 드러내는 표시이자 파스카 밤에 구원받는다는 표시이다. 하느님께서는 이집트에 재앙을 내릴 때 이미 이스라엘 자손과 이집트 사람을 구별하셨지만, 이스라엘 자손들은 파스카 밤에 제물의 피를 각 집의 좌우 문설주와 상인방에 바르라는 명령에 따라야 한다. 이 행위는 주님의 말씀을 믿고 순종한다는 의미이기도 하다.

물리적 의미	영적 의미
이스라엘 백성의 표시 ⇩ 거주자의 구원 보증	하느님을 믿고 말씀에 순종 ⇩ 신앙고백

주님께서 모세를 통해 알려주신 이 모든 말씀을 듣고 이스라엘 자손들은 무릎을 꿇고 경배하였다(12,27). 이 반응은 모세가 전한 메시지를 주님의 말씀으로 받아들였다는 의미이다. 파스카 축제를 거행하기 이전이었지만 이스라엘 자손들이 모세가 전한 말을 주님의 말씀으로 인정하고 주님께 경배드린 것은, 모세를 통해 당신 이름을 계시해주신 주님께서 이 약속들을 이루어주실 것을 확신했기 때문이다.

4) 열째 재앙 12,29-36

주님께서 이집트에 내린 재앙은 열째 재앙에서 최고조에 이른다. 파라오와 이집트인들이, 이스라엘의 하느님이신 주님이 하신 일로 인정할 수밖에 없는 열째 재앙은 이전의 어떤 재앙보다 훨씬 더 참혹하다. 생명과 죽음, 심판과 자비를 주관하시는 주님께서는 이집트인들의 맏아들을 치시는 재앙을 통해 당신이 어떤 권능을 가진 분인지 계시하신다(12,29-30). 열째 재앙 역시 주님 외에 다른 신이 없음을 알게 하시려는 것이다. 주님의 권능을 인정하지 않으려는 사람들이 앞선 아홉 번의 재앙을 자연현상의 하나로 해석하려 시도하기도 하나, 앞의 재앙들과 현저한 차이를 두고 있는 열째 재앙만큼은 자연현상으로 설명할 수 없는 불가사의한 사건이다.

열째 재앙이 닥친 후 파라오의 반응을 통해서도 그것이 얼마나 무시무시한 재앙이었는지 감지할 수 있다. 파라오는 이집트인들의 맏아들과 맏배의 죽음이라는 감당할 수 없는 마지막 재앙을 겪고 나서야 이스라엘의 하느님이신 주님의 권능 앞에 승복한다. 파라오는 이스라엘 백성을 감히 이집트 임금에게 대항할 생각조차 할 수 없는 오합지졸, 힘없는 노예들에 불과하다고 여기고 있었다. 하지만 주님이 내리시는 재앙들을 겪고서, 이스라엘의 주님은 파라오가 섬기는 이집트 신들에 견줄 수 없는 하느님이라는 것을 인정한다. 이집트 임금 파라오는 주님의 권능 앞에서 무력하였기 때문에 무조건 항복한다. 열째 재앙을 맞은 그 밤에 파라오는 모세와 아론을 불러 떠나라고 하며 다음과 같은 몇 가지를 당부한다(12,31-32).

- 너희도 이스라엘 자손들도 어서 일어나 내 백성에게서 떠나라.
- 너희가 말하던 대로, 가서 주님께 예배드려라.
- 너희가 말하던 대로, 너희의 양과 소도 데리고 가거라.
- 나를 위해서도 복을 빌어다오.

파라오에 이어 이집트 백성도 이스라엘 자손들에게 이집트를 떠나라고 간청하였다. 이스라엘은 주님 말씀대로 그들에게서 금품까지 받아서 떠나는데, 서둘러서 떠나는 바람에 빵 반죽이 부풀기도 전에 반죽 통째 옷에 싸서 어깨에 둘러메고 떠나야만 했다(12,33-36).

5) 이집트를 떠나다 12,37-42; 13,17-22

모세와 아론은 '이집트를 떠나라'는 파라오의 말을 듣고 한밤중에 이스라엘 자손들과 함께 라메세스를 떠나 수콧으로 출발했다(12,37). 이스라엘 자손들은 긴장과 불안으로 지새웠던 그 밤에, 약속의 땅을 향한 대장정을 시작한다.

"그날 밤, 주님께서 그들을 이집트에서 이끌어내시려고 밤을 새우셨으므로, 이스라엘의 모든 자손도 대대로 주님을 위하여 이 밤을 새우게 되었다"(12,42). 이 말씀은 파스카 밤의 기원을 말해준다. 파스카 예식을 할 때마다 그 밤에 이스라엘을 이끌고 나가신 주님을 기리고, 그 밤을 새워야 하는 데 대한 원인을 설명한다.

(1) 탈출 인구

라메세스를 떠나 수콧으로 향하는 탈출 여정을 시작한 사람의 수를 본문에서는 걸어서 행진하는 장정만 육십만가량 되었다고 알려준다(12,37). 60만 명이라는 숫자는 전체 인구의 약 4분의 1에 해당하는 것으로, 여기에 장정에서 제외된 여성, 어린이, 노인 등 딸린 식구를 합하면 200만 명이 훨씬 넘는다고 추정할 수 있다. 민수기에서는 이집트 탈출 후 광야에서 군대 사열을 받은 이스라엘 인구를 구체적으로 603,550명이라고 기록하고(민수 1,46-47), 40년 후 광야 생활을 마친 다음 사열을 받은 이스라엘 자손들의 총계를 601,730명으로 기록한다(민수 26,51).

숫자를 과장하여 표현했을 수도 있으나 신앙적으로 해석하자면, 권능을 지니신 주님께서 탈출 사건에 처음부터 끝까지 관여하셨기 때문에 이 많은 숫자도 전혀 불가능하지는 않다. 그럼에도 불구하고 많은 의구심이 제기되는 숫자인 것은 사실이다. 탈출 당시 이집트의 인구는 400-500만 명 정도로 추측하는데, 이스라엘 민족이 200만 명이 넘는다는 것은 이집트 인구와 비교하여도 받아들이기가 어렵다. 이스라엘 사람들이 머물렀던 고센 지역을 중심으로 한 나일강 삼각주의 규모로 보아도 이 사람들을 수용하기는 불가능하다. 게다가 탈출 이후로 현저하게 인구가 감소하지 않은 이상, 기원전 8세기까지 이스라엘의 총인구가 100만 명을 넘지 못한다는 사실도 탈출 당시의 인구를 이렇게 추정하는 데 무리가 된다. 더 나아가 시나이 광야의 여건상 '이 많은 사람이 40년 동안 살 수 있었겠는가' 하는 의문이 제기된다. 광야에서 200만이나 되는 인구가 이동했다는 증거가 아직도 발견되지 않았다는 점도 이유로 제기되고 있다.

이 문제를 해결하기 위해 많은 학자가 다양한 가설을 내놓았다. 설득력이 약하긴 하지만, 예를 들면 6×100×1,000은 육십만이 되는데 이 숫자에서 1,000을 가리키는 히브리어 '엘레프'는 숫자 '천'이 아니라 지파의 규모에 따라 결정되는 지파 속의 단위라고 설명하기도 한다(민수 1,16; 판관 6,15; 1사무 10,19.21).[10] 우리가 유추할 수 있는 여러 가지 가능성 가운데 가장 적절하다고 여겨지는 해석은, 아마도 탈출기 저자가 이 본문에서 주님의 위대한 권능을 더욱 강조하고자 하였다는 것이다. 이러한 추측은 이스라엘 자손들이 새로운 정체성을 갖게 된 이 사건에 관하여, 정확한 숫자를 기록하였다기보다는 파라오의 막강한 세력에도 불구하고 많은 사람이 주님의 자비로 구원받게 되었음을 강조하기 위해 좀 더 큰 숫자를 사용하는 고대 문학의 표현법으로 이해할 수 있다.

10) 존 더햄, 앞의 책, 305-306쪽.

(2) 탈출 시기

이스라엘이 이집트에 체류한 기간에 대하여 12,40은 '이스라엘 백성이 이집트에서 산 사백삼십 년이 끝나는 바로 그날, 이집트에서 나왔다'고 한다. 반면 창세 15,13은 이집트 체류 기간이 400년이라고 한다. 이러한 차이는 아마도 야곱이 이집트에 내려가던 해와 그 후 요셉과 형제들이 죽은 해 사이에 30년을 훨씬 웃도는 세월이 흘렀을 것이고, 그때부터 이집트 체류 기간을 잡는다면 결과적으로 30년의 차이가 생기기 때문일 것이다. 이스라엘 백성이 오랜 기간을 이집트에서 거주하고 떠나온 시기가 정확히 몇 년쯤 되는지 아직도 의견이 분분한데 대체로 두 가지 설로 나누어진다.

기원전 15세기설

이집트 탈출 연대를 기원전 15세기로 보는 근거는 1열왕 6,1과 판관 11,26 등이다. 열왕기의 기록에 따르면, 솔로몬 성전 건축을 언급하며 그때를 '이스라엘이 이집트 땅에서 나온 지 480년, 곧 솔로몬이 왕이 된 지 4년'이라고 한다(1열왕 6,1). 솔로몬 즉위 제4년은 기원전 966년경이며, 그때부터 480년 전에 이집트 탈출 사건이 일어났다면 탈출 연대는 기원전 1446년경이 된다. 또 판관기에 따르면 판관 입타가 암몬 임금에게 길앗 지역의 법적 소유권을 주장하며 '이스라엘이 이 모든 성읍에 산 지 300년'이라고 한다(판관 11,26). 입타는 사울이 임금으로 즉위한 때로부터 약 50년 정도 앞선 기원전 1100년경 활동했던 판관이다. 따라서 이스라엘의 길앗 점령, 곧 약속의 땅 가나안 정복은 기원전 1400년경이 되고, 여기에 약 40년간의 광야 생활 기간을 더하면, 탈출 연대는 기원전 15세기경에 이른다. 이러한 근거에도 불구하고 여러 가지 고고학적 사실은 보편적으로 기원전 13세기(기원전 1250년 전후)에 이집트 탈출 사건이 발생했다는 설을 지지한다.

기원전 13세기설

탈출 1장에 요셉을 알지 못하는 새 임금이 이집트에 나타났으며 그가 피톰과 라메세스를 지었다는 이야기가 나온다(1,8.11). 이집트의 역사를 통해서 보면 피톰과 라메세스를 세운 이집트 임금은 제19왕조의 라메세스 2세이다. 이 라메세스 2세가 이집트 탈출 당시의 파라오라고 보는 것이다. 라메세스 2세의 다음 통치자인 메르네프타가 세운 승전비에 보면 가나안을 정벌할 때 이스라엘도 정복지에 포함되어 있었다. 이 승전비를 메르네프타 치세 제7년경에 세운 것으로 본다. 따라서 이스라엘의 이집트 탈출은 이보다 더 앞서야 할 것이다. 이와 같은 성경과 고문헌 자료를 바탕으로 이집트 탈출 연대를 일반적으로 라메세스 2세의 통치 때인 기원전 13세기 초로 추정한다.

기원전 15세기설	기원전 13세기설
- 이집트 땅에서 나온 지 480년 솔로몬 통치 4년째 되던 해(1열왕 6,1) - 이스라엘이 이 모든 성읍에 거한 지 300년(판관 11,26)	- 피톰과 라메세스 건축 - 라메세스 2세 치하(기원전 1304-1238): 이집트 탈출 당시 파라오 - 메르네프타 석비: 이스라엘을 언급

6) 파스카 세칙 12,43-51

12장 첫 부분에서 언급되었던 파스카에 관한 규정들을 다시 상기시키며 파스카 축제를 거행하는 방식뿐 아니라 축제에 참여할 수 있는 사람들의 범위까지도 지시한다. 파스카 축제의 세칙이 언급되는 12,43에서는 “외국인은 아무도 파스카 제물을 함께 먹지 못한다”고 제한하지만, 동시에 44절에서는 “돈으로 사들인 종은 누구든 할례를 받았으면 함께 먹을 수 있다”고 규정한다. 이방인들도 할례를 받는다면 파스카 예식에 참여하는 것이 허용되었고 그렇게 함으로써 이스라엘 공동체에 구성원으로 받아들여졌다. 이집트 탈출 여정의 특징 중 하나는 많은 이국인도 그 여정에 함께하였다는 것이다(12,38). 여기에서 이스라엘은 원래 혈연 공동체나 민족 공동체가 아니라 신앙 공동체요 예배 공동체였다는 점을 확인할 수 있다. 주님을 믿는 사람은 누구나 이스라엘의 구성원으로 인정되었다. 그러나 바빌론 유배 이후 일정 기간에는 신앙 공동체로서 이스라엘의 정체성을 지키기 위해 순수 혈통을 중시하고 이방인을 철저히 배척하도록 요구하였다(에즈 10,7-17).

어쨌든 탈출기에서 이방인이나 나그네 그리고 일시적으로 고용된 사람들이 할례 유무에 따라 파스카 축제의 참석 여부가 결정된 것은 그들이 거행하는 파스카 축제가 하느님 백성의 축제라는 것을 말한다. 창조주 하느님이 펼치시는 구원 사업은 어느 한 민족 혹은 특정 부류에만 국한되지 않고 누구에게나 열려 있기 때문이다.

7) 무교절 세칙과 맏아들·맏배의 봉헌 세칙 13,1-16

맏아들과 맏배의 봉헌

무교절의 세칙을 중심에 두고 앞뒤로 맏아들과 맏배의 봉헌에 관한 이야기를 전한다(13,1-2.11-16). '처음 열고 나오다'라는 의미의 히브리어 '버코르(בְּכוֹר)'는 처음 태어난 아들이나 짐승을 가리킨다. 주님께서는 '버코르'가 당신 것이므로 이스라엘이 주님의 보호와 도움 아래 가나안 땅에 들어가게 되면 모든 '버코르'는 당신께 바쳐야 한다고 이르신다(13,11-12).

열째 재앙 이야기 사이에 맏아들과 맏배의 대속 규정에 대한 배경이 구체적으로 설명되어 있다. 속량을 표현하는 데 두 가지 동사가 사용되어 속량의 형태를 표현한다. '대속하다, 속량하다'라는 의미의 동사 '파다(פדה)'와 '구출하다, 건져내다'라는 의미의 동사 '가알(גאל)'이 사용된다. 둘 다 재산이나 가축 혹은 속박된 사람, 즉 노예로 전락한 사람을 그에 합당한 금전을 지불하고 되찾는 것, 원상태로 회복하는 것을 의미한다. 여기서는 사슬이나 속박에서 풀어 자유롭게 한다는 의미로 '파다' 동사를 사용하였는데, 이는 주로 맏아들, 맏배와 같이 사람이나 짐승의 속량에 관하여 쓰인다.

맏아들과 맏배를 봉헌하는 규정은 재앙에서 구원받은 이스라엘 자손들의 체험을 반영한 것이다. 파스카 밤에 이집트인들의 맏아들과 맏배가 모두 죽임을 당할 때 이스라엘 백성의 맏아들의 생명은 보호받았다. 이스라엘은 이러한 체험을 바탕으로 이집트에서 생명을 구해주신 주님의 은혜를 잊지 않고 맏아들이 태어나면 주님의 것으로 봉헌하였다. 같은 이유로 짐승의 맏배도 주님의 것으로 여겨 주님께 바쳤다(13,2; 34,19-20). 이러한 대속 규정에 따라 이스라엘인들의 소유 가운데 처음 난 것은 주님께 바쳐야 하는 의무가 부여된다.

13,13에는 나귀와 맏아들을 위한 대속물을 허락한다는 조건들이 소개된다. 이스라엘 사람들은 나귀는 되새김을 하지 않고 굽이 갈라지지 않았기 때문에 부정한 동물로 간주하였으나, 사실 성경에서 나귀가 부정한 짐승이라는 증거는 찾아볼 수 없다. 나귀와 같은 부정한 짐승의 첫 새끼는 양으로 대속하여 바치거나 그렇지 않으면 나귀의 목을 꺾어야 한다(13,13; 34,19-20). 이러한 예외 규정은 나귀가 매우 많고 흔하게 사용하였던 이유에서 비롯된 것으로 추측하기도 한다.

주님의 몫으로 봉헌된 맏아들은 장차 한 집안의 가장으로 가족들의 정신적 지주가 되고 한 집안의 구심점이 되는 존재이다. 그래서 맏아들에게는 특별한 지위와 권한이 부여되었다, 집안에서만이 아니라 사회적으로도 언젠가 가족을 대표하는 지위를 갖게 되기 때문에 가족의 특별한 존중과 기대를 받는다. 맏아들에게는 재산 상속에 있어서도 아버지 소유의 재산에서 다른 형제가 받을 유산의 두 배의 몫을 상속받는 특권이 주어진다(신명 21,17).

맏아들과 맏배뿐 아니라 그해에 제일 먼저 나온 과일, 곡식 등의 맏물도 주님의 몫이다. 토지 생산물인 첫 열매는 감사의 제물과 마찬가지로 주님께 바쳤으며 사제의 몫으로 돌렸다(신명 26,2.10). 이처럼 맏물을 주님께 드리는 것은 자신이 가진 모든 것이 주님에게서 왔음을 고백하는 행위이다. 또한 자신이 소유한 것과 소유하게 될 모든 생산물이 근본적으로 주님의 은혜로 주어진 주님의 것임을 인정하는 행위이며, 앞으로 더 풍성한 수확을 바라는 기원까지 포함하는 복합적인 뜻이 담겨 있는 행동이라고 할 수 있다(레위 19,24-25).

무교절 세칙

무교절은 명백하게 이집트 탈출 사건과 관련되는 축제이다(13,5). 무교절에 관한 세칙(13,3-10)은 주님께서 이집트에서 종살이하던 이스라엘 자손들을 이끌어내셨다는 것을 끊임없이 '기억하라'는 말로 시작한다. 무교절 세칙들을 지키는 목적도 이를 기억하기 위한 것이다. 이스라엘 자손들은 이레 동안 누룩 없는 빵을 먹고 이렛날에는 주님을 위하여 축제를 지내야 한다. 단지 누룩이 든 빵을 먹지 않는 것뿐 아니라 누룩이 있는 것조차도 허용하지 않기 때문에 무교절 축제가 시작되기 전에 집안의 모든 누룩을 제거해야 한다. 이날을 기념하고 기억하는 것은 몇 세대에만 해당되지 않는다. 이스라엘 자손들은 주님께서 자신들을 위해 하신 일을 대대손손 기억할뿐더러, 그분의 가르침을 손에 감고 이마에 표지로 붙이고 다니면서까지 명심해서 지켜야 한다(13,9).

부록

☞ 파스카 축제의 변천사

파스카 축제는 탈출기에 기록되어 있는 것처럼 가정 단위로 보내는 축제였다. 그런데 신명기(16,1-8)에서는 '주님께서 당신의 이름을 머무르게 하시려고 선택하시는 곳에서 파스카 제물을 바쳐야 한다'고 강조한다. 신명기 본문은 광야 시대가 아니라 이스라엘이 국가를 형성하고 지파들이 각 지역으로 흩어져 사는 시기를 반영하는 말씀으로 예루살렘에서만 제물을 바치라는 명령이다. 사실 이스라엘이 광야에서 생활하는 동안에는 열두 지파가 함께 생활했으므로 파스카 축제를 지내기 위해 따로 소집령을 내릴 필요가 없었으나, 국가를 형성한 이후에는 널리 퍼져 있는 백성을 한 장소, 즉 예루살렘 성전으로 모이게 할 필요가 있었다. 요시야 임금은 주님에 대한 믿음을 새로이 하여 종교개혁과 제의의 중앙집권화를 실행하였다. 파스카 축제는 요시야 치세 18년에 가정 단위 축제에서 성전 순례 축제로 바뀌었다(2열왕 23,23). 우상숭배에 물들어 타락한 이스라엘을 쇄신하고 국가적으로 대대적인 파스카 축제를 지내도록 한 것이다. 그러나 세월이 흘러 예루살렘 성전이 파괴되고 나라가 패망한 후, 파스카 축제는 다시 가족 단위의 축제가 되어 매년 가정에서 가장의 주도 아래 행하는 예식으로 자리 잡는다.

☞ 파스카 음식

① 쓴 나물: 선조들이 이집트에서 겪은 고역을 기억

② 쓴 나물을 찍어 먹는 하로셋

- '진흙'을 의미하는 '하르씨트(חרסית)'에서 기원
- 진흙으로 벽돌을 굽던 노예 생활의 고통을 기억

③ 정강이뼈와 삶은 계란

- 후대 첨가
- 성전 파괴를 기억
- 성전에서 봉헌한 희생제사를 기억

④ 소금물: 이스라엘 사람들이 흘렸던 고통의 눈물을 기억

⑤ 파슬리: 생명을 상징, 이집트 탈출의 기쁨

⑥ 마짜(누룩 없는 빵): 이집트 탈출의 긴박성을 표현

⑦ 아피코만(따로 두었던 마짜): 희생양을 상징

누룩

누룩은 빵이나 술을 만들 때 사용하는 발효제이다. 밀, 보리, 호밀 등의 가루 반죽에 누룩을 넣으면 누룩이 발효되면서 반죽이 부풀어 오른다. 이처럼 빵을 만들 때 사용하기 때문에 누룩은 가정에서 꼭 필요한 재료이다. 누룩은 매번 새로 만들지 않고 보통 빵을 만들 때 빵 반죽에서 일부를 떼어 남겨두었다가 새로 반죽할 때 그것을 사용했기 때문에 집안에 늘 약간의 누룩을 남겨놓는다. 발효제로 사용하는 누룩의 이러한 기능을 구약성경에서는 긍정적으로 이해하지 않는다. 누룩을 부패의 상징 혹은 도덕적 타락의 상징으로 여겼기 때문에, 몇 가지 예외 규정은 있지만(레위 7,13-14), 대부분 주님께 바치는 제물에 누룩을 넣어서는 안 된다고 규정한다(탈출 23,18; 레위 2,4.11).

메르네프타 석비

19세기 고고학의 발전은 성경의 세계에 마치 계시 사건을 접하듯 진리에 접근할 수 있는 길을 더 열어주었고, 무엇보다도 역사적 사실에 접근할 수 있는 근거를 마련해주었다. 1896년 이집트의 테베에서 발굴된 메르네프타 석비도 그중 하나이다. 메르네프타는 이집트 임금의 이름이다. 그는 라메세스 2세의 아들로 왕위를 계승하여 재위하는 동안 이집트를 괴롭히던 주변 세력들과 전쟁을 치르고 평정을 이루었다. 그는 남쪽과 서쪽 지역을 점령하고 이집트의 북쪽에 위치한 가나안 땅까지 점령해 이집트의 위상을 과시했다(기원전 1207년경). 메르네프타 석비는 바로 이 지역을 점령하고 세운 세로 3.2m × 가로 1.6m 크기의 승전비이다. 이 석비에는 이스라엘 민족을 정복한 내용이 이집트의 상형문자로 기록되어 있는데, 여기에서 '이스라엘'이라는 민족의 이름이 처음으로 등장한다. 따라서 이 석비는 고대 이스라엘 민족의 역사성을 입증해주는 중요한 증거 자료로, 이스라엘 민족이 이집트를 탈출한 시기의 하한선을 메르네프타가 이스라엘을 정복하기 이전으로 잡는 근거가 된다.

6. 가나안에 이르는 여정 13,17-14,4

이집트를 떠나 가나안에 이르는 여정은 즐겁고 편안한 여행길이 아니었다. 늘 선택과 위협이 존재하는 긴장의 영역에서 어떻게 가야 할지 예고되고 확증된 것 없이 주님의 약속과 말씀만을 믿고 희망하며 가는 길이다. 이와 같은 특별한 여정에서 이스라엘은 때로는 나약한 인간의 모습을 적나라하게 드러내고, 때로는 굳건한 믿음을 고백하면서 그들 마음에 보이지 않는 믿음과 희망의 등불을 놓지 않고 가야만 한다.

주님께서는 이스라엘 자손들이 가나안 땅에 이르기까지 그들 앞에 많은 길을 열어놓으셨다. 전지하신 주님은 그들 앞에 놓인 길에서 이스라엘의 선택과 결정에 따르는 수만 가지의 다양한 길을 알고 계신다. 그들이 어떠한 길을 선택했을 때 그 길의 여정만 알고 계시는 것이 아니라 그 끝도 알고 계신다. 그러므로 모세와 이스라엘 자손들이 약속의 땅에 도달하기까지 그때그때 주어지는 상황에서 주님을 믿고, 그분이 이끄시는 대로 순종하며 따르는 것만이 그들이 할 수 있는 최선이 될 것이다.

1) 이집트에서 이스라엘에 이르는 길

이집트 북동쪽 국경에서 가나안으로 향하는 길은 크게 북쪽 길과 남쪽 길 그리고 중앙을 횡단하는 길이 있다.

북쪽 길

북쪽 길은 지중해 해안을 따라 형성된 해변 길(via Maris)이다. 이 경로는 도보로 약 열흘이면 가자 지역에 도착할 수 있는, 세 개의 경로 가운데 가장 짧은 지름길이다(13,17ㄱ). 그래서 메소포타미아나 북이스라엘에서 이집트로 혹은 이집트에서 메소포타미아 등으로 정복 전쟁을 할 때 이 도로를 이용한다. 대상로隊商路인 동시에 군사로인 해변 길은 이집트 북쪽에서 가자를 거쳐 야포에 이르고, 거기서 동쪽으로 들어가 아펙을 지나 므기또에 이르면 세 방향으로 길이 갈라진다. 계속 해안을 따라 티로와 시돈을 거쳐 우가릿으로 가는 길이 있고, 킨네렛 호수 근처로 돌아서 하초르로 올라가면 카트나로 가든지 혹은 다마스쿠스로 가는 길이 있다. 마지막으로 벳 스안을 거쳐 요르단강을 건너 에돔, 모압, 암몬 땅을 통과해 시리아로 올라가 메소포타미아로 이어지는 '임금의 큰길'(King's Highway)로 합류하면 다마스쿠스로 가는 길이 있다. 해변 길은 가나안 땅에 도착하기에 가장 편한 길이지만, 이집트로 다시 돌아오기도 수월하고 파라오의 군대가 추격했을 때 잡히기도 쉽다. 그러므로 해변 길이 지름길임에도 불구하고 하느님께서는 '이스라엘 자손들이 닥쳐올 전쟁을 내다보고 마음을 바꾸어 이집트로 되돌아갈 것'을 막기 위해 그들을 그 길로 인도하지 않으셨다(13,17).

중앙 길

가나안에 이르는 두 번째 경로는 이집트의 관문인 에탐에서 이집트 국경 수비대를 통과하는 중앙을 횡단하는 길이다. 이 길은 수르 광야를 횡단하여 가나안 남부 도시인 브에르 세바를 향하여 동쪽으로 간다. 이 광야 길의 가장 큰 난관은 물을 찾기가 너무 어렵다는 것이다.

남쪽 길

세 번째 경로는 남쪽 길로 시나이 광야 서쪽 해안을 따라가다가 시나이산을 거쳐 동쪽으로 가는, 가장 먼 길이다. 하지만 아이러니하게도 가장 안전한 길이기도 했다. 이스라엘 백성의 이집트 탈출 경로는 아직도 논란이 있기는 하지만 이스라엘 자손들이 가나안 땅을 향해 이 세 번째 경로를 따라갔다는 학설이 보편적으로 인정되고 있다.

이 세 가지 경로 외에도 이스라엘 백성이 가나안에 이르기까지 행로를 여러 가지로 추정해볼 수 있다. 다만 우리가 그들의 행로를 아는 게 어려운 가장 큰 이유는 탈출기가 그에 대한 정보를 충분히 제공해주지 못한다는 데 있지 않다. 탈출기에 나오는 장소들(13,17-18.20; 14,2)의 정확한 현재 위치를 모르기 때문이다. 탈출기 본문에 기록된 현재 지명과 위치를 확증해줄 수 있는 자료가 매우 부족하다. 만일 이집트에서 시나이산에 도착하기까지의 경로를 연이어 기록하였다면 논란의 여지가 없었겠지만, 탈출기뿐 아니라 민수기와 신명기에서도 광야 여정 중 이스라엘이 진을 치고 주둔한 장소의 지명만 언급되었거나 그것마저 생략된 경우가 많다. 장소가 명명되었다 할지라도 그 이름만 나오고 지리적 위치에 대한 설명을 생략하여 그 장소를 찾고 구분하기가 어렵다. 주님의 인도에 따라 이스라엘이 걸어갔던 길을 정확하게 찾기가 어렵기 때문에 탈출 경로와 진을 친 장소에 대한 다양한 추측과 주장이 있다. 그럼에도 불구하고 학계에서는 일반적으로 이스라엘 자손들이 첫날 남동쪽 경로를 따라 수콧으로 갔고, 거기에서 광야 가장자리에 있는 에탐에 도착했다고 보는 설을 인정한다.

2) 갈대 바다까지의 경로

탈출기 본문(12,37-14,4)은, 이스라엘 백성이 이집트의 라메세스를 출발하여 갈대 바다에 이르기까지의 여정에서 세 개의 지명을 명확하게 제시한다.

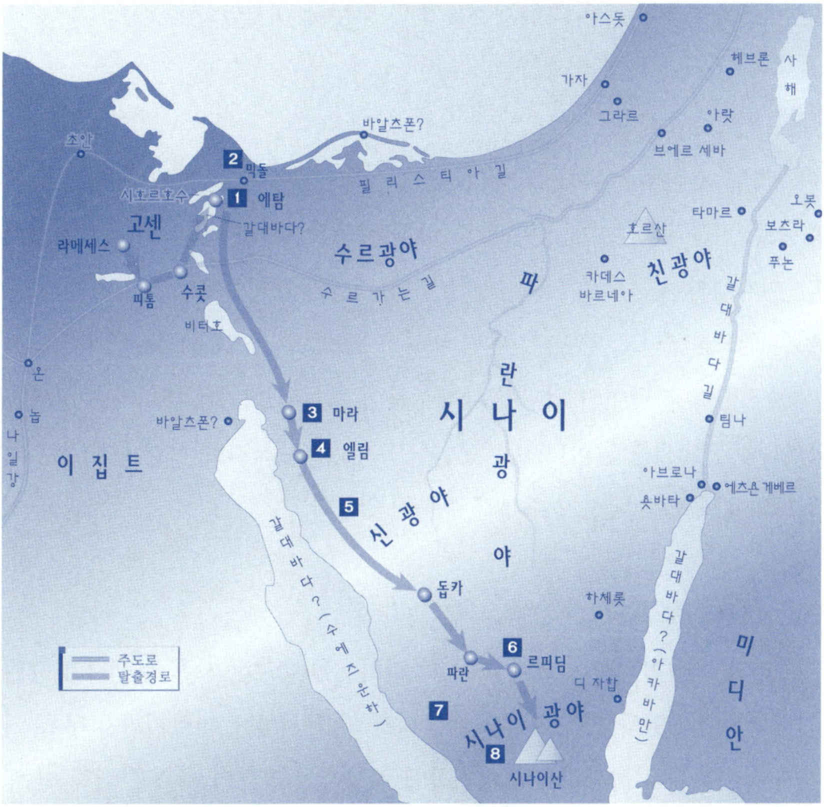

이집트 탈출, 《성서사십주간 성경지도》 지도 30.

수콧에 이르다 12,37

파라오가 모세에게 이스라엘 자손들이 주님께 예배를 드리되 이집트 땅에서 드리라고 하자 모세는 다음과 같이 대답한다. “주 저희 하느님께서 말씀하신 대로, 저희는 광야로 사흘 길을 걸어가 그분께 제사를 드려야 합니다" (8,23). 모세는 이미 이집트 탈출 경로를 염두에 두고 파라오에게 '사흘 길을 걸어가'(3,18; 5,3; 8,23) 도달하는 광야에서 제사를 드리겠다고 요구한 것이다. 이 말씀에 따라 사흘 길을 걸어가 도달하는 광야는 수르 광야(15,22)이다. 이스라엘 자손들은 라메세스를 떠나 수콧에 이르렀다(12,37).

에탐에 이르다 13,20

이스라엘 자손들은 수콧을 떠나 광야 가장자리에 있는 에탐에 이르러 처음으로 진을 쳤다(13,20; 민수 33,6). 에탐은 탈출 이야기에만 나오는 장소이다. 여기에서 처음으로 하느님께서 구름 기둥과 불기둥으로 이스라엘 자손들을 인도하셨다고 알린다. '에탐(אתם)'은 '방벽' 혹은 '요새'라는 의미를 지니는 지명이다. 단어의 의미가 말해주듯이 적들의 침입에 대비하여 방벽을 높이 쌓은 요새를 말한다. 에탐은 이집트와 광야를 가르는 경계에 있는 이집트의 관문으로 국경 수비대가 주둔해 있었다.

피 하히롯 앞에 이르다 14,1-4

이스라엘 백성이 라메세스를 떠나 피 하히롯에 이르는 사흘은 생사가 달린 긴박한 여정이었다. 주님께서는 에탐에서 피 하히롯에 이르기까지 구름 기둥과 불기둥으로 함께하시며 이스라엘 백성이 파라오의 추격을 피해 더 빨리 달아날 수 있도록 움직이셨다. 그리하여 이스라엘 자손들은 믹돌과 바알 츠폰 앞 바다 사이에 있는 피 하히롯 앞에 진을 쳤다(14,1-2).

7. 갈대 바다를 건너다 14,5-15,21

14장은 이집트인들의 추격, 지팡이를 들고 바다 위로 뻗은 모세의 손, 바다를 가르는 바람, 구름 기둥, 갈라진 바다에서 벽이 된 바닷물, 파라오 군대의 병거 등장으로 마치 액션영화를 보는 것 같은 장면이 가득하여, 탈출기에서 가장 역동적인 본문이다. 하느님의 권능으로 바다를 건넌 사건은 어떤 말로도 설명하거나 이해하기 어려운 기적 이야기이다. 주님께서는 "내가 파라오와 그의 모든 군대를 쳐서 나의 영광을 드러내면, 이집트인들은 내가 주님임을 알게 될 것이다"(14,4) 하고 말씀하신다. 이는 기적의 목적이 이집트에 재앙을 내리신 것과 같이 이집트인들에게 당신이 누구이신지 알게 하시려는 것임을 반복해서 강조한다.

이스라엘 백성은 라메세스 동편의 수콧을 떠나 갈대 바다에 도달했다. 이스라엘 백성이 약속의 땅에 다다를 때까지 시나이산, 카데스 바르네아, 모압 평야 등 주요한 집결지들이 언급되는데 갈대 바다 앞은 첫 집결 장소이다. 이스라엘 자손들이 바다를 건너기 전에 머물렀던 마지막 장소를 본문에서는 "믹돌과 바알 츠폰 앞 바다 사이에 있는 피 하히롯 앞"(14,2)으로 제시한다. '믹돌(Migdol)'은 히브리어 '미그달(מגדל)'로 '탑, 망대, 요새'와 관련이 있다(여호 19,38; 판관 8,9.17). 믹돌은 삼각주의 동쪽 국경선과 이집트에서 시나이 북부를 거쳐 가나안에 이르는 국제 도로를 따라 세워진 요새들을 이집트 신왕국 시대에 부르던 일반적 호칭이다. 또한 북동쪽에서 진입하는 적들의 소식을 가장 먼저 들을 수 있는, 삼각주 지역의 국경 도시이기도

하다(예레 46,14). 그러나 아직까지 탈출 14,2에 언급되는 믹돌, 바알 츠폰 그리고 피 하히롯의 정확한 위치는 모르고, 다만 라메세스 동쪽에 있던 어느 한 지점이었을 것으로 추측할 뿐이다.

1) 파라오의 추격 14,5-9

모든 이집트인의 맏아들과 맏배의 죽음을 가져온 무시무시한 열째 재앙 이후 잠시 주춤했던 파라오의 오만함과 완고함(14,5.8)은 사라지지 않았다. 파라오는 이집트의 경제력을 유지해주었던 히브리 노예들에 대한 욕심을 버리지 못하였다. 그들을 종으로 부리고 속박하려는 욕망이 다시 파라오를 부추겨 세웠다. 그는 "우리를 섬기던 이스라엘을 내보내다니, 우리가 무슨 짓을 하였는가?"(14,5) 하며 이스라엘 자손들에게 이집트를 떠나라고 허락했던 공언을 번복한다. 파라오는 스스로 파멸로 치닫는 줄도 모르고 병거 600대에 이르는 대규모의 군사들을 거느리고 이스라엘 백성을 추격하기 시작하였다(14,6-8). 이집트에 내린 마지막 재앙 이후에도, 끝없이 계속되는 파라오의 완고함은 주님의 심판을 자초한다.

2) 이스라엘 백성의 반응 14,10-12

갈대 바다에 이르자 이스라엘 자손들은 더 이상 전진할 수 없었다. 건널 수 없는 망막한 바다 앞에 서 있는 그들에게 설상가상으로 파라오의 군대가

다가온다. 병거를 거느리고 쫓아오는 막강한 파라오의 군대와 바다 사이에서, 이스라엘 자손들은 죽음을 맞거나 아니면 이전보다도 더 혹독한 노예살이로 되돌아갈 것 같은 공포에 휩싸여(14,10) 이러지도 저러지도 못하고 있었다. 구름 기둥과 불기둥으로 주님의 현존과 보호를 체험했음에도 불구하고 두려움과 불신으로 가득 찬 이스라엘 자손들은 주님께 부르짖고 모세를 원망하기 시작한다. "이집트에는 묏자리가 없어 광야에서 죽으라고 우리를 데려왔소? 어쩌자고 우리를 이집트에서 이끌어내어 이렇게 만드는 것이오?"(14,11) 이러한 항의는 이스라엘 백성의 공포와 괴로움을 생생하게 표현한다. 노예로 살았던 안전하고 익숙한 삶을 회상하며, 그들의 내면에 잠재되어 있던 극심한 두려움이 그대로 원망의 말이 되어 나온다. "우리한테는 이집트인들을 섬기는 것이 광야에서 죽는 것보다 나으니, 이집트인들을 섬기게 우리를 그냥 놔두시오"(14,12). 주님을 섬겨야 할 사람들이 위험에 처하자 비참한 노예의 삶으로 돌아가려 한다.

위기에 직면한 이스라엘 백성과 모세는 크게 상반된 반응을 보인다. 우선 백성의 반응은 모세를 향한 원망이다(14,11-12). 불과 며칠 전에 파스카 밤을 보내며 죽음의 문턱에서 주님의 구원과 보호를 체험했던 사람들이 갈대 바다를 앞에 두고 파라오의 추격을 받자마자 주저 없이 모세를 향해 원망의 말을 쏟아붓는다. "이집트에는 묏자리가 없어 광야에서 죽으라고 우리를 데려왔소?" "어쩌자고 우리를 이집트에서 이끌어내어 이렇게 만드는 것이오?" "'우리한테는 이집트인들을 섬기는 것이 광야에서 죽는 것보다 나으니, 이집트인들을 섬기게 우리를 그냥 놔두시오.' 하면서 우리가 이미 이집트에서 당신에게 말하지 않았소?"라며 모든 책임을 모세에게 돌린다.

위기 상황은 곧 그들의 됨됨이와 신앙을 드러내는 순간이기도 하다. 앞에는 바다를 뒤에는 이집트 군대를 두고 있는 급박한 순간, 이스라엘 자손들은 '과연 누구를 섬기고 누구에게 예배드릴 것인가?'라는 근본적인 질문 앞에 서 있는 것과 같다. 파라오에게 돌아가 다시 그에게 복종하며 노예로 살 것인가? 아니면 지금까지 상상하지도 못한 방법으로 자신들을 구해주신 주님을 믿고 그분이 이끄시는 대로 어려움을 견디며 계속 나아갈 것인가? 주님은 이스라엘을 구원의 길로 이끄시는 분이다. 주님은 모세에게 이스라엘을 이집트에서 구원하겠다고 약속하셨으나, 그들이 어떤 위험이나 도전도 감수하지 않고, 어떤 갈등이나 두려움도 없이, 편안하게 구원될 것을 약속하시지는 않았다.

주님이 모세를 통해 이스라엘 자손들에게 하신 약속은 성조들에게 하신 약속과 본질적으로 유사한 특성을 지닌다. 아브라함에게도 "내가 너에게 보여줄 땅으로 가거라"(창세 12,1) 하고 말씀하셨지, '내가 땅을 다 마련해줄 테니 너는 그곳에 가기만 하면 만사형통이다'라고 하지 않으셨다. 하느님의 약속을 믿고 떠난 아브라함은 있는 힘을 다해 자신의 몫을 살아야 했다. 마찬가지로 구원을 약속받은 이스라엘 자손들도 노예살이에서 해방되어 주님을 섬기는 백성이 되기 위해서 반드시 겪어야 할 위험과 어려움, 남모르는 고통이 있다. 아무도 대신해줄 수 없는, 이스라엘 자손들 스스로 건너야 할 바다가 있다. 주님께서는 이스라엘 자손들을 위해 바닷길을 열어주시고, 그들과 동행해주시고, 그들을 뒤쫓아온 적들이 더 이상 힘을 쓸 수 없도록 파라오와 싸워주시며, 끝까지 이스라엘 자손들을 책임지신다. 그러므로 죽음이 덮칠 것 같은, 보기에도 무시무시한 바다를 무사히 건너는 방법은 단순하게 주님을 믿고 담대하게 걸어가는 것이다.

3) 모세의 믿음 14,13-14

이스라엘은 주님의 개입으로 기적적으로 구출되지 않으면 막강한 이집트 군대에 의해 파멸될 절박한 상황에 직면해 있었다. 모세는 미디안에서 주님의 부르심을 받고 끝까지 거부했던 태도와는 완전히 달라진 모습을 보여준다. 그는 자신에게 맡겨진 소명을 충실히 이행하는 주님의 종으로서 이스라엘 백성에게 단호히 명령을 내린다(14,13-14). 모세는 하느님이 구원해주실 것을 확고히 믿으라고 백성을 독려하였고, "이집트인들은 내가 주님임을 알게 될 것이다"(14,18)라는 주님의 말씀으로 이스라엘인들에게 확신을 주었다.

바닷가까지 뒤쫓아온 이집트 군대를 보고 두려워 떠는 이스라엘 백성에게, 모세는 구원에 대한 확신을 말한다. "두려워하지들 마라. 똑바로 서서(야차브 יצב) 오늘 주님께서 너희를 위하여 이루실 구원을 보아라. 오늘 너희가 보는 이집트인들을 다시는 영원히 보지 않게 될 것이다"(14,13). 이스라엘 자손들이 위기 앞에서 모세에게 듣는 첫마디는 '두려워하지 마라'이다. 이것은 피할 수 없는 위기 상황에서 주님께 의탁하며 살아가는 사람들에게 위로와 격려가 되는 말씀이다(창세 26,24; 46,3). 이스라엘의 조상들이 그랬던 것처럼 신앙의 길을 걷는 사람들이 자신의 삶을 전환해야 하는 난관에 봉착할 때, 이스라엘 백성처럼 갈대 바다 앞에서 전진하지 못하고 파라오의 군대 때문에 후퇴하지도 못하는 절체절명의 순간에 온 마음을 졸이며 고심하고 있을 때, 모세는 이스라엘 자손들이 주님 안에서 믿음으로 견디어내도록 '두려워하지 마라'라는 말로 그들에게 용기를 주고 격려한다. 진퇴양난의 상황에서 모세가 이렇게 확신에 차서 말할 수 있었던 것은 지금까지 겪었던 위기의 순간에 주님께서 그를 구원해주셨던 것을 기억하고 믿기 때문이다.

약속의 땅을 향한 순례 여정을 시작할 때부터 이스라엘 자손들에게는 빛과 그림자처럼 주님에 대한 믿음과 그에 상응하는 두려움이 상존했다. 그래서 믿음이 약해지면 두려움에 휩싸여 주님을 모르는 사람들처럼 말하고 행동하면서 주님에 대한 신앙과 불신을 반복한다. 갈대 바다의 체험 전에도 이스라엘 자손들은 두려움 속에 있었고, 이 체험 이후에도 두려움 속에 있다. 두 가지 두려움 모두 '보는 것'과 연관되어 있다. 파라오의 군대를 보는 것과 주님이 이루신 기적을 보는 것에서 비롯된 두려움(야라 ירא)이다. 문자적으로 같은 '두려움'이지만 이 두 가지 사이에는 큰 차이가 있다. 이스라엘 자손들이 갈대 바다를 눈앞에 두고 마음에서 일었던 인간적 두려움은, 갈대 바다를 건넌 이후 주님을 두려워하고 주님의 종 모세를 믿게 되는 경외심으로 바뀐다. 처음의 두려움은 원망으로 드러나지만 두 번째 두려움은 그들을 믿음으로 인도한다.

"주님께서 너희를 위하여 싸워주실 터이니, 너희는 잠자코 있기만 하여라"(14,14). 모세의 이 명령은 이스라엘 자손들에게 불평불만을 멈추고 주님이 하시는 일을 조용히 지켜보라고 독려하는 말이다. 그들을 다시 잡으러 오는 파라오와 이집트 군대들과 싸워주시는 분은 주님임을 신앙의 눈으로 목격하고 기억하라는 권고이기도 하다. 이스라엘 자손들이 '앞으로 나아가려면'(15절) 불평과 두려움에 주저앉지 말고 잠자코 주님의 권능을 지켜봐야 한다. '잠자코 있기만 하라'에 해당하는 '하라쉬'(חרש) 동사는 '자리를 잡다', '준비되어 있다'를 뜻한다. 몹시 두려워하는 백성에게 우왕좌왕하거나 불안해서 안절부절못하는 대신 고요한 마음으로 그들을 대신해 싸워주시는 주님의 놀라운 일을 보기만 하면 된다는 것이다. 14절에 나오는 동사 '하라쉬'(חָרַשׁ)'도 13절에 나온 '야차브'와 유사한 의미로 '잠자코 있다, 평온하게 있다'를 뜻한다.

4) 갈대 바다에서 일으키신 기적 14,15-31

주님께서는 이스라엘을 구하고 이집트 군대를 치실 때에 당신 홀로 모든 것을 하실 수 있음에도 불구하고 매번 모세의 역할을 마련하신다. 갈대 바다에서도 모세에게 지팡이를 들고 바다 위로 손을 뻗어 바다를 가르게 하셨고, 이스라엘 자손들이 바다를 걸어서 건너자 그 물이 되돌아오도록 하게 하셨다(14,16.21.26). 주님께서는 행하시는 업적 가운데 당신 종 모세의 역할을 부각함으로써 백성을 이끌어갈 모세의 지도력을 굳건히 해주신다.

(1) 갈대 바다

히브리어로 '숲'(סוּף)은 '갈대' 혹은 '물풀'을 의미한다. 갈대는 소금기가 있는 바다에서는 자라지 않고 나일강 주변의 민물 같은 습지나 호수에서 자라는 풀이다. 갈대는 당시 파피루스의 재료로 쓰였다. 히브리어로 바다는 '얌(יָם)'이고 갈대 바다는 '얌 숲'이다. 이 이름이 나타내듯이 갈대 바다는 파피루스가 무성한 곳을 말한다. 주님께서는 이스라엘 백성이 '갈대 바다'에 이르는 광야 길로 돌아가게 하셨다(13,18). 그리스어 성경과 불가타 성경에서는 '얌 숲'을 '홍해'(Mare Rubrum)로 옮겼다.

갈대 바다의 기적 이야기가 실제로 어디에서 일어난 것인지 그 정확한 위치를 알기 어렵기 때문에 아직도 논란이 많다. 성경에서도 갈대 바다의 위치는 항상 동일하지 않고 다르게 나타난다. 1열왕 9,26에 의하면 갈대 바다는 시나이반도 동쪽에 있는 아카바만이다. 이와 달리 민수 33,10-11에서 이스라엘이 엘림을 떠나 갈대 바다에 진을 치는 위치는 시나이반도 서쪽에 있는 수에즈만을 가리킨다.[11] 그런가 하면 탈출 15,4에서 언급되는 갈대 바다의 위치에 대한 정보는 전혀 없다. 탈출기 저자가 갈대 바다의 위치에 큰 관심을 가지지 않았기 때문이다. 탈출기는 구원 사건이 일어난 곳의 정확한 지명과 진행 과정을 전달하는 데 초점을 두지 않았다. 이 기적이 모세에 의해 일어난 사건이거나 순전히 자연현상인지에도 관심을 두지 않았다. 이집트에 대한 이스라엘의 승리를 다루고자 하는 것도 아니었다. 바다를 건너는 이야기를 통해 탈출기 저자가 의도하는 메시지의 초점은 주님의 구원 업적이다. 그가 전하고자 하는 메시지는 인간의 힘으로는 도저히 구원받을 수 없는 불가능한 상황에서 이스라엘 자손들을 보호하고 그들을 구원으로 이끄시는 분이 '야훼 하느님'이라는 사실을 크게 알리고, 이를 믿게 하려는 데에 있다.

(2) 구름 기둥과 불기둥

이스라엘이 밤낮으로 행진하도록 주님께서 낮에는 구름 기둥으로 밤에는 불기둥으로 그들을 인도하셨다. 이는 주님께서 이스라엘 자손들 가운데 현존하며 밤낮으로 그들과 함께하고 그들을 보호하신다는 것을 가시적으로

---

11) 영원한도움 성서연구소, 앞의 책, 157쪽 지도 참조.

보여준다(14,19-20; 24,15-18; 40,34-38).

구름 기둥과 불기둥의 기원에 대해 다양한 주장이 제기되었다. 성서학자 마르틴 노트(M. Noth)는 그 기원을 탈출 19장의 시나이산에 나타난 주님의 현현에서 찾으며, 구름 기둥은 화산의 연기 기둥에 대한 상상에서, 불기둥은 폭발하는 화산에 대한 상상에서 확장된 것으로 보았다.[12] 다른 해석으로, 이 기둥 표상이 광야에서 대상들을 인도하던 인도자들이 연기 봉화와 불을 담은 봉화를 들고 다니던 것에서 기원한다고 보기도 한다. 한편으로는 가시적으로 알아볼 수 없는 주님의 현존을 표시한 구름 기둥, 불기둥의 기원이 성소의 분향 제단이나 향로에서 솟아오르는 분향 연기 또는 연기 기둥에서 비롯되었다는 제의적 배경을 주장하기도 한다. 이 밖에도 여러 가지 기원들을 제시하지만 어느 것도 절대적 근거라고 단정할 수 없다. 중요한 것은 '주님께서는 구름 기둥과 불기둥으로 당신의 현존을 드러내며 이스라엘과 함께하셨다'는 사실이다. 주님의 보호와 현존을 알리는 구름 기둥과 불기둥을 믿고 따랐기에 이스라엘 백성은 불가능하게만 생각했던 이집트 탈출을 실현할 수 있었다. 이스라엘 백성이 바다를 건넌 이후 광야에서 생활한 긴 시간 동안에도 구름 기둥과 불기둥이 그들의 출발과 멈춤을 표시하며 주님의 현존을 가시화하는 표상으로 동행하였다. 이스라엘은 자신들의 판단에 의해서가 아니라 두 기둥의 움직임에 따라 에탐에서부터 이동하였다. 몇 사람만 모여도 제각기 의견이 달라 의기투합하기가 어렵다. 그 많은 이스라엘 자손들이 구름 기둥과 불기둥을 따라 일사불란하게 행군한 것은 주님 백성이 지녀야 할 신앙의 근간이 되는, 순종하는 법을 익히는 계

12) 마르틴 노트, 《국제성서주석 2: 출애굽기》, 한국신학연구소, 1981, 129쪽.

기가 되기도 하였다(13,18).

이스라엘 백성이 라메세스에서 수콧을 거쳐 두 번째 진을 친 에탐에 이르러 구름 기둥과 불기둥이 출현한다(13,20-22). 파라오 군대의 뒤늦은 추격이 시작되자 주님께서는 구름 기둥과 불기둥을 보내시어 이스라엘이 신속히 바다로 행군할 수 있도록 밤낮으로 그들이 갈 길을 열어주셨다. 믹돌과 바알 츠폰 앞 바다 사이에 있는 피 하히롯 앞에 진을 치고 바다를 건널 때 다시 구름 기둥이 출현한다. 이스라엘 백성을 앞에서 인도하던 그 기둥은 그들 뒤로 위치를 옮겨 백성이 있는 쪽은 밤을 밝혀주고 이집트 군대가 있는 쪽은 어둡게 했다. 그리하여 밤새도록 아무도 이쪽에서 저쪽으로 다가갈 수 없었다(14,20). 구름 기둥은 '빛과 어둠'의 극명한 대립을 보여준다. 이집트에서는 안개 때문에 시야 확보가 어려운 경우가 거의 없었다. 그러므로 구름 기둥의 방해를 받은 이집트 사람들은 앞이 보이지 않는 상태에서 어떤 행동도 할 수 없었다. 이렇게 하느님께서는 이스라엘 백성을 추격하여 바다까지 들어온 파라오의 군대들을 물리치신다. 이와 대조적으로 구름 기둥이 이스라엘 자손들에게는 밤을 밝혀주었기에, 그들은 안전하게 바다를 건널 수 있었다.

(3) 갈대 바다에서의 기적

주석학자 대부분은 갈대 바다의 기적 사건이 두 가지 전승(사제계, 야훼계)이 조합되어 완성되었다는 주장에 동의한다. 사제계 전승(14,15-18.21ㄱ.22-23.26.28-29)에서는 모세가 지팡이로 물을 가르고 이스라엘은 물이 갈라진 사이의 마른 땅을 밟고 갈대 바다를 건넌다. 이스라엘이 반대편에 당도

했을 때 주님께서 모세에게 물 위로 손을 뻗어 그 물이 이집트 군인들 위로 되돌아가게 하라고 말씀하신다. 모세가 손을 올리자 물결은 다시 밀려오며 이집트 군대를 삼켰다. 야훼계 전승(14,19-20.21ㄴ.24-25.27.30-31)에서는 주님께서 밤새도록 거센 샛바람을 일으키시어 바닷물을 밀어내고 마른 땅이 드러나게 하신다. 밤에 바다를 뒤로 밀어내시고 아침에 다시 바다를 본래 상태로 되돌아오게 한다. 이와 같이 두 전승이 함께 편집되었기 때문에 본문을 읽다 보면 약간의 모순점을 발견하게 된다. 이에 대해 잘 이해하기 위해서는 갈대 바다의 기적(14,15-31) 사건이 사료를 근거로 기록된 것이 아니라는 점을 염두에 두어야 한다. 이스라엘은 바빌론 유배를 거치면서 신학적으로 깊이 성찰하고 전승들을 자신들의 관점에서 편집하였다. 사료들이 부족하다 보니 구체적 기록들에서 서로 모순되는 사안들도 발견된다. 하지만 오히려 다양한 전승을 생략하지 않고 탈출기라는 한 책에 편집하여 수록함으로써 더욱더 신학적으로 풍부하게 되었다고도 볼 수 있다.

바닷물이 갈라지고 바다를 건넘 14,21-23

이집트에서 이미 주님의 권능을 목격한 이스라엘 백성조차 믿기 어려운 기적으로 주님은 그들을 구원하신다. 진퇴양난의 상황에서 모세는 주님께서 말씀하신 대로 지팡이를 들고 바다 위로 손을 뻗었다. "주님께서는 밤새도록 거센 샛바람으로 바닷물을 밀어내시어, 바다를 마른 땅으로 만드셨다"(14,21). 이스라엘 자손들은 그렇게 바다 가운데로 마른 땅을 걸어 바다를 건넜다(14,22). 이는 주님의 권능으로만 가능한 일이다.

여기에서 거센 '샛바람'은 창세기에서 물 위에 감도는 '영'(바람)과 같은 단어이다. '바람'(루아흐)은 창세기의 창조 이야기(1,2), 홍수 이야기(8,1)에서도 모두 물과 관련된다. 창조 이야기에서 '하느님의 영'이 물 위를 감돌고 있었던 것처럼(창세 1,2) 하느님께서는 모세에게 그의 지팡이를 바다 위에 내밀라고 명령하신다. 하느님이 물과 물 사이를 갈라놓으신 것처럼(창세 1,7) 모세도 바닷물을 갈랐고, 하느님이 물을 한곳으로 모아 뭍을 드러내신 것처럼(창세 1,9) 이스라엘 자손들도 마른 땅으로 바다를 건너갔다. 단어 사용에서도 연관성을 보여준다. 홍수 이야기에서 물과 함께 '나누다, 쪼개다, 분리하다'라는 뜻의 동사 '바카(בקע)'를 사용하듯이(창세 7,11에서 샘구멍이 '터지다'라는 의미로 사용), 모세가 지팡이를 들고 바다 위로 손을 뻗어 바다를 가르는 부분이나 주님께서 밤새도록 거센 바람으로 바닷물을 밀어내시는 부분에도 이 동사가 사용된다(창세 7,11; 탈출 14,16.21).

갈대 바다의 기적을 통해 탈출기 저자는 창조주 하느님을 다시 인식하게 한다. 세상을 창조하며 물을 한곳으로 모아 뭍이 드러나게 하신 주님(창세 1,9), 노아가 방주에서 나오도록 물을 말리시고 땅바닥이 드러나게 하신 주님(창세 8,13)은 이제 탈출기에서 거대한 바다에 명령하시고 이스라엘이 걸어서 바다를 건널 수 있도록 마른 땅을 드러내신다(탈출 14,16.22.29).

고대의 사고방식에서 바다는 창조 이전부터 존재하는 것으로서 '죽음의 세계'를 상징한다. 그러므로 여기에서 이스라엘 백성이 바다를 건너는 구원 사건은 죽음을 건너감으로써 주님 안에서 새로운 민족으로 태동하는 시작점, 곧 '새로운 이스라엘의 창조'를 의미한다. 온 만물을 창조하신 하느님은 탈출기에서 다시 새로운 시작을 허락하시는 창조주로 확고하게 드러난다.

한편 하느님께서 이집트에서 일으키신 재앙을 자연현상으로 설명하려 시도한 것처럼, 갈대 바다 사건도 그날 밤에 강력한 동풍이 불었던 것이라고 설명할 수도 있다. 또는 후대에 초자연적인 설명을 덧붙여 새로운 이야기가 만들어진 것이라고 주장하기도 한다. 그러나 이스라엘 백성이 바다를 건너야 할 시점에 즉각 바다가 갈라졌고, 이스라엘 백성이 건너가는 동안 바다를 채웠던 물이 아무런 제방 없이 양쪽에서 벽을 만들었으며, 그들이 바다를 다 건넌 후에 즉시 바닷물이 합쳐진 점은 이해하기 어렵다. 이는 자연현상으로 설명할 수 없는 기적이라고 인정할 수밖에 없다. 이스라엘 자손들이 마차를 끌고 갈 수 있도록 어느 정도 마른 길을 만들기 위해서도 기적적 힘이 필요했다. 탈출기 저자는 우리가 접할 수 있는 자연현상을 뛰어넘어, 인간의 힘과 능력으로는 도무지 이룰 수 없는 초자연적 현상으로 하느님이 행하신 기적을 기록하여 전하였다. 이런 기적 사건도 '어떻게 그들이 구원받았느냐'는 것보다 '누가 그들을 구원하셨나'라는 것에 초점이 맞추어져 있다. 따라서 탈출기는 이 기적의 시점, 방법, 해석 등에 관심을 두기보다는 이 사건이 주님의 권능으로 이루어졌다는 것을 강조한다.

물이 합쳐짐 14,24-30

이스라엘 자손들은 갈대 바다의 물이 갈라지고, 그 사이로 한 사람도 잃지 않고 무사히 바다를 건너가는 두 가지 기적을 체험한 후, 세 번째로 바다 건너편에서 물이 다시 합쳐지는 것을 목격한다. 이집트 군대는 파라오의 완고함으로 인해 갈대 바다에서 재앙을 또다시 피할 수 없었다. 물이 갈라지고 다시 합쳐지는 기적 역시 자연현상으로 해석하려는 사람들이 있다. 하지만 갈라진 바닷물이 좌우로 벽이 될 정도라면 수심이 상당히 깊었을 테니, 자연현상인 조수 간만의 차이 때문이라고 할 수는 없을 것이다. 만일 깊이가 겨우 시냇물 정도였다면, 물이 다시 찼을 때 이집트 군사들이 수장되지도 않았을 것이다. 그러므로 이 불가사의한 사건을 자연현상이라고만 주장하는 것은 억지스럽다. 이 사건은 자연의 주인이신 주님의 개입으로 이루어진 기적이라는 것 외에는 달리 설명할 방법이 없다. 어쨌든 새벽녘에 이스라엘 자손들은 구원되었고 파라오 군대에게는 파멸이 닥쳤다. 이러한 극단적 결과는 '갈대 바다'라는 한 장소에서 이루어졌다.

갈대 바다에서 기적이 일어난 시간을 성경에서는 '새벽녘'이라고 구체적으로 기록한다. 이스라엘인들은 관습에 따라 밤을 셋으로 구분하고 삼경(오전 2시부터 6시까지)을 새벽으로 보았다. 경건한 신앙인은 새벽부터 주님을 찬미하고 기도했다(시편 57,8; 119,147; 마르 13,35). 탈출기에서 새벽녘은 주님께서 파라오의 군사들에게서 이스라엘을 보호하신 구원의 시간이 되었다. 이집트 군사들은 이스라엘 자손들을 붙잡을 수 있다고 생각하였기에 주저하지 않고 이스라엘을 쫓아 바다 가운데로 들어갔다. 그러나 병거 바퀴가 움직이지 않게 되자 군사들은 이전에 주님께서 이집트에 내리신 재앙을 떠올리며 주님께서 당신 백성을 위해 싸우고 있음을 깨달았다(14,25). 자신들이 바다 한가운데 있다는 것을 알아차렸을 때는 이미 늦었다. 이스라엘 자손들이 바다를 건너는 동안 막아두었던 어마어마한 양의 물이 파라오 군사들을 덮쳐버렸고, 그들은 전멸하였다. 이는 파라오가 끝까지 완고하고 오만한 마음으로 파멸의 길을 자처한 결과이다. 주님만을 믿었던 이스라엘 백성에게는 바닷길이 구원의 길이 되었으나 자신의 힘만 믿었던 이집트 군사들에게는 치명적인 죽음의 길이 되었다.

주님께서는 이집트에서 일으킨 열 가지 재앙을 통해 당신이 온갖 자연현상을 지배하고 다스리는 창조주임을 드러내셨다. 그분은 갈대 바다에서도 구름, 불, 바람, 물, 마른 땅, 빛, 어둠 등 피조물들을 사용하여 기적을 일으키셨다. 노아 시대에 폭력으로 가득 찬 타락한 세대가 홍수로 멸망한 것처럼(창세 7,11), 이스라엘인들을 폭력으로 억압하였던 이집트인들은 갈대 바다에서 물에 휩쓸려 순식간에 사라진다. 주님의 권능과 영광을 드러낸 바다의 기적은 이스라엘 자손들에게 창조주 하느님에 대한 믿음을 심어주고 이집트 사람들에게는 당신이 참된 주님이심을 알게 하신 사건이었다(14,17-18; 시편 106,9).

주님을 경외하는 이스라엘 14,31

"이렇게 이스라엘은 주님께서 이집트인들에게 행사하신 큰 권능을 보았다. 그리하여 백성은 주님을 경외하고, 주님과 그분의 종 모세를 믿게 되었다"(14,31). 이는 14장 전체 내용을 요약한 결론이다.

이스라엘 자손들이 주님을 믿고 그분의 백성이 되기까지 그들에게는 끊임없는 신앙의 선택이 요구되었다. 주님의 백성은 '떠나라'는 결정적 시간이 도래하였을 때 조상들처럼 결단을 내리고 안정된 이집트의 종살이를 떠나야 했다. 그들은 앞으로 시나이산에서 하느님의 백성이 되기 위해 결단을 내리고 하느님과 계약 체결에 동의해야 할 것이다. 주님의 백성은 늘 자신의 힘과 능력만으로는 도저히 건널 수 없는 깊고 넓은 갈대 바다를 눈앞에 두고 살아간다. 이스라엘 자손들은 '바다를 건너가라'고 명령하시는 주님의 말씀을 신뢰했기에 두려움에도 불구하고 갈라진 바다를 건넜고, 그 결과 그들의 믿음은 더 굳건해졌다.

주님의 말씀에 따라 바다를 건넌 이스라엘 자손들은 이집트 군대의 완전한 파멸을 눈앞에서 생생히 목격하였다. 그들은 이미 선조들을 통해 전해들은 주님을 알고 있었고 또한 이집트에서 열 가지 재앙을 통해 새롭게 주님을 알게 되었지만, 갈대 바다 사건에서 주님의 권능이 얼마나 크고 위대한지 뼛속 깊이 체험하였다. 이는 모세의 지도력을 인정하게 되는 계기도 되었다. 특별한 방법으로 구원받은 이스라엘 백성은 이 신앙 체험을 15장에서 모세의 노래로 고백한다.

부록

☞ *이스라엘의 시간 구분*

성경의 세계에서는 주로 자연현상으로 시간을 표현하기 때문에 현대 세계에서처럼 구체적이고 명확한 때를 말하기가 어렵다. 예를 들면 창세기에는 "저녁 산들바람 속에"(3,8), "해 질 무렵"(15,12), "해가 지고 어둠이 깔리자"(15,17), "한창 더운 대낮에"(18,1) 등 자연의 주기에 맞추어 시간을 표현한다. 탈출기에서도 "새벽녘에 주님께서 … 이집트 군대를 혼란에 빠뜨리셨다"(14,24)고 전한다. 여기서 말하는 '새벽녘'은 하루 중 밤을 분할한 시간이다.

이집트 지역과 메소포타미아 지역은 하루를 분할하는 방식이 다르다. 이집트 사람들은 아침부터 다음 아침까지를 하루로 계산했다. 현재 우리처럼 낮과 밤을 각각 12시간으로 나누었다. 반면 메소포타미아 지역에서는 저녁부터 다음 저녁까지를 하루로 계산했으며 낮과 밤을 4시간 단위로 나누어 6경으로 계산하였다. 밤은 첫째 경, 자정 경, 셋째 경으로 나누었다. 아마도 이스라엘인들은 메소포타미아식으로 밤을 나누었을 것이다. 신약시대에 이르러서는 로마의 지배를 받으면서 자연스럽게 로마 제국의 관습을 받아들여 밤을 4경으로 분할하였다(마태 14,25; 마르 13,35).

5) 승리의 노래 15,1-21

탈출기는 설화(이야기) 양식과 시 양식, 법 양식과 제의적 자료 등 다양한 문학 양식이 혼합되어 쓰였다. 14장이 이집트 탈출 이야기를 산문으로 길게 썼다면, 15장은 시문으로 짧게 요약하여 전한다. 내용상으로는 14장과 15장 모두 주님이 행하신 구원 업적에 초점을 맞추고 있으나, 그 표현 방법과 분위기는 상당히 다르다. 시적 형태는 그 해석이 매우 풍부하다.

설화 양식은 인물에 대해 관심이 많다. 여러 인물이 말하고 행동하며 이야기를 전개하지만 그들이 생각하는 바는 들려주지 않는다. 그저 있는 그대로 그들의 행동을 보여준다. 과거에 대해서는 거의 이야기하지 않는다. 반면에 운문은 15장에서의 모세와 같이 과거 주님이 행하신 업적을 회상하고 기린다. 성경에서는 한 인물이 자신의 감정을 표현하도록 내버려 두기를 원할 때 서정시와 같은 운문을 이용한다. 예를 들면 민수 21,17-18은 광야에서 우물을 찾는 노래로, 서정시 형태로 되어 있다. 판관 5장에서는 드보라가 바락과 함께 승리를 축하하는 노래를 부른다. 1사무 2,1-10에서는 한나가 사무엘을 성전에 바치며 하느님을 찬송한다. 2사무 1,17-27에서는 다윗이 사울과 요나탄의 죽음을 애도하는 노래를 서정시로 부른다. 요나 2장에서는 물고기 배 속에서 요나가 바치는 회개의 기도가 서정시 형식으로 나온다. 이러한 노래는 한 인물의 강력한 감정을 표현한 것이다. 마찬가지로 탈출 15장에 등장하는 승리의 노래에서는 노래하는 이의 충만한 감정, 시를 읊는 이의 참을 수 없이 복받치는 기쁨이 그대로 드러난다.

이스라엘의 후손에게 대대손손 전승되는 모세와 미르얌의 노래는 갈대 바다에서 주님의 놀라운 권능을 체험한 이스라엘 자손들의 벅찬 감격과 충만한 기쁨을 시문 형식에 담은 것이다. 시편에도 유사한 찬송이 나온다(78,12-13; 106,9-11). '모세의 노래'와 '미르얌의 노래'는 이집트를 탈출한 이스라엘의 체험에 대한 결론이며 광야 여정의 시작을 알리는 말씀이다. 이 노래를 '모세의 노래', '미르얌의 노래'라 일컫고 또 모세가 1인칭으로 등장하지만(15,1), 사실 이 노래는 개인이 아닌 이스라엘 민족 전체의 노래이다. 갈대 바다의 기적은 각 개인의 체험인 동시에 이스라엘 공동체 전체가 구원을 체험한 사건이다. 그리하여 이스라엘 백성은 바다에서 자신들을 구원하신 주님의 승리를 마치 합창하듯이 우렁차게 찬양한다. 이 엄청난 체험 이후 더 이상 파라오와 이집트인들은 이스라엘 자손들에게 두려움과 공포의 대상이 되지 못하였다.

모세의 노래 15,1-18

이스라엘 백성은 "주님과 그분의 종 모세를 믿게 되었다"(14,31). 이스라엘은 그 믿음의 결과로 "주님께 이 노래를 불렀다"(15,1). 이 노래의 초점은 파라오의 병거와 군대들의 패배가 아니라, 갈대 바다에서 이스라엘 자손들이 생각하지도 못한 방법으로 승리를 이루신 주님을 찬양하는 데 있다.

첫 절부터 주님의 승리를 증언하고 구원자이신 주님을 찬양하는 이 노래는 두 부분으로 나눌 수 있다. 앞부분(1-12절)은 주님의 승리를 반복해서 찬송한다. 곧 파라오의 병거와 군대를 물에 빠져 죽게 하셨으나 당신 백성은 안전하게 바다를 건너오게 하신 주님의 자비를 찬송한다. 뒷부분(13-18절)은 갈대 바다의 승리 이후 가나안 정복 사건에서의 승리를 암시하듯 묘사한다. 아직 가나안에서 정복이 일어나지 않았지만 미래에 일어날 사건에 초점을 맞추어 팔레스티나 주변의 민족들까지 언급하고 있다.

모세는 갈대 바다에서 승리를 가져오신 주님을 용사라고 칭송한다. 그는 주님이 직접 싸움을 주도하시어 승리로 이끄심을 찬양하고 그분의 영원한 통치를 기원한다. 주님은 마치 용사처럼 전투에 참여하시어 이스라엘이나 다른 누구의 도움 없이 이집트 군대를 깊은 바닷속에 단번에 수장하신다. 모세는 싸움에 능하신 주님을 "전쟁의 용사"(15,3)라 부르는데, 시편도 "누가 영광의 임금이신가? 힘세고 용맹하신 주님, 싸움에 용맹하신 주님이시다"(시편 24,8)라고 노래한다.

주님은, 이스라엘을 향해 "내가 쫓아가 붙잡고 노획물을 나누어 내 욕구를 채우리라. 칼을 뽑아 들고 이 손으로 그들을 쳐부수리라"(15,9) 하며 달려드는 극악한 원수를 당신 오른손으로 쳐부수신다(15,6.12). 그래서 모세는 적들의 세력이 아무리 세다 해도 주님의 권능에 견줄 수 없고 그 어떤 신도 주님의 거룩하심에 견줄 수 없다는 것을 찬양한다(15,11).

모세의 노래 마지막 구절은 주님의 영원한 통치를 말한다(15,18). 과거 이집트의 노예 생활과 갈대 바다에서 이스라엘을 구원하신 주님께서 미래에도 이스라엘을 적들에게서 구해주시리라는 굳센 믿음과 확신에 찬 종결문으로 노래는 끝난다. 이스라엘 백성은 미래 세대가 이 노래를 되새기며 주님을 믿고 시련을 극복하도록 한다.

미르얌의 노래 15,20-21

모세의 노래가 끝난 후 갈대 바다에서 거둔 승리가 다시 한 구절로 삽입되고(15,9) 이어서 미르얌의 노래가 소개된다(20-21절). 성경은 여성 예언자의 이야기를 종종 다루는데(판관 4,4: 2열왕 22,14), 미르얌도 그중 하나이다. 미르얌은 다른 여인들과 함께 노래와 춤을 주도한다. 성경에는 전쟁에서 승전하고 귀환하는 전사들을 환대하며 여인들이 승리의 노래를 부르는 모습이 종종 나타난다(판관 11,34: 1사무 18,6-7). 미르얌의 노래는 모세의 노래 시작 부분을(15,1ㄴ) 후렴처럼 반복한다. 즉, 바다와 땅의 주인이신 주님께서 이집트 군대를 바다에서 쳐부수고 승리하신 업적을 찬양한다. 이집트 탈출 이야기의 시작이었던 1장과 갈대 바다를 건너 탈출 이야기가 마무리되는 15장에서 여성들의 역할이 의미 있게 나타난다. 따라서 미르얌의 노래는 탈출기 앞부분에서 나오는 여인들의 역할과 함께 수미상관首尾相關을 형성하는 것으로 보기도 한다. 사실 탈출 15장 이후에는 여성들의 역할이 큰 비중을 차지하지 않는다.

결론적으로 이 두 노래는 이스라엘 자손들이, 다른 신들과는 견줄 수도 없는 전능하신 주님의 구원 능력을 확고하게 믿게 되었음을 드러낸다(14,31). 모세와 미르얌의 노래는 이스라엘 자손들에게 야기된 수많은 혼돈, 불신, 두려움을 물리치시고 이집트에서부터 그들을 구원하신 하느님의 권능에 대한 노래이다.

제2부

시나이 계약과 성막 봉헌

제1장 광야에서 15,22-18,27

15,22-18,27은 이집트에서 해방되어 자유롭게 된 이스라엘 백성이 광야에서 보내는 첫 번째 여정을 이야기한다. 갈대 바다를 건너 이집트 탈출에 성공한 이스라엘 백성은 다시 건너가야 할 '광야'라는 거친 삶을 마주한다. 광야는 약속의 땅이라는 목적지를 향해 가는 과정이며 구체적 삶의 현장으로서 매일매일의 열악한 생활을 피할 수 없는 장소이다. 탈출 사건은 이집트에서 나오는 것만이 아니라 약속의 땅을 향한 여정에서 발생하는 사건들을 포함하기 때문에 광야에서도 계속된다.

갈대 바다를 건널 때까지 이스라엘 자손들은 파라오를 비롯하여 이집트인들과 많은 갈등을 겪었다. 갈대 바다를 건넌 이후에는 주님과 이스라엘의 관계가 관건이 된다. 이제 '주님을 믿고 순종하는가' 아니면 '믿지 않고 불순종하는가'라는 주님과 이스라엘의 관계에서 발생하는 새로운 양상의 갈등이 대두된다. 동시에 광야 이야기에는, 주님께서 이스라엘 자손들에게 베푸시는 자비와 업적에 대한 증언이 또 하나의 핵심 주제로 등장한다. 광야에서 끊임없이 다가오는 유혹과 갈등 그리고 충돌은 역설적으로 이스라엘이 주님을 바로 알아가는 과정이 되고, 그분과 새로운 관계를 형성하는 초석이 된다. 바다를 건너고 곧바로 광야에 들어선 탈출기의 이스라엘 자손들은, 그 길이 편안하게 안주하는 삶이 아니라 불편함과 부족함을 안고 약속의 땅을 향해 떠나는 순례 여정이라는 사실을 절감한다.

광야는 히브리어로 '미드바르(מדבר)'이다. '미드바르'는 초목이 전혀 없고 생물이 서식할 수 없는 사막과 다르다. 경작할 수 있는 땅이 없어 사람이 정착해서 살지 못하는 지역이지만, 부분적으로 풀이 있어 조금이나마 목축이 가능하고, 극히 적은 양이지만 비가 내리기 때문에 샘도 있는 곳이다. 다만 사람이 정착할 수 없는 메마른 지역이어서 성경에서 광야를 "씨 뿌리지 못하는 땅"(예레 2,2), "인간이 없는 땅"(욥 38,26), "울부짖는 소리만 들리는 삭막한 황무지"(신명 32,10)라고 표현한다. 광야는 주님을 만나는 장소(1열왕 19,9)로 표현되기도 하지만 "아무도 살지 않는 성읍"(예레 22,6)처럼 황폐함에 대한 비유로 쓰이기도 한다. 게다가 사나운 짐승들도 서식하기 때문에 인간이 짐승들의 공격에 노출되는 위험한 장소이기도 하다. 이런 거친 삶을 살아야 하기에 이스라엘 자손들은 광야를 두려워할 수밖에 없다. 지금까지 이스라엘은 이집트에 내린 여러 재앙과 갈대 바다의 기적을 통해 주님의 권능을 보았다. 이스라엘 백성은, 갈대 바다를 건너듯 주님의 도움에 전적으로 의탁하여 광야를 건너면서 이제 광야의 구체적 삶을 통해 그분이 어떤 분이신지 체험하는 은총의 시간을 주님과 공유하게 된다.

갈대 바다를 건넌 이후 시나이산에 도착하기까지 이스라엘 자손들은 수르 광야와 신 광야 등을 거치면서 여러 가지 급박한 사건에 직면한다. 광야라는 척박한 공간은 인간이 생존하는 데 필수적인 것조차 구하기 어려운 곳이기에 그곳에서 벌어지는 일들은 모두 생존과 연관된 극한 사건이다. 이스라엘 백성이 절박하게 필요한 것을 모세에게 요구하고 불평하면, 모세는 그것을 주님께 부르짖고, 그러면 주님의 영광이 나타나 응답해주신다. 생존과 직결된 음식과 물에 관련된 마라의 쓴 물(15,22-27), 만나와 메추라기(16,1-

36), 마싸와 므리바의 물(17,1-7) 이야기들은 '백성의 불평 → 모세의 호소 → 하느님의 응답' 형식으로 구성되었다. 광야에서 불안정한 삶을 살아가는 이스라엘은 일상적으로 불평을 쏟아내고 약속의 땅으로 인도하는 지도자 모세를 향한 원망도 멈추지 않는다. 소란스럽고 혼란한 광야에서 주님은 물과 양식을 주시며 실질적으로 이스라엘 백성을 살리시고, 적들과의 전쟁에도 개입하시어 그들을 안전하게 보호하며 이끄신다.

광야 여정, 《성서사십주간 성경지도》 지도 31.

1. 마라의 쓴 물 15,22-27

첫 사건

갈대 바다에서 시나이 광야로 향하는 긴 여정이 시작되었다. 갈대 바다를 건넌 이스라엘 자손들은 수르 광야(에탐 광야, 민수 33,8)로 나아갔다. 이스라엘 백성이 도착한 곳의 지명은 나와 있지 않으나 긴 광야 여정에서 발생한 난관을 "광야에서 사흘 동안을 걸었는데도, 그들은 물을 찾지 못하였다"(15,22)라고 전한다. 마침내 마라에 도착하여 물을 발견했으나 물이 써서 마실 수 없었기 때문에 모세에게 불평하였다(15,23-24).

광야로 들어선 첫 행보인 '사흘 동안'의 여행은 오경에서 자주 나온다. 이 사흘 길은 상당히 먼 거리를 의미한다(창세 22,4; 30,36; 31,22; 탈출 3,18; 5,3; 8,23; 민수 10,33; 33,8). 15,22에서 '사흘'은 이스라엘 백성이 물조차 마시지 못하고 지냈던 기간을 말한다. 이스라엘 자손들은 광야에서 생존하기 위해 기본적으로 필요한 물과 음식을 구하는 데 큰 어려움을 겪는다. 어쩔 수 없는 상황에서 물 부족을 불평하는 것은 사치품이나 불필요한 것을 찾으며 불평하는 것과는 근본적으로 다르다. 이 고충을 믿음과 신뢰를 구축하는 기회로 삼을지, 원망으로 그 기회를 날려버릴지는 이스라엘의 선택에 달려 있다.

히브리어 '마라(מרה)'는 '쓴맛'이라는 단어이다. 그러나 미각의 '쓴맛'만 가리키는 것이 아니라 인간의 심리적 고통을 나타낼 때도 이 단어를 사용한다. 룻기에서 나오미는 인생의 쓰디쓴 경험을 하고 자기 이름을 '마라'로 부르라고 한다(룻 1,20). 욥기에서는 욥이 영혼의 쓰라림을 표현하며 '쓰라리다, 혹독하다, 슬프다, 괴롭다'라는 의미를 지닌 '마라르(מרר)' 동사를 사용한다(욥 21,25). 이렇게 '마라'는 근심, 비통함, 쓰라린 마음의 고통을 표현하는 단어이기도 하다. 따라서 이스라엘 백성이 그곳을 '마라'라고 부른 것은 물이 써서 마실 수 없었다는 의미와 더불어 이제 시작된 광야 생활에 대한 근심과 고충 등이 반영된 것으로 생각할 수 있다.

주님께서는 백성의 불평을 듣고 부르짖는 모세에게 나무 하나를 가리키며 물에 넣게 하셨다. 주님께서 이르신 대로 하자 쓴 물이 단 물로 바뀌었다(15,25). 이는 이집트에서 첫 번째 표징으로 식수원인 나일강을 핏물로 바꾸신 것과 상반된다.

시험

탈출기에서 처음으로 하느님께서 하시는 시험이 언급된다. "그곳에서 주님께서는 백성을 시험하셨다"(15,25). 하지만 이스라엘 자손들이 시험에 통과했다든지 혹은 못 했다든지 하는 결과는 전해주지 않는다. 그리고 탈출기 저자는 광야 생활 초기에 이스라엘 자손이 드러낸 불평을 크게 부정적으로 평가하지 않는다. '시험하다'에 해당하는 히브리어 '나사(נסה)'는 '시도하다, 유혹하다, 위험을 무릅쓰다'를 뜻하기도 한다.

구약성경에 등장하는 '시험'의 목적은 대부분 주님을 따르는 신앙인이 내리는 선택의 중요성을 강조하려는 데에 있다. 하느님께서는 아브라함을 '시험해보시려고'(창세 22,1) 이사악을 제물로 바치라고 말씀하셨다. 이야기는 아브라함이 하느님께 순종하는지 그렇지 않은지, 그의 선택에 주목한다. 아브라함은 시험을 통해 믿음을 인정받고 하느님과 맺은 계약관계를 더 굳건히 하였다. 아브라함의 경우와 같이 시험은 어둠 속에서 진실한 신앙과 충성심이 빛을 발하는 시간이기도 하다. 중요한 것은 주님이 차갑고 공정한 자세로 인간이 시험에 어떻게 반응하는지 지켜보는 감독관이 아니라, 인간이 시련을 견디고 믿음을 견고하게 하기를 바라는 자비로운 분임을 믿는 것이다.

광야에서 사흘 동안 물을 찾지 못하는 극한 상황은 이스라엘 백성의 믿음과 인내를 시험하는 시간이었다. 초월적 능력으로 탈출을 체험한 이스라엘 백성은 이제 그러한 큰 기적이 없어도 주님을 믿고 섬기는 법을 배워야 한다. 그래서 이스라엘 백성은 공동체로서 시험을 받는다(탈출 15,25; 16,4; 20,20). 주님께서는 마라에서 물만 주신 것이 아니다. 그분은 백성을 위한 '규정과 법규'를 세우시고 백성을 시험하셨다고 말한다(15,25). 이 시험은 이스라엘 자손들을 위해 세우신 '계명'과 관련된다. 자세히 언급하지 않았지만, 시나이산에서 계약을 맺고 율법을 받기 이전에 광야 생활 시작부터 주님께서 이미 이스라엘에게 계명을 주셨고, 그들이 그 규정들에 순종해야 한다는 것을 강조한다.

마라 이야기의 말미에는 이스라엘 자손들이 주님의 법을 준수하면 이집트인들에게 내린 어떤 질병도 내리지 않겠다는 특별한 약속이 있다(15,26; 23,25). 당시 이스라엘 백성은 광야에서 질병에 대한 두려움이 컸던 것으로 추측할 수 있다. 또한 끝까지 고집을 부려 재앙을 피하지 못한 이집트인들의 전철을 밟지 않도록 경고하는 말씀이기도 하다.

마라에서 일어난 사건은 "나는 너희를 낫게 하는 주님이다"(15,26)라는 주님의 계시로 마무리된다. 이스라엘 백성이 치유받기 위한 조건은 다음과 같다(15,26). ① 주님의 말씀을 잘 듣고(순종), ② 주님의 눈에 드는 옳은 일을 하며(사랑의 실천), ③ 계명에 귀를 기울이고(주님의 법을 중시), ④ 모든 규정을 지키려는 노력(주님의 법에 충실함)이 필요하다. 치유에 이르는 길은 결코 쉽지 않다. 이스라엘 백성이 주님과 함께 걷는 광야 여정은 마라 사건에서처럼 이집트에서 받은 수많은 상처를 낫게 하는 치유의 시간이 된다. 왜냐하면 이집트 탈출은 이스라엘이 병에서 낫게 하시는 주님을 믿고 그분 말씀에 순종하며 따랐던 길이었고, 이어지는 광야 여정은 결과적으로 이집트에서 그들이 앓았던 치명적 질병인 억압과 속박에서 벗어나 자유와 해방이라는 회복의 길로 들어서는 중대한 계기가 되기 때문이다.

2. 만나의 기적 16,1-36

이스라엘 자손들이 마라를 떠나 엘림에 다다른 것은 마치 이스라엘이 쓴 물이 있는 곳에서 단 물이 있는 곳으로 이동하는 것과 같다. 엘림에는 쓴 물이 없을뿐더러 샘이 열두 개나 있고 야자나무도 일흔 그루나 있다는 것은 엘림이 어느 정도 살만한 지역이라는 것을 표현하는 듯하다(15,27). 그래서인지 그곳에서는 불평이나 원망을 하였다는 보도도 없다. 하지만 이스라엘이 도달하려는 목적지는 일시적 생활의 풍요를 주는 곳이 아니라 주님이 약속하신 가나안 땅이다. 이스라엘은 확실한 목적지가 있었기에 광야에서 엘림처럼 살만한 곳에 진을 쳤어도 일정 기간이 지나면 아쉬움을 접고 다시 목적지를 향해 떠나야 한다.

16,1에는 이스라엘 공동체가 수르 광야에 있던 엘림을 떠나 엘림과 시나이산 사이의 신 광야에 이르렀다고만 언급하지만, 민수기에 의하면 이스라엘 백성은 엘림에서 갈대 바다를 거쳐 신 광야까지 왔다(민수 33,10-11). 이스라엘 백성은 생존에 필요한 식량조차 보장받을 수 없는 광야에서 '과연 자신들을 전적으로 책임지는 분이 누구인지'를 새롭게 인식하는 또 하나의 사건과 맞닥뜨린다. 막강한 이집트 군대를 굴복시키고 강력한 파라오를 제압하신 주님께서, 광야에서도 필요한 모든 것을 주실 것이라 믿고 의탁할 수 있는가? 이 물음에 답을 주는 사건이 만나와 메추라기의 기적이다.

만나와 메추라기 이야기라고 하지만 초점은 '만나'에 있다. 메추라기에 대해서는 만나처럼 상세하게 다루지 않는다. 목마름으로 불평하던 이스라엘 백성이 이번에는 배고픔에 대한 불평을 모세에게 쏟아낸다. 광야에서 이스라엘 백성이 주님을 향해서 직접 불평하였다는 기록은 없다. 하지만 탈출기는 모세를 향한 불평이 곧 주님을 향한 불평이라고 지적한다(16,7-12).

온 공동체는 이집트를 떠난 것을 후회하고, 자신들을 데리고 나온 모세를 원망한다. 이스라엘 자손들은 현재 겪고 있는 어려움과 고통 때문에 주님이 과거 그들에게 베풀어주신 은혜마저 잊고 모든 상황을 모세의 탓으로 돌린다. "아, 우리가 고기 냄비 곁에 앉아 빵을 배불리 먹던 그때, 이집트 땅에서 주님의 손에 죽었더라면! 그런데 당신들은 이 무리를 모조리 굶겨 죽이려고, 우리를 이 광야로 끌고 왔소?"(16,3) 모세는 이스라엘 자손들의 이런 태도를 이미 경험했다(5,20-21; 6,9; 14,11-12).

불평은 과거를 왜곡하고 자신을 속이는 환상을 낳는다. 이스라엘 자손들은 비참한 노예 생활에 대한 기억을 미화하여 자신들이 이집트에서 마치 호식好食했던 것처럼 회고한다. 종살이로 억압받던 이집트 땅이 '배불리 먹던 땅'으로 둔갑한다. 지나온 자취와 기억, 즉 자신들이 살아온 역사를 부인하고 속인 것과 비례하여 현실에 대한 불평불만은 더욱 커진다. 모세에 대한 불평은 집단적이다. 그들의 불평은 그들이 과거에 붙들려 있음을 보여준다. 의식주가 해결되던 노예 생활을 동경하는 것은 자유를 위한 도전보다 이전의 삶으로 돌아가는 것이 더 쉬워 보이기 때문이다.

주님께서 만나를 내려주셨다(16,14-15). 아침에 진영 둘레에 이슬이 내린 다음 서리처럼 바닥에 깔린 잔 알갱이들을 보고 "이게 무엇이냐?" 하고 서로 묻자 모세가 '주님께서 먹으라고 주신 양식(레헴 לחם)'이라고 알려준다(16,15). 16,31까지 '만나'라는 이름이 나오지 않고 다만 그것이 어떻게 형성되어 그들이 먹을 수 있는 음식이 되는지에 대해 자세히 말한다. 우리말로

'만나'라고 하는데, 히브리어로는 의문대명사(מה)에서 유래한 '만(מן)'이다. 즉, 만나를 처음 보고 "이게 무엇이냐?"(16,15)고 서로 묻던 그 말을 이름으로 부른 것이다.

만나 = 만(מן): 무엇이냐?
마 후(מה הוא), 만 후(מן הוא): 이것이 무엇이냐?

주님께서는 이스라엘 백성에게 양식을 내려주시되 다음과 같이 몇 가지 조건을 정하신다.

① '한 사람에 한 오메르씩 그날 먹을 만큼만 모아라'(16,16).
② '아침까지 남겨두지 마라'(16,19).
③ '엿샛날에 이틀분을 거두고 이렛날에 쉬어라'(16,22-30).

히브리어 '오메르(עמר)'는 '보리 한 묶음'이라는 뜻으로서 말린 곡물류(밀, 보리 등)나 고체의 양을 재는 단위이다. 한 오메르(약 4*l*)는 하루에 한 사람이 취하는 만나의 분량이다(16,16.32.33). 매일 각자의 몫으로 한 오메르씩 받는 것이므로 과욕을 부리지 말고 자기가 먹을 만큼만 거두어 남겨두지 말라는 것이다. 만나 이야기에서 기적의 요소 가운데 하나는, 더 많이 거둔 사람도 남지 않고 더 적게 거둔 사람도 모자라지 않았다는 점이다(16,18). 믿음이 없는 사람들은 '무엇을 먹을까' 하며 내일 일을 염려하여 마음이 휘둘린다. 이스라엘은 만나를 거두는 데 지켜야 할 이러한 규정들로 또다시 주님의 말씀에 순종할 것인지 그렇지 않을 것인지 '선택' 앞에 놓인다.

이렛날인 안식일을 위해 만나를 많이 거두어들여도 다른 날과는 달리 만나가 상하지 않고 냄새조차 나지 않는 것은 안식일을 반드시 준수하라는 표징이 된다. 16,23-30에 '안식일'이 5회[23(2회).25.26.29절], '쉬다'(안식하다)라는 단어가 1회(30절) 나오는 것도 안식일의 준수를 강조하기 위한 반복이다. 안식일은 모든 종류의 일 혹은 노동을 삼가고 안식일의 주인이신 주님 안에서 쉬는 날이다. 안식일을 지키는 것은 원천적으로 안식을 제공하시는 주님을 신뢰할 수 있어야 가능하다. 안식일을 지킴으로써 매일의 필요에 대해 주님을 신뢰하고 이 선물을 받아들이는 것을 예증한다. 만나 이야기가 보여주듯이 주님의 선물을 인정하는 것이 안식일을 지키는 출발점이다. 안식일의 준수를 십계명에 명시하기 이전에 이미 안식일에 대한 본질을 확고하게 알려주신다.

만나의 생김새는 고수풀 씨앗처럼 하얗고, 햇빛에 녹아버리며, 그 맛은 꿀 섞은 과자 같았다고 표현한다(16,31; 민수 11,7-8). 시나이반도 내륙의 건조한 지역에서 매년 일정 기간에 곤충의 분비물을 발견하는 것은 매우 일상적인 일이다. 기온이 상승하면 분비물이 녹아버리거나 개미가 먹어버리기 때문에 아침 일찍 주워 모아야 한다. 탈출기에 서술된 만나에 대한 묘사(16,14)와 유사한 곤충의 분비물을 만나라고 생각할 수 있는 여지는 있겠으나, 이스라엘인들이 광야에서 먹었던 만나라고 확증할 수는 없다.

만나와 함께 광야에서 고기를 대체하는 식량으로 쓰인 메추라기는 몸길이가 약 18cm 정도 되는 새이다. 메추라기는 주로 홍해 인근 아카바만, 수에즈운하, 시나이반도에 서식하였다. 이스라엘이 이집트에서 나온 지 두 달 보름 만에 신 광야에 도착한 때부터(16,1-2), 약속의 땅에 들어가는 광야 여정 내내, 메추라기와 만나는 주님께서 마련해주신 '일용할 양식'이었다

(16,35). 이스라엘 백성은 요르단강을 건너 길갈에 진을 치고 예리코에서 첫 파스카 축제를 지낸 다음 날에 그 땅의 소출을 먹었다. 그러자 그다음 날부터 만나가 멎었다(여호 5,10-12). 만나와 메추라기의 기적은 주님의 초월적 능력으로 이루어지는 축복이면서, 동시에 매일 삶에서 되풀이하여 일용할 양식을 마련해주시는 매우 일상적인 복이다. 탈출기 저자는 만나와 메추라기가 자연현상에서 비롯된 것이 아니라 주님께서 기적을 일으키시어 보내주신 양식이라는 사실을 거듭 강조한다(16,4.15ㄴ).

그럼에도 불구하고 만나와 메추라기의 기적을 자연현상과 초자연적 힘이 함께 작용한 것으로 이해하려는 시도가 있다. 그러나 다음과 같은 정황은 만나를 주님께서 이스라엘에 베푸신 기적으로 인정하게 한다. ① 다소 유사한 자연현상을 찾아볼 수 있을지라도, 탈출기에서 만나에 대해 상세하게 묘사한 것과 완전히 일치한다고 인정할만한 자연현상은 아직 찾지 못하였다. ② 엿새 동안은 다음 날 아침까지 남겨둔 만나가 상했는데, 엿샛날 두 배로 거둔 안식일에 해당하는 몫은 부패하는 일이 없었다. ③ 모든 안식일에는 만나와 메추라기가 나타나지 않았다. ④ 매번 각 사람에게 필요한 양만 내려주신다. ⑤ 이스라엘 자손들은 오랜 세월 동안 수고로 얻은 소출이 아니라 하늘에서 거저 주신 양식을 먹었다. 이러한 몇 가지 현상은 만나와 메추라기가 자연현상 가운데 하나로 발생한 것이 아니라, 주님께서 일으키신 기적이요 자비의 선물이라는 단서가 된다.

성경의 다른 책에서는 만나를 '천사들의 빵 혹은 하늘의 양식'이라고 지칭하기도 한다(느헤 9,15.20; 시편 78,24-25; 105,40; 지혜 16,20-21). 이는 만나를 땅에서 수확하는 곡물과 구별하기 위한 것이다(탈출 16,14; 민수 11,9). 요한 복음서에서는 광야에서 생명의 양식이었던 만나의 의미를 더욱 발전시켜 예수 그리스도께서 당신 자신을 "하늘에서 내려온 빵"(요한 6,41)이라고 증언하신다. 이처럼 광야에서 이스라엘 백성에게 만나와 메추라기를 먹이시며 그들과 동행하시는 주님은, 당신이 사람에게 꼭 필요한 물과 양식을 마련하고 사람을 돌보며 위험에서 보호하는 분임을 또다시 드러내신다.

모세는 만나를 항아리에 담아 대대로 보관하라는 하느님의 말씀대로, 당신 백성의 삶을 돌보시는 주님을 잊지 않기 위해 만나 한 오메르를 항아리에 담아 증언판 앞에 놓아 보관한다(16,34). 광야의 첫 세대는 그들이 체험한 주님의 도움과 자비를 기억할 뿐 아니라 후손들에게도 전해야 한다.

부록

☞ *이스라엘의 도량형*

부피

1오메르(탈출 16,16) = 약 4ℓ = '한 묶음의 양'

1에파(탈출 16.36) = 10오메르(약 40ℓ)

1호메르(민수 11,32) = 10에파 = '나귀 한 마리가 등짐으로 나를 수 있는 양'

길이

1암마(큐빗) = 약 46㎝

3. 마싸와 므리바의 물 17,1-7

이스라엘의 광야 여정은 계속된다. 광야는 자유인이 된 이스라엘이 주님과 함께 가는 여정이지만, 믿음과 불신이 교차하면서 주님을 알아가거나 주님을 잃어버릴 수도 있는 곳이다. 주 하느님의 백성이 되거나 그 백성의 대열에서 떨어져 나갈 수 있는 '긴장의 영역'이다. 므리바의 물 사건은 주님이 이스라엘의 지도자로 세우신 모세를 믿고 따를 것인지, 모세를 파견하신 주님을 믿지 않고 다른 길을 갈 것인지, 이스라엘이 직면한 신앙의 문제를 다루는 이야기이다. 이스라엘 자손들의 불평과 원망은 백성의 만족을 채우지 못하는 모세의 지도력을 문제시한다(17,3; 참조 14,11; 15,24; 16,2-3).

이스라엘 공동체는 신 광야를 떠난 다음 르피딤에 진을 쳤다. 르피딤은 시나이산(호렙산)에서 그리 멀지 않은 곳으로 추정되지만, 같은 '므리바의 물' 사건을 다루는 민수기(20,1-13)에서는 이 사건의 배경을 '카데스'로 기록하고 있어 정확한 위치를 알 수 없다. 이스라엘 자손들은 르피딤에서 마실 물이 없자 다시 불평하며(17,1-3), 마치 주님이 거짓 신인 것처럼 그분의 현존을 의심한다. 모세는 "어째서 나와 시비하려 하느냐? 어째서 주님을 시험하느냐?"(17,2) 하며 말해보지만, 백성의 기세는 금방이라도 돌을 던져 모세를 죽일 것 같이 거셌다.

이스라엘 백성이 모세에게 불평하며 대든 것은 결국 주님께 대항하는 것이고 주님을 부정하는 것이다. 불평과 의심에 사로잡힌 그들은 주님의 구원 업적에 대한 기억을 잊었다. 그들의 격앙된 불평을 목격한 모세는 주님께 가서 “제가 무엇을 해야 합니까?”(17,4) 하고 호소한다. 주님께서는 해결책으로 모세에게 네 가지 명령을 내리신다(17,5-6).

① 원로들을 몇 사람 데리고 나아가라.
② 백성보다 앞서 나아가라.
③ 나일강을 쳤던 지팡이를 손에 잡고 가라.
④ 그 지팡이로 호렙의 바위를 쳐라.

주님의 명령에 따라 모세가 주님의 권위와 능력을 상징하는 지팡이로 호렙의 바위를 치자 바위에서 물이 터져 나왔다. 이로써 모세는 백성 앞에서 주님의 능력을 드러냈을 뿐 아니라 백성에게 자신의 권위를 확고히 세울 수 있었다.

주님의 현존을 의심한 이야기는 19장에서 전개될 시나이산의 주님 현현과 대조를 이룬다. 르피딤은 이스라엘 자손들이 “주님께서 우리 가운데에 계시는가, 계시지 않는가?”(17,7) 하며 주님을 ‘시험한 곳’이었기 때문에 ‘마싸’라는 이름이 붙게 되고, 또한 이스라엘이 시비하였던 장소였기에 ‘므리바’라는 이중 지명을 갖게 되었다.

‘마싸(מסה)’는 ‘시험하다’라는 뜻을 가진 히브리어 ‘나사(נסה)’에서 유래한다. ‘나사’는 앞서 마라 사건에서도 ‘시험하다’라는 의미로 쓰인 단어이다. 이 단어는 이스라엘 자손들이 그들과 함께하시는 주님의 현존을 의심하고 시험했다는 것을 가리킨다.

‘므리바(מריבה)’는 ‘다투다, 논쟁하다, 소송하다’라는 히브리어 명사 ‘리브(ריב)’에서 나온 단어이다. ‘리브’는 ‘다툼, 논쟁, 불화, 싸움’ 등을 의미하고

(창세 13,7; 26,20), 법정 용어로 '재판, 분쟁, 소송'이란 뜻도 가지고 있다(탈출 23,2; 신명 25,1; 욥 9,3; 예레 12,1). '리브'는 성경에서 종종 폭력적 투쟁을 함축하기도 한다(창세 26,21; 시편 35,1). 마싸와 므리바 사건에서도 이 단어는 불평보다 좀 더 강하고 위협적인 표현으로, 이스라엘 자손들이 폭력적 행동까지 불사할 기세로 모세에게 거칠게 항의하는 정황을 드러낸다(탈출 17,4).

'마싸와 므리바 사건'은 시편에서 "너희는 마음을 완고하게 하지 마라, 므리바에서처럼 광야에서, 마싸의 그날처럼. 거기에서 너희 조상들은 내가 한 일을 보고서도 나를 시험하고 나를 떠보았다"(시편 95,8-9)고 노래하는 것처럼, 후대에도 이스라엘이 주님을 시험한 사례의 전형이 된다. 주님을 시험하는 것은 그분이 어떤 행동을 하거나 당신을 계시하도록 자극하거나 강압하는 것으로, 주님이 존재하신다는 증거를 요구하는 것이다. 이는 주님의 주권을 사람이 원하는 대로 행사하기를 바라는 데서 비롯된다. 그렇게 하여 결국 주님의 주권을 인간에게 속하게 하려는 것이다. 인간의 통제를 받는 하느님은 신이라고 할 수 없고 이스라엘의 주 하느님이 될 수 없다.

4. 아말렉족과의 싸움 17,8-16

지금까지 하느님은 이스라엘 백성이 광야에서 생존하는 데 필요한 먹을 것과 관련하여 그들의 필요를 채워주셨다. 이번에는 이스라엘 내부의 어려움이 아니라 이민족과의 관계에서 이스라엘을 보호하시는 주님의 능력을 보여주신다.

'아말렉(עמלק)'은 '호전적'이라는 뜻으로, 창세기에서는 에사우의 아들 엘리파즈가 그의 소실 팀나에게서 낳은 아들이라고 소개한다(창세 36,12). 따라서 아말렉족은 에사우의 후손이다. 아말렉족은 가나안 남서쪽인 카데스 바르네아에서 시나이 광야까지 이르는 넓은 땅에 거주한 부족으로 이스라엘과 적대 관계에 있었다.

아말렉족이 이스라엘을 공격한 이유는 분명하지 않다. 광야에서 이스라엘이 아말렉족과 처음 싸우게 되는 곳은 르피딤이다. 여호수아가 아말렉족과 싸우고 있는 동안 모세는 아론, 후르와 함께 산으로 올라가 '지팡이를 든 손'을 올린다. 모세의 손이 구원의 도구로 사용되어 그의 손을 올리면 이스라엘이 우세하고 손을 내리면 아말렉족이 우세하자, 아론과 후르가 한 사람씩 모세의 손을 받쳐 그의 손이 쳐지지 않게 했다(탈출 17,12). 아말렉과의 전투에서는 모세뿐 아니라 여호수아와 아론, 후르의 참여가 중요하다. 그들이 온 힘을 다해 협력한 결과 이스라엘 백성은 주님의 보호 아래 아말렉족을 무찔렀다. 모세가 손을 들거나 내림에 따라 전세가 달라지는 것은 이스라엘이 주님의 도움을 받아 전투에 임하고 있다는 사실과 전쟁의 승패가 주님께 달렸음을 보여준다. 이스라엘은 광야의 열악한 상황에서 전투를 치를 수밖에 없었지만, 이는 오경에서 이스라엘이 이민족과 싸워 승리한 첫 전투이다.

모세는 아말렉과의 싸움에서, 앞서 이스라엘이 불평하고 문제시한 그의 지도력을 확고히 세울 수 있었다. 이는 모세의 지도력과 주님의 보호가 이스라엘 백성에게 계속해서 필요하다는 것을 확인시키는 계기도 되었다. 전쟁에서 승리한 후 모세는 승리를 기념하는 제단을 쌓고 '주님은 나의 깃발'이라는 뜻을 가진 '야훼 니씨( )'라 이름을 붙인다. 이로써 이스라엘 백성은 그들의 진정한 보호자가 주님이심을 다시 알았다.

5. 이트로의 방문과 조언 18,1-27

18장 전반부(1-12절)는 이집트 탈출 이후 광야 여정(15-17장)을 일단락하며, 이방인 이트로를 통해 이스라엘을 구원하신 주님의 업적을 찬미한다. 후반부(13-27절)는 시나이 계약(19-24장)의 서문과 같은 역할을 하며, 이트로의 조언으로 재판관을 세우고 법적 통치 체계를 구축하는 내용이 나온다.

1) 이트로가 모세를 찾아오다 18,1-12

이트로는 이스라엘의 극적인 이집트 탈출 사건을 목격하지 못한 이방인이다. 그러나 15,14에 언급된 것처럼 이스라엘의 구원 소식은 널리 퍼져 민족들이 놀라운 하느님의 업적을 접한다. 미디안의 사제이며 모세의 장인인 이트로는 그 소식을 듣자 모세의 가족들을 이끌고 그가 머물고 있는 광야를 찾아간다. 이트로는 모세를 만나기 전에 소문으로 들은 이스라엘을 구원하신 주님의 업적에 대해 그것을 체험한 모세에게 직접 듣는다. 그는 이방인이지만 이스라엘의 구원을 진심으로 기뻐하고 주님만이 참으로 위대한 신이라고 고백하며 찬미한다(18,10-11). 이 짧은 단락에 '구원하다'를 뜻하는 동사 '나찰(נצל)'이 같은 형태로 다섯 번이나 사용되며[4.8.9.10절(2회)] '주님의 구원'이라는 주제를 강조한다.

2) 재판관들을 세우다 18,13-27

모세의 현실이 반영된 이 단락의 주제어는 '재판'이다. 여기서 '재판하다'라는 동사는 여섯 번이나 반복되어 나온다[13.16.22(2회).26절(2회)]. 재판관은 일반적으로 당사자 간의 분쟁에서 옳고 그름을 가려 구속력이 있는 판결을 내리는 권한을 가진 사람을 일컫는다. 모세는 이스라엘의 유일한 재판관으로서 백성이 가지고 온 수많은 사안을 혼자서 처리하였기 때문에 온종일 재판에 매달려 있었다. 이트로는 이러한 일 처리 방식에 관하여 문제점을 지적하고, 그것이 모세나 백성 모두에게 좋지 않다고 보았다(18,17-18). 주님은 이제 모세의 장인이자 미디안의 사제인 이트로를 통해 모세를 도울 새로운 협력자를 선별할 방도를 알려주신다. 이는 재판관이 시행하는 공정한 법 절차를 통해 하느님의 정의를 한층 더 잘 시행할 수 있도록 새로운 법 체제를 형성하게 하는 유익하고 합리적인 충고였다.

이스라엘 백성의 재판을 정의롭게 시행할 수 있도록 법적 체계를 혁신할 방법을 가르친 사람이 이스라엘인이 아니라 이방인이라는 점은 매우 특별하다. 이는 진리가 민족을 초월하여 주님 안에서 통합된다고 보는 탈출기 저자의 개방적 시각을 드러낸다. 또한 이트로의 충고와 그에 따른 결실은 이스라엘 백성의 자부심을 낮추거나 모세의 권위를 손상하지 않았다. 모세는 이트로의 권고를 받아들여 이스라엘 백성이 더 질서 있고 효율적으로 살 수 있게 자신을 도울 재판관들을 세워 백성의 지도자로 삼는다(18,19-22). 재판관은 주님을 두려워하고, 진실하며, 불의한 이익을 미워해야 한다. 재판관들을 임명한 이는 최고 지도자인 모세지만, 이스라엘인들은 근본적으로 법관의 권위는 주님이 주신 것이라고 믿었다(2역대 19,5-6).

백성 가운데 모범적 인물들을 뽑아 천인대장, 백인대장, 오십인대장, 십인대장으로 구성한 것은 오늘날 상고심 제도와 유사하다. 모세를 대리하는 백성의 수장들은 감당하기에 어려운 문제들이 발생할 경우, 그 문제들을 순차적으로 상급 대장에게 가져가고 거기에서도 해결하지 못한다면 최종적으로 모세에게 가져간다(18,22.26). 모세는 백성을 대표하는 지도자로서 그 문제들에 관하여 주님과 상의하여 결정한다(18,19ㄷ). 모세는 크고 중대한 사안들, 하급 대장들이 해결하지 못한 사안들을 최종적으로 호소할 수 있는 가장 권위 있는 상급 기관이 된다. 그러므로 모세의 역할은 이스라엘 백성의 최종 대변자로 남아서 백성에게 주님의 법령들이 얼마나 소중한지 그 중대함을 깨닫게 하고, 백성이 주님의 법을 두려워하며 명심하고 수호하도록 가르치는 것이다.

제2장 시나이 계약 19-24장

시나이 계약은 이스라엘이 주님의 백성으로서 하나의 민족 공동체로 형성되는 근간이 된다. 이 계약을 통해 이스라엘은 주님의 백성이, 주님은 이스라엘의 하느님이 되는 공적 상호관계를 이루었다. 따라서 이 계약은 이스라엘의 역사에서 가장 중심적인 계약이다.

주님께서는 노아와 계약(창세 9장)을 맺으셨고 성조 시대에는 아브라함과도 계약(창세 15장)을 맺으셨다. 모두 주님과 이스라엘이 맺은 계약이지만 이 두 계약과 시나이 계약은 두 가지 면에서 차이가 있다.

첫째, 노아와 아브라함의 계약은 민족 전체와 관련된 계약이기는 하지만 노아와 아브라함이 주체로 정면에 드러난다. 시나이 계약은 모세만이 아니라 이스라엘 자손들이 주체로서 계약 체결에 참여하여 하느님 현현을 체험하고 그들이 지켜야 할 주의 사항을 들으며 그에 따라 응답도 한다.

둘째, 노아와 아브라함의 계약은 하느님이 어떤 의무 조항을 선포하시고 그들이 따르겠다고 동의하며 맺은 계약이 아니라 주님이 조건 없이 베푸시는 축복의 계약이다. 반면 시나이 계약은 주님이 모세를 통해 이스라엘 백성에게 계약 조항을 말씀하시고, 백성이 그것을 실천하기로 동의한 조건부 계약이다. 하느님과 백성은 계약에 충실할 의무를 진다.

조건부 계약도 계약 당사자에 따라 계약의 성격이 다르게 나타난다. 계약 당사자들이 서로 동등한 관계에 있는 동등 계약과 당사자들 가운데 한

쪽이 더 강력하고 힘이 세서 종속적 관계에서 맺는 종속 계약이 있다. 동등 계약일 경우, 쌍방이 동등한 위치에서 서로 계약조건을 제시하고 수용한다. 종속 계약일 경우, 계약의 조건과 의무는 우위에 있는 상대가 결정한다. 고대 근동에서 도시국가들과 패권국들 사이에는 종속 계약이 주류를 이루었는데 종주宗主가 종속국이나 봉건영주를 정치적으로 지배하였다.

시나이 계약은 절대 권능을 지니신 주님이 '종주'이시고 이스라엘은 그분의 '봉신'이 되는 양상의 계약이다. 따라서 주님과 이스라엘이 맺는 계약과 계약 조항들을 분리해서 생각할 수 없다. 주님께서는 당신과 이스라엘이 맺은 계약이 충실히 유지되도록 십계명과 다양한 법령으로 이정표를 세워주셨다. 그리하여 이스라엘은 주님의 길을 올곧게 따라 살 수 있게 되었다. 이집트에서 해방된 이스라엘은 자유인이지만 계약을 통해 받은 주님의 법을 준수할 때에만 참으로 자유로울 수 있다는 가르침을 받는다. 19-24장을 구성하고 있는 시나이 계약의 내용에는 이러한 의도가 잘 반영되어 있다.

1. 구조와 문학 양식

1) 구조적 특징

시나이 계약은 넓게 보면 19-24장뿐 아니라 파기된 계약을 다시 맺는 32-34장도 포함한다. 전반부(19-24장)와 후반부(32-34장)가 모두 '계약'이라는 대주제를 근간으로 전개되기 때문이다. 전반부인 19-24장에는 주님의 현현, 계약조건 제시(십계명과 계약의 책), 이스라엘 백성의 동의와 계약 체결이 나오고, 후반부인 32-34장에는 이스라엘의 계약 파기, 모세의 중재, 주님과의 재계약 등이 소개된다.

19-24장의 구조는 십계명과 계약 법전을 가운데(20-23장) 두고, 앞뒤에 주님의 현현(나타나심, Theophany)과 계약에 관한 이야기(19장, 24장)가 나오는 형태이다. 이러한 구조는 계약과 계약 조항인 법령들이 서로 깊이 연계되어 있음을 보여준다.

- 계약 체결 준비와 주님의 현현(19,1-25)
    - 법령: 십계명(20,1-20,17)
    - 주님의 현현과 중재 요청(20,18-20,21)
    - 법령: 계약의 책(20,22-23,33)
- 주님의 현현과 계약 체결(24,1-18)

19장에서 주님은 시나이 계약의 약속과 계약에 수반되는 제안을 모세에게 직접 말씀하시고 모세는 그 말씀을 이스라엘 자손들에게 전달한다. 그들은 전해들은 주님의 말씀에 동의하고 주님을 맞이하기 위하여 명령에 따라 준비한다. 이후 시나이산에서 주님께서 이스라엘 백성에게 나타나신다. 20-23장에는 이스라엘이 지켜야 할 계약 조항들인 십계명과 계약의 책이 상세하게 소개된다. 24장에 이르러서 모세는 주님과 계약을 맺기 위해 19장에서처럼 그분이 머무르시는 산에 오른다. 이스라엘 자손들은 다시 주님의 현현을 체험하고 앞서 19장에서 제시된 계약 조항에 동의하며 계약을 체결한다.

이스라엘에 내리는 법령들은 단순한 도덕법이 아니다. 그 기원이 주님에게 있기 때문이다. 주님이 나타나시어 계약을 말씀하셨고(19장) 그에 따른 법령들을 주셨으며(20-23장) 이에 그치지 않고 다시 나타나시어 계약을 맺으셨다는 것(24장)은 계약 조항을 이루는 이 법령들의 신적 기원을 입증해 준다. 법령의 기원을 주님으로 소급하는 것은 누구도 시나이산에서 받은 계약과 법령들을 함부로 다룰 수 없음을 의미한다. 시나이산에서 주님의 법을 받은 그 세대뿐 아니라 후세의 누구라도, 임금이라 할지라도 법령들을 보존하고 전달할 수 있을 뿐 바꾸거나 없앨 수 없다.

2) 문학 양식

탈출기 전반부(1-18장)에서는 이스라엘 백성을 파라오의 억압에서 해방하시는 주님, 즉 이스라엘의 구원자이신 주님에 관한 증언을 핵심 주제로 다루었다. 시나이산에서 시작되는 후반부(19-40장)는 이스라엘이 법질서를 가진 민족으로서 체계를 잡아갈 뿐 아니라 제의 공동체를 형성하도록 이끄시는 주님에 관한 증언을 담고 있다.

후반부에 속하는 시나이산에서 일어난 이야기는 오경에서 상당히 많은 부분을 차지하고 있다(탈출 19-40장; 레위 1-27장; 민수 1,1-10,10). 그중 시나이 계약을 중점적으로 서술하는 19-24장은 내용뿐 아니라 형식 면에서도 서로 다른 문학 양식으로 쓰였다. 설화가 길게 서술되다가 중간에 짧은 법규들, 법전, 제의 규정 등 법 양식이 삽입되어 이야기가 중단되었다가 다시 이어지는 특징을 볼 수 있다.

법 양식		20,1-17 (십계명)		20,22-23,33 (계약 법전)	
설화 양식	19,1-25 (주님 현현)		20,18-21 (중재 요청)		24,1-11 (주님 현현)

주님의 말씀으로 제시되는 법조문들은 모두 모세에게 계시되고 모세를 통해 이스라엘 백성에게 전해진다. 탈출기에서 법규들이 등장하는 단락은 파스카 축제에 관한 지시를 담고 있는 12-13장, 시나이 계약이 나타나는 19-24장, 그리고 이스라엘이 주님과 다시 계약을 맺는 34장이다. 이 세 부분은 탈출기의 전개 과정에서 중요한 전환점이 된다. '하느님의 백성으로 살 것인지 아닌지, 계약의 백성으로 남을 것인지 아닌지'를 선택함으로써 주님과의 새로운 관계가 확증되기 때문에 전환점이 된다고 하는 것이다. 시나이 계약 본문에서 법 양식에 해당하는 것은 '십계명'과 다양한 법이 포함된 '계약의 책'이다. 풍부한 계시를 담고 있는 법 양식 부분(20-23장)은 성막

건축(25-31.35-40장)에 앞서 주님께서 나타나시어 이스라엘과 시나이 계약을 맺으시고 그 계약의 증거로 이스라엘에게 내려주신 십계명과 계약의 책에 서술된 세부 조항들을 상세하게 설명하고 있다.

2. 계약 체결 약속과 주님의 현현 19,1-25

19장에서 주님께서는 시나이산에 도착한 이스라엘을 계약으로 초대하는 말씀을 내리신다. 주님은 이스라엘에게 계약 체결을 약속하시고 그들이 계약 체결을 준비하도록 하시며(1-15절), 모세와 이스라엘 자손들은 주님의 현현을 체험한다(16-25절).

1) 계약 체결 약속 19,1-9

시나이산 도착 19,1-2

이스라엘 자손들은 아말렉족과 싸웠던 르피딤을 떠나 이집트에서 나온 지 셋째 달 되던 때 시나이산에 도착하여 그곳에 진을 쳤다(19,1). 탈출기 저자는 이스라엘 자손들이 도착한 시점과 장소에 대해 명백하게 이야기한다. 그 이유는 그들이 도착한 시나이 광야가 지금까지 거쳐온 광야의 여러 지역과 다른 의미를 지니고 있기 때문이다. 이듬해 둘째 달 20일에 시나이산을 떠나 다시 약속의 땅을 향하여 출발할 때까지(민수 10,11-12), 이스라엘 자손들은 그곳에서 1년가량(11개월 5일) 머무르며 주님의 현현을 체험하고 주님과 계약을 맺는, 이스라엘의 역사에 가장 중대한 사건을 겪는다. 그러므로 시나이에 도착하여 진을 치는 일은 예삿일이 아니다. 따라서 탈출기 저자는 시나이산에서 앞으로 일어날 사건의 중대성을 감안하여 이스라엘이 그곳에 도착한 날짜를 구체적으로 언급하고, 1-2절에 '시나이 광야에 이르렀다'는 사실을 반복해서 언급한다.

하지만 사실 시나이산의 정확한 위치는 알려지지 않았다. 다만 시나이반도 남동부 시나이 광야의 어느 곳에 있는 산이라는 것만 알 수 있을 뿐이다. 본문도 이 산에 대해 어떠한 정보도 주지 않고 모호하게 그들이 시나이 광야에 이르렀고 '그곳 산 앞에' 진을 쳤다고만 전한다(19,2). 우리가 알 수 있는 것은, 시나이산(호렙산)은 모세가 주님의 현존을 처음 체험한 곳이며(3,1), 이스라엘 자손들이 공동체적으로 주님의 현존을 체험하게 되는 장소라는 점이다. 그리고 주님이 모세를 통해 파라오에게 요구하신 "내 백성을 내보내어 그들이 광야에서 나를 위하여 축제를 지내게 하여라"(5,1)라는 말씀이 실현되는 곳이기도 하다. 그러나 더 중대한 의의는 이 시나이산에서 이스라엘이 주님과 계약을 맺고 그분의 백성이 되었으며, 백성으로서 지켜야 할 법을 받았다는 사실이다.

주님의 부르심 19,3

모세가 주님의 부름을 받고 시나이산에 올라가는 첫 번째 장면이다. 주님께서는 계약에 앞서 시나이산에서 모세를 불러 계약을 제안하신다(19,3-9). 그 제안은 주님의 구원 활동을 선포하는 서언, 계약조건 제시, 계약을 지키고 유지함으로써 수반되는 약속으로 이루어져 있다. 계약 당사자 중 한편이 이 모든 것을 일방적으로 선포하고, 다른 한편이 그에 동의하는 종속 계약의 필수 요소들을 모두 담고 있다. 그러므로 3-9절은 주님과 이스라엘이 계약을 맺는다는 말을 명시적으로 표현하지 않아도 19장 이후에 연속되는 계약 체결의 과정을 요약해놓은 대목이라 할 수 있다.

주님께서는 먼저 모세에게 말씀을 내리시고 당신의 계시와 가르침을 모세를 통해 백성에게 전달하는 방식을 취하신다(19,3). 탈출기가 끝날 때까지 모세는 산을 오르내리며 주님과 이스라엘 자손들 사이에서, 주님의 말씀을 듣고 내려가 백성에게 전하고 백성의 응답을 주님께 올라가 아뢰는 중재자 역할을 할 것이다(19,3.7.8.14.20.25 등). 탈출기 전반부에서도 주님께서는 많은 경우에 모세를 통해 파라오나 이스라엘 자손들에게 말씀하셨다.

이런 방식에는 두 가지 강조점을 찾아볼 수 있다. 첫째로 모세를 파견하시는 주님의 주도권에 초점이 맞추어져 있다. 따라서 탈출기 저자는 모세라는 인물 혹은 그의 성품이 아닌, 주님의 말씀을 이스라엘 백성에게 전하는 그의 역할에 관심을 둔다. 모세를 말씀의 전달자로 세우신 주님은 3,7 이하에서도 그에게 이스라엘 자손들을 해방하는 사명을 주시고 파라오에게 파견하셨다. 19장에서는 시나이 계약에 관하여 이스라엘 백성에게 전하도록 파견하신다.

이스라엘에 베푸신 은총 19,4

주님께서는 모세에게 이스라엘이 대대로 신앙의 유산으로 삼게 되는 말씀, 신앙의 결정체이자 최고의 강령이 될 말씀을 계시하신다. “너희는 내가 이집트인들에게 무엇을 하고 어떻게 너희를 독수리 날개에 태워 나에게 데려왔는지 보았다”(19,4). 주님과 이스라엘의 계약을 염두에 둔 이 말씀은, 주님이 어떤 분이시고 계약을 맺고자 하는 그들은 누구인지 이스라엘 자손들이 영원히 기억해야 할 그들의 정체를 알려주신다.

주님은 독수리의 비유를 통해 당신이 이스라엘에 베푸신 은총을 선포한다. 이집트 탈출과 광야 여정은 어미 독수리가 새끼를 양육하고 훈련하는 것과 같다. 어미 독수리는 아직 날지 못하는 새끼들이 높은 데서 떨어질 위험에 처하면 새끼들을 낚아채어 땅에 떨어져 죽지 않도록 보호한다. 그런 위기를 겪으면서 새끼들은 스스로 나는 법을 배운다. 새끼 독수리들처럼 이스라엘도 주님께 온전히 의탁하여 자신들의 힘으로 도저히 도달할 수 없는 곳에 이를 수 있었다. 어미 독수리가 아직 날지 못하는 새끼를 날개에 태워 이동하는 것처럼, 주님도 위기와 평화가 교차하는 모든 순간에 이스라엘 자손들을 등에 업고 보호하시어 이곳까지 데리고 오셨다.

이집트에서 시나이산에 이르기까지 주님이 베푸신 구원 은총을 이스라엘이 체험하였기 때문에 주님은 '너희는 … 보았다'라고 말씀하신다. 이집트에 내린 열 가지 재앙, 파스카 밤의 구원, 갈대 바다를 걸어서 건넌 사건, 그 이후에도 광야에서 이스라엘을 어떻게 보호하고 인도하셨는지 주님은 그들에게 상기하도록 하신다. 그 이유는 이스라엘과 계약을 맺을 주님이 어떤 분이신지, 이스라엘과 어떠한 관계인지 알림으로써, 계약의 토대를 마련하려는 것이다. 주님께서 '이집트에서 무엇을 행하셨는지', '어떻게 그들을 끌어내셨는지', '어떻게 그분께로 인도하셨는지' 보고 경험한 이스라엘은 구원 사건을 기억하는 유일한 목격 증인이다. 게다가 이 말씀은 광야에서 계속되는 이스라엘의 해방 여정이 아무런 목적 없이 방황한 시간이 아니었음을 의미한다. 광야 여정은 이스라엘 백성이, 주님께서 약속하신 땅을 향하여 전진하는 시간이었다. 약속의 땅 가나안을 향해 가고 있지만, 이스라엘의 궁극적 목표는 그 땅이 아니라 '주님'이시다. 주님은 그들을 누구에게도 빼앗기지 않고 안전하게 보호하였고, 광야에서도 정체하지 않고 약속의 땅을 향해 끊임없이 인도하였으며, 용맹하고 신속하게 이스라엘을 '당신에게 데려왔다'고 선포하신다.

이 선포는 주님이 이스라엘 자손에게 내린 은총에 대해 그들의 자발적 응답을 요구하는 말씀이다. 이스라엘 자손들이 주님의 업적을 기억하도록 초대하는 것도 그 기억을 통해 그들이 계약을 지키리라는 주님의 요구와 기대로 이어진다. 주님은 이스라엘 자손들이 당신을 찾기 이전에 그들을 먼저 찾으셨고 조건 없는 은총을 베푸셨다. 그것은 그들과 계약을 맺음으로써 공적 관계를 형성하기 위함이었다. 이 관계는, 하느님은 이스라엘의 주님이 되고 이스라엘은 주님의 백성이 되어 그분만을 섬긴다는 배타적 성격을 지닌다. 이스라엘에게는 마땅히 계약을 수호해야 하는 의무와 책임이 따른다.

계약 조항 19,5-6

5-6절은 계약 조항으로, 온 세상의 주인이신 주님께서 이스라엘 자손들을 특별한 사명으로 초대하는 내용이다. "너희는 모든 민족들 가운데에서 나의 소유가 될 것이다"(19,5). 여기에서 계약의 백성이 될 이스라엘 자손들을 묘사하기 위해 사용하는 핵심 단어는 '소유'라는 의미의 히브리어 '세굴라(סגלה)'이다. '세굴라'는 일반적으로 임금이 궁전 깊숙이 간직하고 있으면서 귀하게 여기고 남몰래 혼자서 즐기는 보물을 말하는데, 고대 근동에서 군주가 자신의 봉신을 '자기 종'이나 특별한 '소유'로 설명하는 데 사용하기도 하였다. 구약성경에서 '세굴라'는 여덟 번 나오는데(탈출 19,5; 신명 7,6; 14,2; 26,18; 1역대 29,3; 시편 135,4; 코헬 2,8; 말라 3,17), 임금의 보물이라는 일반적 의미로 사용되기도 하고, 주님과 관련된 신학적 용어로 사용되기도 한다. 이 단어가 신학적 용어로 쓰일 때는 '선택된 백성', '주님께 온전히 속한' 이스라엘 자손들의 특별한 신분을 의미한다.

이스라엘을 주님의 '세굴라'라고 표현할 수 있는 근거, 곧 이스라엘의 정체성은 주님과의 관계에서 찾을 수 있다. '세굴라'를 불가타 역본에서는 '페쿨리움(pecúlium)'으로 옮겼다. '분리된 것, 특별한 가치를 지닌 것'을 뜻하는 이 단어 역시 이스라엘이 주님의 소유라는 것, 주님과 특별한 관계를 형성하고 있는 존재라는 것을 의미한다. 주님은 이스라엘 자손들과 계약을 맺음으로써 그들을 세굴라, 곧 세상 다른 민족과 구별되는 당신의 보물로 삼으시려 한다. 이는 이스라엘 백성에게만 부여된 특별한 정체성을 확증하는 말이다.

סגלה segullah 세굴라	pecúlium 페쿨리움
- 개인적 소유: 임금의 부富 - 특별한 보화	- 분리된 것 - 특별한 가치를 지닌 것

주님의 '소유'라는 친밀한 관계는 이스라엘이 지켜야 할 의무와 책임을 수반한다. 주님의 은혜에 그들이 보답하는 길은 그 의무와 책임을 자율적으로 지키는 데에 있다. 주님이 주도권을 잡고 실현하시는 계약이지만, 그분이 이스라엘을 선택하신 목적이 성취되기 위해서는 선택받은 백성의 자발적 응답이 요구된다. 주님께서는 이스라엘이 당신의 사랑을 깨닫고 충실하게 계약을 지킬 때 '주님의 소유'가 될 것이라고 상기시키신다.

"너희는 나에게 사제들의 나라가 되고 거룩한 민족이 될 것이다"(19,6). 이 말씀은 주님과의 특별한 관계에서 비롯되는 결과를 말한다. 이스라엘을 사제로 규정하는 이 표현은 성경에서 여기에만 등장한다. 이스라엘 자손들 가운데 일부만이 아니라 이스라엘 민족 전체를 '사제'로 부르신 점이 놀랍다. 따라서 '사제'라는 개념을 아는 것은 곧 세상에서 이스라엘의 역할 혹은 정체가 무엇인지 아는 것과 같다. 사제들은 백성 가운데에서 따로 성스럽게 구별되어, 주님과의 친밀한 관계를 나타내는 독특한 생활 방식에 따라 주님에게 봉사하도록 부름받은 사람들이다. 그러므로 주님과 이스라엘 백성 사이에서 모세가 중재자 역할을 수행하였듯이, 사제라는 지위는 주님의 뜻과 그분이 내리시는 법과 은총을 백성에게 전하는 통로 역할을 한다. 이스라엘 자손들이 모두 사제로 부름받았다면 그들의 사명은 주님의 은총과 가르침을 세상에 전하는 데 있다. 주님과 다른 민족들 사이의 중재자로서 이스라엘 자손들은 세상에서 구별되어 주님을 증언하는 사명을 지닌 거룩한 백성, '사제의 나라'가 되라고 부름받은 백성이다.

그러기 위해서 주님은 이스라엘 자손들에게 '들으라, 지키라' 하고 명하신다(19,5). 이스라엘이 거룩한 백성, 사제의 나라가 되기 위해서 가장 우선시되는 것은 말씀을 '듣는 것'이다. 그분의 말씀을 잘 듣는 것이 계약을 유지하고 지속하는 출발점이다. 만일 이스라엘이 주님의 말씀을 듣지 않고 주님께 순종하지 않는다면 이는 계약에 충실하지 않은 것이므로 주님의 소유인 '세굴라'로 남아 있을 수 없다. 즉, 사제들의 나라가 되고 거룩한 민족이 될 수 없는 것이다. 결론적으로 이스라엘이 맺게 될 계약은 이와 같은 주님과의 관계에 기초하고 이스라엘에게 내리시는 주님의 약속에 근거한다. 이스라엘 자손들이 주님의 말씀을 따르고 계약을 충실하게 지킬 때, "온 세상이 나의 것이다"(19,5)라고 하시는 창조주 하느님을 온 세상에 드러내는 것이다. 주님께 속한 세상은 그분의 정의로 통치될 것이다.

백성의 응답 19,7-9

모세는 산에서 내려와 백성을 대표하는 이스라엘의 원로들에게 주님의 말씀을 전하는데, 응답은 '백성이 다 함께' 한다. 이는 원로들이 주님께서 내리시는 계약의 약속에 관하여 백성에게 전할 수 있는 위치에 있음을 드러낸다. 원로들과 백성은 모세에게서 전해 들은 제안을 전적으로 받아들여 다 함께 "주님께서 이르신 모든 것을 우리가 실천하겠습니다"라고 선언하며 계약 체결의 의지를 보인다(19,8; 24,3.7). 즉 이스라엘 백성은 주님과 독특한 관계를 인정하고 계약에 전적으로 동의하고 따르겠다고 맹세한다. 그들은 아직 계약에 따르는 법령을 받지 않았지만, 먼저 동의함으로써 이후에 주어질 계약 조항들을 지키겠다고 약속한다. 모세가 산에 올라 백성의 응답을 주님께 전하자 주님이 구름 속에서 현현하시어 그와 함께 머무신다(19,9). 이는 모세의 권위를 굳게 할 뿐 아니라 앞으로 백성에게 나타나실 주님의 현존을 미리 보여준다.

2) 시나이산에서 주님의 현현 19,10-19

계약 체결 준비 19,10-15

주님은 셋째 날에 계약 당사자들인 이스라엘을 직접 대면하고 만나기 위해 모세를 통해 백성을 준비시키신다. 모세는 이스라엘 자손들에게 여러 준비 사항을 알리지만 19,10-19에서 관심을 두는 주제는 이스라엘 백성 모두가 주님의 현현을 경험한다는 점이다.

이스라엘 백성 가운데 누구도 예외 없이 주님의 현현을 맞이하기 위해 준비할 시간을 받았다. 이스라엘 자손들에게 사흘이라는 꽤 긴 준비 시간을 주셨다는 데서 시나이산에서 주님을 만나는 일이 얼마나 중요한 사안인지 알 수 있다. 하느님이 처음 호렙산에서 모세에게 나타나실 때는 당신을 만나기 위해 준비하도록 요구하지 않으셨다. 반면 시나이산에서는 주님이 현현하실 날을 특정하시고 미리 선언하시어 백성이 모두 거룩한 만남을 위해 준비하도록 하신다. 주님을 대면하는 거룩한 순간을 맞이하기 위해 이스라엘 백성은 거룩함을 유지해야 한다.

세 가지 준비 사항은 다음과 같다. 옷은 깨끗이 빨고, 여자를 가까이하지 말아야 하며, 현현 장소로 정한 경계선을 침범하지 않도록 산 위로 올라가지도 말고 산 밑으로 정한 경계도 넘지 말아야 한다(19,10-13). 백성에게 산에 오르지도 산자락을 건드리지도 말라고 명령한 이유는 영적이고 초월적인 주님과 나약한 인간 사이에는 쉽게 다가갈 수 없는 큰 간격이 있기 때문이다. 구약성경에는 거룩한 것에 몸이 닿지 않도록 경고하거나 그것을 실수로 건드려 죽게 되는 몇 가지 사례가 있다. 광야에서 진영을 옮길 때 성물을 운반하는 레위 지파 크핫의 자손들은 거룩한 물건에 몸이 닿지 않도록 주의해야 했다(민수 4,15). 다윗이 계약 궤를 예루살렘으로 옮길 때 우짜는 계약 궤를 실은 우차가 흔들리자 그 궤를 붙잡았다가 죽임을 당하였다(2사무 6,6-7). 거룩한 기운으로 가득 찬 시나이산에서도 사람들이 주님께서 정한 그 경계선을 함부로 침범할 경우 죽을 수 있었기에 모세는 백성에게 각별히 주의를 준다. 백성은 모세의 지시대로 진영에서 기다렸다가 주님의 현현을 알리는 숫양 뿔 나팔 소리가 길게 울릴 때에야 산으로 올라갈 수 있다.

주님의 현현 19,16-19

셋째 날 아침이 되자 주님께서 시나이산 위로 내려오셨다(19,18). '셋째 날'은 성경에서 종종 어떤 사건의 전환점이 되는 시점을 나타낸다(창세 22,4; 31,22; 34,25; 여호 1,11; 마태 28,1; 마르 16,2). 19,16에서도 셋째 날은 이스라엘 백성이 3일 동안 준비를 하고 마침내 시나이산에서 주님 현존을 체험하고 계약을 맺게 되는 중대한 전환점이 되는 날이다.

주님이 당신의 현존을 드러내실 때, 우렛소리와 함께 번개가 치고 짙은 구름이 산을 덮은 가운데 뿔 나팔 소리가 크게 울려 퍼졌다. 주님의 현존을 알리는 데 쓰인 뿔 나팔은 중요한 통신수단이었다. 이스라엘은 뿔 나팔 소리를 이용하여 다양한 신호를 전달하고 알렸다. 시나이산에서처럼 하느님의 현현을 알리기도 하고(19,13.16; 20,18), 새 임금의 등극을 공표하거나(2사무 15,10; 20,1; 1열왕 1,39), 희년과 같은 제의적 시기의 시작을 선포하며(레위 25,9), 흩어진 백성을 불러 모을 때도 뿔 나팔을 분다(이사 27,13; 예레 4,5). 백성을 전쟁에 소집하거나(판관 3,27; 6,34), 공격 신호를 보낼 때(여호 6,4-9), 퇴각이나 해산 명령을 내릴 때도 사용한다(2사무 2,28). 더불어 주님의 현현을 알리는 불과 연기는 오경 여러 곳에서 종종 볼 수 있다(탈출 13,21-22; 19,18; 24,17; 40,38; 레위 9,24; 10,2; 민수 11,1-3; 신명 9,3; 18,16). 탈출기는 이렇듯 주님의 거룩하고 권능에 찬 모습, 초월적이면서 가까이 다가갈 수 없는 거룩한 현현을 자연현상으로 묘사하기 때문에 눈앞에 그 광경이 펼쳐지는 듯 생생하게 알아들을 수 있다.

고대 근동 사람들은 자연에 내재한 신이 폭풍과 지진 등 많은 자연현상을 일으키는 것으로 이해하였고 그런 신들을 숭배하였다. 그들은 자연에 존재하는 수많은 신이 각각 다른 영역을 관장한다고 믿었다. 그러나 이스라엘의 하느님이신 주님은 자연 전체를 다스리는 유일한 분이다. 시나이산에서 나타난 우렛소리, 불길, 연기에 싸인 산 등 자연의 격변과 현상들은 모두 주님의 현현에 수반되는 표상에 불과하다. 모세가 아뢰는 말씀에 주님이 우렛소리로 응답하시는 것처럼(19,19), 웅장한 자연현상들은 주님의 현존을 드러내는 데 사용된다. 시나이산에서 주님이 나타나시기 이전에도 이스라엘 자손들은 자연에서 당신을 드러내시는 주님의 현현을 체험하였다. 이스라엘 백성은 이집트에서 이미 열 가지 재앙으로 주님의 권능을 목격했고, 광야에서 구름 기둥과 불기둥으로 그들을 보호하고 인도하시는 주님의 현존을 보았다.

이스라엘이 시나이산에서 주님을 만나는 이야기는 모세가 불타는 떨기 속에 나타나신 주님을 만나는 이야기와 유사하게 전개된다. 호렙산에서도 시나이산에서도 주님은 불 속에서 나타나셨다. 모세가 주님을 뵙기가 두려워 얼굴을 가렸듯이(3,6), 이스라엘 백성도 주님의 현현을 두려워하였다. 인간에게는 주님과 가까이 있고 싶고 그분을 만나고 싶은 갈망이 있으나, 모세와 이스라엘 백성처럼 인간이 막상 계시의 근원이신 주님을 목격하게 되면 두려움에 사로잡혀 스스로 그 영광의 광채를 피할 수밖에 없다. 시나이에서 이스라엘 자손들도 경외심과 함께 두려움이 얼마나 컸던지 주님께 자신들에게 직접 말씀하시지 말라고 간청하기까지 한다(20,18-19). 주님께서 호렙에서 모세에게 거룩한 곳에 함부로 발을 들여놓지 않도록 그의 신을 벗으라고 하신 것처럼, 시나이에서도 이스라엘 백성이 함부로 당신께 가까이 다가가는 것을 막으시고 제한을 두신다.

3) 모세와 아론이 산으로 올라감 19,20-25

주님께서 산 위에 내려오셔서 모세를 그곳으로 부르시자 그가 다시 올라갔다. 모세가 산 위에 세 번째로 올라가는 장면이다. 주님께서는 모세에게 다시 경고의 말씀을 내리시는데, 하나는 정하신 경계를 백성이 넘지 않도록 하라는 것이고, 다른 하나는 사제들에 관한 것이다. 여기에서 이스라엘에는 이미 사제들이 있었음을 알 수 있다. 비록 사제들이 주님과 백성 사이의 중개자 역할을 하는 사람들이지만, 그들에게도 성결할 것(19,22)과 정하신 경계를 넘지 말 것(19,24) 두 가지가 요구된다. 사제라는 신분 그 자체로 거룩한 사람으로 간주되지도, 거룩함을 보장해주지도 않기 때문이다. 사제들은 일반 백성보다도 거룩하신 주님 현존에 더 가까이 있는 사람들이기 때문에 자칫 경계를 넘어서는 잘못을 범할 여지가 더 많을 수 있다. 그러므로 사제들에게도 예외 없이 엄한 경고를 내리시어 그들이 경계를 넘지 않도록 하신다.

'내려가서 아론과 함께 올라오라'는 말씀은 19장에서 주님이 모세에게 내리는 마지막 지시이다(19,24). 주님이 산 위에 올라갈 수 있는 사람과 올라갈 수 없는 사람을 구분하신 것은 일반 백성과 주님이 선택하신 지도자의 역할이 확연히 구분되는 것을 보여준다. 주님께서 선택하여 부르신 모세와 아론만이 그 경계를 넘어 주님이 현존하시는 시나이산에 오를 수 있다. 아론을 모세와 함께 산 위로 부르신 것은 그를 모세처럼 권위 있는 이스라엘의 지도자로 세우시려는 것이다.

부록

☞ 시나이산 = 호렙산

이스라엘 백성이 하느님과 계약을 맺고 계명을 받은 곳으로 알려진 '시나이산'은 탈출기, 레위기, 민수기에서 15회 정도 나타난다. 그런가 하면 '마른 땅'을 의미하는 '호렙'은 시나이산을 가리키는 이름으로 탈출기에서 3회(3,1; 17,6; 33,6), 신명기에서 9회(1,2.6.19; 4,10.15; 5,2; 9,8; 18,16; 28,69) 나오고, 1회(신명 33,2)는 시나이로 언급된다. 전승에 따라 '시나이산' 혹은 '호렙산'이라고 부르기 때문에 오경에서는 두 이름이 함께 나타난다. 호렙산은 오경 이외에 다른 성경에서도 여러 번 나오는데, 그 역시 시나이산과 동일한 장소를 가리킨다(1열왕 8,9; 2역대 5,10; 시편 106,19; 말라 3,22). 엘리야 예언자가 카르멜산에서 바알 예언자들을 무찌르고 밤낮으로 사십 일을 걸어 도망간 곳도 호렙산이다(1열왕 19,8).

이스라엘의 광야 여정에 따르면 시나이산은 시나이반도의 남쪽에 자리하고 있는 것으로 추정된다. 그러나 시나이산의 위치에 대한 논란이 계속되는 이유는 이집트 탈출을 증명할만한 고고학적 증거가 발견되지 않아 시나이산의 위치를 정확하게 짚을 수 없기 때문이다. 기원후 4세기 이후 현재까지 일반적으로 시나이산이라 지명하는 곳은 이집트와 팔레스티나 사이의 시나이반도 남부에 있는 산맥 중 해발 2,285m의 가장 높은 봉우리 가운데 하나인 '제벨 무사'(모세의 산)이다. 그곳은 서쪽으로 수에즈운하와 연결되고 동쪽으로는 네겝 사막에 닿아 있다. 남쪽은 산악지대이고 북쪽으로는 완만한 경사를 이루며 시나이 평지가 펼쳐진다. 그리스도인들에게도 시나이산은 중요한 장소이기 때문에 로마 제국의 박해 시대 때부터 이미 시나이산 인근에는 그리스도교 은수자들이 살았고, 530년에는 동로마 황제 유스티니아누스가 1,500m 고지에 카타리나 수도원을 짓게 하여 오늘날까지 남아 있다.

19장에서 하느님께서 시나이산 정상에 내려오시는 장면을 묘사한 것처럼 시나이산은 하느님의 거처가 아니고 하느님께서 현현하신 장소이다. 이스라엘이 하느님의 백성으로 형성된 장소이고 그들에게 가장 근본적인 법이 주어진 장소이기에 '거룩한 산', '거룩한 장소'가 된다.

3. 열 가지 말씀 20,1-21

이집트 탈출에 성공한 이스라엘 자손들은 노예가 아닌 자유인으로 새롭게 탄생하였다. 주님께서 광야에서 당신을 예배하는 백성으로 그들을 양육하시어 이스라엘은 서서히 한 민족 공동체로 성장할 수 있었다. 이스라엘 자손들은 시나이 계약으로 질서도 규율도 없던 유아기적 삶을 마감한다. 시나이 계약은 지금까지 이스라엘이 딛고 있던 삶의 지평이 바뀌는 것을 의미한다. 계약은 백성이 자신과 공동체에 대한 책임과 의무를 지는 삶이 시작되었음을 말하기 때문이다.

시나이 계약은 유구한 역사를 넘어 현시대까지 이르렀다. 우리는 주님의 이끄심으로 세례를 받고 그리스도인이 되었고, 그와 함께 '그리스도인으로서 어떻게 살아야 하는가?'라는 숙제를 받았다. 오경을 전체적으로 편찬한 사제계 편집자는 당연히 토라, 하느님의 말씀에 중점을 두고 있다. 탈출기 저자는 주님의 길을 걷기 위한 구체적 삶의 지침을 '주님의 법'으로 요약해서 오늘 우리에게까지 전해준다. 이스라엘이 시나이산에서 받은 주님의 법은 크게 십계명부터 시작하여 제의 규정, 사회적 법률, 도덕 규범 등 종살이하던 이집트에서 나와 자유인이 된 이스라엘 자손들이 주님의 백성으로서 준수해야 할 근본적인 가르침을 담고 있다.

1) 명칭

"하느님께서는 시나이산에서 모세와 말씀을 다 하신 다음, 당신 손가락으로 쓰신, 돌로 된 두 증언판을 그에게 주셨다"(31,18). 주님께서 시나이 계약에서 내려주신 말씀을 탈출기 저자는 '열 가지 말씀'이라 일컫는다. 이는 초기 단계에 기본이 되는 계약 목록이 간략했다는 사실을 암시한다. 탈출기 말미에는 주님이 돌판에 기록하신 것에 주안점을 두어 '증언판'이라는 이차적 명칭을 붙이고 그것을 계약 궤 안에 넣어둔다(31,18; 40,20).

십계명은 주님께서 시나이산에서 계약을 맺고 이스라엘에게 주신 말씀들 가운데 핵심 내용을 열 개로 요약한 법령이다. 20,1에는 "그때 하느님께서 이 모든 말씀을 하셨다"고만 할 뿐, '십계명'이라는 말이 명시되지 않는다. 재계약을 맺으며 새 증언판을 받는 대목에서 히브리어로 '열 가지 말씀'(아세렛 핫더바림 עשׂרת הדברים)이라고 표현하는데 이를 우리말 《성경》에서 '십계명'이라고 번역하였다(34,28; 신명 4,13; 10,4). 이 '열 가지 말씀'이라는 용어가 '계약의 말씀'(디브레-하버릿)과 함께 관용적으로 십계명의 명칭으로 사용된다. 시나이 계약을 통해 반드시 지켜야 할 법규를 내려주셨기 때문에 '계약의 말씀'이 십계명을 가리키는 용어로 통용되었다.

'십계명'(十誡命, the Decalogue)이라는 용어는 2세기경에 교부 이레네오와 알렉산드리아의 클레멘스가 사용하기 시작한다. 이들은 탈출 34장의 이 히브리어 단어(디브레-하버릿)와 그 단어의 그리스어 번역인 '투스 데카 로구스(τοὺς δέκα λόγους)', 그리고 신명 4,13의 '열 가지 말씀'에 해당하는 '타 데카 레마타(τὰ δέκα ῥήματα)'라는 표현을 가지고 처음으로 '헤 데카로고스(ἡ δεκάλογος)', 곧 십계명이란 표현을 사용하였다.

2) 십계명의 고유성

십계명은 근동의 법들과 일부분 연관성이 있으나, 근본적으로 기원이 다르다. 십계명은 주님께서 당신 백성 이스라엘과의 독특한 관계 속에서 계약을 맺으시고 그들에게 직접 계시하신 '주님의 법'이다. 주님께서는 이스라엘 자손들이 당신만을 섬기며 당신의 백성으로서 올바르게 살아가기를 바라셨다. 그래서 직접 그들에게 법을 내리셨다. 따라서 이는 지켜도 되고 안 지켜도 되는 법이 아니라 반드시 지켜야 하는 절대 법이다.

십계명은 주님과의 관계, 인간 상호 관계에 관한 법으로, 법령 사이에는 위계가 있다. 주님과의 관계에 관한 법령이 먼저 나오고, 그다음에 사람 사이의 관계에 관한 법령들이 나온다. 십계명을 포함한 시나이 계약의 법령들 중에는 그 적용에 있어서 공동체라는 특성 때문에, 다른 근동 법전들과 달리 준수 여부를 쉽게 알아차릴 수 없는 종류의 법들이 있기도 하다. 그러한 법들은 법정에서 시시비비를 따질 수 없는 주로 개인의 양심에 따른 문제라고 할 수 있다. 그러므로 주님이 이스라엘에 내리신 계명을 준수하는 데는 이기심을 거스르는 바른 양심, 이해타산적 판단과 탐욕에 편승하지 않는 단호한 신앙이 요구된다. 주님이 명령하신 십계명에 대한 순종 여부는 19,5-6에서 말씀하신 대로 이스라엘이 '사제의 나라'와 '거룩한 백성'이 되는 특권을 실현하는 데 관건이 된다. 십계명은 법령이 관계하는 대상에 따라 차등을 두었으나 그 적용에서는 공동체 누구에게나 평등하다.

3) 십계명의 요지

십계명은 시나이산에서 주님과 이스라엘이 맺은 계약관계를 계속 유지할 수 있도록 주님께서 계시하신 말씀이다. 주님과의 관계에 대한 정의에서 출발하여 이웃과 사회의 관계에 대한 정의로 이어지는 십계명에는 이스라엘이 따라야 할 주님의 뜻이 함축되어 있다. 그러므로 주님의 법이라 할 수 있다. 앞의 세 가지 계명(1-3계명)은 주님과의 관계에 대한 것으로 계약의 백성인 이스라엘인들이 지켜야 하는 주님에 대한 의무 계명이다. 그중 2-3계명은 인간 상호 관계와도 무관하지 않다. 4-10계명은 인간 상호 관계에 대한 것으로 이웃과 사회에 대한 의무 계명이다. 객관적인 규범의 위반에 대한 금지만이 아니라 탐욕에서 비롯될 수 있는 인간의 내적인 면도 포함한다. 구약성경에 나오는 다른 법규들은 '하느님 사랑'과 '이웃 사랑'으로 요약되는 십계명이라는 기본 원리에 대한 확장이며 그에 대한 해석과 적용이다. 구약성경에서 다루는 모든 법적 체제의 근원이 되는 이 열 가지 말씀은, 긴 세월 동안 각양각색의 문화와 상황에서 더 세부적이고 다양한 율법 조항으로 분화되었다. 복음서에서 예수님이 누누이 강조하신 '주 너의 하느님을 사랑하고 이웃을 사랑하라'(마태 22,34-40; 마르 12,28-33; 루카 10,25-28)는 계명은 십계명의 요약이라 할 수 있다.

십계명
⇩
계약의 책 법규와 규정들
⇩
'주 너의 하느님을 사랑하고 이웃을 사랑하라'

주 하느님에 대한 사랑과 이웃에 대한 사랑은 어느 한쪽을 배제할 수 없다. 이 두 사랑은 함께 가야만 한다. 사랑의 이중 계명을 담고 있는 십계명은 주님의 백성으로서 이스라엘이 반드시 지켜야 하는 근본 계명이기 때문에 조건문 형식의 법령이 전혀 없다. 구약의 법조문들은 일반적으로 의무 조항과 함께 이를 어겼을 경우 그에 해당하는 형벌이 함께 제시되어 나온다. 하지만 십계명은 하느님이 이스라엘에게 직접 계시한 근본적인 의무법으로 조건이 붙지 않는 당위적 명령이다. 어떠한 상황에서든 지켜야 하는 법령이므로 이를 어길 경우에 대한 설명이 사실상 불필요하다.

시나이 계약은 하느님과 온 이스라엘 백성이 맺은 계약이기 때문에 열 가지 말씀은 일반 백성과 지도자 모두에게 적용되며 당대의 이스라엘 백성뿐 아니라 후대의 모든 이스라엘 자손에게도 대대로 적용된다. 세대를 거듭하는 연대성은 신명 5,3에서 이렇게 표현된다. "주님께서는 이 계약을 우리 조상들과 맺으신 것이 아니라, 오늘 여기에 살아 있는 우리 모두와 맺으신 것이다." 이 말씀은 구원의 보편성을 강조한다. 세대를 거듭하여 오늘 들려주시는 주님의 법은 과거도 미래도 아닌 지금 여기에서 우리가 지켜야 하는 법인 것이다. 주님께서 계시하신 열 가지 말씀은 결코 인간의 삶과 자유를 구속하려는 것이 아니라, 오히려 자유롭게 주님을 섬기며 이웃과 함께 살 수 있도록 무질서에서 '보호하는 법'이다. 십계명은 삶의 기본 원칙을 담고 있을 뿐 아니라 그 한계선이 어디까지인지 표시해주기 때문에 해방된 이스라엘 백성이 반드시 지켜야 하는 근본적인 주님의 가르침이다.

4) 십계명의 구성

십계명은 '~ 해서는 안 된다'라는 여덟 가지 금지 명령(1-2, 5-10계명)과 '~ 하여라'라는 두 가지 명령(3, 4계명)으로 구성되어 있다.

관계	~ 해서는 안 된다	~ 하여라
하느님과 인간 2-11절	- 주님 이외에 다른 신이 있어서는 안 된다 (어떤 신상도 만들어서는 안 된다). - 주님의 이름을 부당하게 불러서는 안 된다.	- 안식일을 기억하여 거룩하게 지켜라.
인간 상호 12-17절	- 살인해서는 안 된다. - 간음해서는 안 된다. - 도둑질해서는 안 된다.	- 아버지와 어머니를 공경하여라.
	- 이웃에게 거짓 증언을 해서는 안 된다. - 이웃의 아내를 탐내서는 안 된다. - 이웃의 소유를 탐내서는 안 된다.	

십계명의 첫 번째 요지(20,2-11)는 주님과 이스라엘 백성 사이의 관계를 규정하는 말씀으로, 주님 이외에 다른 신을 섬기지 말 것(우상을 만들지 말 것), 주님의 이름을 헛되이 부르지 말 것, 안식일을 거룩하게 지킬 것을 명령한다. 이 전반부는 '나는 주 너의 하느님'(아노키 아도나이 엘로헤카 אנכי יהוה אלהיך)이라고 하느님께서 당신을 계시하시는 표현에서 그 특징이 드러난다. 이 표현을 다섯 번이나 반복함으로써 이 계명이 근본적으로 주님과 이스라엘 백성 사이의 관계에서 비롯되는 법령임을 강조한다.

십계명의 두 번째 요지(20,12-17)는 인간 상호 관계에 대한 말씀이다. 여기서는 주 하느님에 대한 독특한 어구를 반복하지 않는 대신, 이웃에 대한 인간의 의무와 사회질서 확립을 위한 기초 원리들이 담겨 있다. 아버지와 어머니를 공경하라는 명령과 살인, 간음, 도둑질, 거짓 증언 그리고 이웃의 집이나 아내와 소유를 탐내지 말라는 금지 명령 등이 이에 속한다.

5) 십계명의 내용 20,1-17

나는 너를 이집트에서 이끌어낸 너의 하느님이다

주님께서 시나이산에서 처음으로 모든 백성에게 직접 말씀하신다. 이 장면은 주님 현현에 관한 다른 이야기들과 유사하다(19,9; 20,18-20). 20,1-2은 십계명을 부여하시는 분이 누구이신가를 분명히 하는 서언이다. 즉 '십계명이 무엇을 말하고 있는가?'가 아니라 '누가 그 계명을 말씀하시는가?'에 초점을 맞춘다. 주님께서는 당신을 이스라엘의 주 하느님으로 계시하신다. 주님은 항상 현존하시며 이스라엘 백성을 노예살이에서 해방하시고 구원하신 이스라엘의 하느님이시다. 계명을 주신 분을 알 때 계명의 내용을 더 깊이 잘 알 수 있기에 주님의 현존에 대한 증명과 계시가 매우 중요하다. 이스라엘을 이집트 노예 상태에서 해방하여 당신의 백성으로 삼으신 주님만이 당신이 행하신 구원 업적을 통하여 그들의 주 하느님이 될 수 있다. 이 서언은 이스라엘 백성에게 십계명을 선포하시는 분이 바로 이스라엘을 이집트에서 해방하신 분이라는 전제가 십계명의 수여와 응답-순종을 가능케 하는 토대이고 출발점이라는 것을 밝힌다.

나 말고 다른 신이 있어서는 안 된다

이스라엘의 주님은 창조주 하느님이시고, 세상에 존재하는 모든 것은 전부 피조물이라는 이스라엘의 근본 신앙이 담긴 말씀이다. 이스라엘은 주님 외에 다른 신을 섬겨서는 안 된다. 오직 '주님 한 분'만이 삶의 중심이며 이스라엘의 주 하느님이시다. 주님께서 절대적 신앙을 요구하시는 근거는 앞서 1-2절에서 당신이 누구이시고 이스라엘을 위해 무슨 일을 하셨는지 말씀하신 데 있다. '주 나의 하느님'이라는 고백은 주변의 다른 민족들에게서 볼 수 없는 이스라엘의 계약 신앙에서 나오는 것이다. 시나이에서 계약을 맺음으로써 이스라엘은 주님의 백성이 되고 주님은 이스라엘의 주 하느님이시라는 것이 확고하게 되었다. 이스라엘이 그들의 구원자이신 주님과 계약을 맺는다는 것은 주님께서 그들에게 당신 자신을 전적으로 주신 것과 같다. 주님 이외에 그 어느 신도 그들을 노예에서 해방하며 구원하지 않았다. 주님은 지금까지 이스라엘과 특별한 관계를 맺으면서 그들을 이끄셨고 그들에게 당신을 주셨다. 그러므로 이스라엘은 그들과 함께 현존하시는 주님 앞에서 다른 신을 섬겨서도 안 되고, 어떤 형상을 본뜬 신상을 만들어서도 안 된다.

고대 근동에서는 바알과 아세라(가나안), 다곤(필리스티아), 크모스(모압), 밀콤과 몰록(암몬), 아스타롯(시돈) 등 가나안의 많은 신(하느님)을 형상화하고 섬기는 우상숭배가 만연하였다. 이스라엘은 많은 신을 섬기던 이교도의 종교적 관습을 받아들이는 데 대한 유혹을 늘 받아왔다. 그뿐 아니라 이런 주변 환경의 영향으로 주님을 형상화하려는 유혹도 받아왔다. 그래서 주님께서는 첫 번째로 주변 민족의 신들을 숭배하지도 그 신상들을 본뜨지도 말고 온전히 '이스라엘의 주 하느님만을 섬기라'고 요구하신다. 그들이 만든 신상들은 어떠한 권능도 가지지 못한 허무한 우상일 뿐임을 알려주신다. 주님의 형상을 그 어떤 것으로도 만들지 말라는 말씀은 세상의 그 어떤 것도 주님의 모습을 표현할 수 없기 때문이다. 주님은 거룩한 신(하느님)이시고, 가시적으로 보고 만질 수 있는 신이 아니라 영적인 신(하느님)이시기 때문에 어떤 피조물로도 주님을 대신할 수 없다.

인간이 신(하느님)의 형상을 만들고자 하는 의도에는 많은 경우 인간의 생각으로 신을 규정하고 한정하며 궁극적으로 그분을 통제하려는 욕망이 내재한다. 주님 외에 다른 신이 있어서는 안 되고 어떤 신상도 만들어서는 안 된다는 말씀은 주님 외에 어떠한 신(하느님)도 섬겨서는 안 된다는 것이고, 이스라엘이 섬기는 주 하느님만이 인간의 상상에 의한 형상으로 제한될 수 없는 절대적으로 자유로운 분이라는 것이다. '신상'이라 번역된 히브리어 '페셀(פסל)'은 신(하느님)에게 예배를 드리기 위해서 다양한 재료로 만든 여러 가지 모양을 뜻한다. 여러 모양으로 만든 신의 형상들은 그 신의 존재를 인정하고 나타내는 수단이 된다. 따라서 그것을 만들거나 소지하는 것만으로도 이미 주님이신 하느님을 저버리고 우상을 섬기는 것이 되기 때문에 어떤 신상도 만들어서는 안 된다고 강하게 금지하시는 것이다.

나는 질투하는 하느님이다

다른 신(하느님)의 형상을 만들어 섬긴다는 것은 이스라엘의 하느님이신 주님이 주신 생명과 자유를 잃는 것이며 스스로 주님의 백성이라는 신분을 부정하는 것이다. 주님은 질투하시는 하느님이시기 때문에 당신 백성 이스라엘이 다른 하느님을 좇아 섬기는 것을 허용하지 않으시고 당신의 명령에 전적으로 순종하기를 요구하신다. 성경에는 간혹 신인동형론神人同形論적 표현이 나오는데 '질투하는 하느님'이라는 표현이 그에 해당한다. 주님과 이스라엘의 관계는 상대 외에 다른 이에 대한 배타성을 요구하는 남편과 아내 관계로 비유된다. 우상숭배는 이스라엘이 유일하고 합법적인 남편인 주님을 버리고 다른 신을 섬기는 것이기 때문에 주님은 이를 극도로 미워하신다. 주님의 질투는 일반적으로 사람이 자신보다 뛰어난 타인에 대해 경험하는 극히 인간적인 감정과는 전혀 다른 것이다. 이스라엘이 모든 권능과 주권을 지니신 주님만을 섬기지 않고 다른 우상들을 섬기는 것은 주님에 대한 충성심을 분산시키는 행위이고 주님을 불신하는 행위이다. 주님의 질투는 이러한 불충과 불신을 극히 싫어하고 미워하신다는 의미이다.

나를 미워하는 자들에게는

"나를 미워하는 자들에게는 조상들의 죄악을 삼 대, 사 대 자손들에게까지 갚는다"(20,5)는 말씀은 계약의 백성 이스라엘이 계약 이행을 소홀히 해서는 안 된다는 경고의 말씀이다. '미워하다'로 번역된 히브리어 '사네(שׂנא)'는 '싫어하다, 혐오하다, 배척하다' 등을 뜻한다. 사람이 하느님을 미워한다는 것은 하느님에 대한 반감, 적개심을 표현하는 것이다. 만일 누군가가 우상을 만들고 다른 신을 섬긴다면 그 자체로 하느님을 미워하는 것이다(민수 10,35; 신명 5,9). 반면에 '하느님께서 미워하신다'는 것은 감정적 미움이 아니라 구원자이신 주님을 버리고 우상을 숭배하는 불신, 배반과 같은 악을 행하는 자에 대한 '미움'을 말한다(신명 12,31).

이스라엘 자손들은 어떤 신상에 절하거나 그것을 섬길 수 없다. 이는 주님께서 말씀하신 질투의 근거가 되고 '하느님을 미워하는' 악행이다. 악행의 결과는 그 악행을 저지른 세대에만 영향을 미치는 것이 아니라 조상들의 악행과 동떨어져 있는 삼 대, 사 대 후손들에게까지 내릴 것이다. 그것이 개인의 범죄가 아니라 주 하느님과 이스라엘의 관계 문제이고 믿음의 영역이기 때문이다. 악행은 그 특성상 따라하기 쉽고 전염성이 강하다. 선대의 생활 방식, 습관, 사고의 패턴 등은 하루아침에 없어지지 않으며 세대가 바뀌어도 많은 부분이 전수되고 계승되며 영향력을 행사한다. 그러므로 그 악영향의 범주가 아직 태어나지도 않은 세대에까지 영향을 미치게 될 수 있다고 경고하신다.

나를 사랑하고 내 계명을 지키는 이들에게는

주님을 사랑하는 것과 주님께서 계시하신 계명을 지키는 것은 불가분의 관계이다. 주님께서는 당신을 사랑하고 당신의 계명을 지키는 사람들에게 천 대에 이르는 자애를 약속하신다. '사랑하다'를 가리키는 히브리어 '아하브' 동사는 하느님의 사랑, 부모의 사랑 그리고 사람들 사이의 사랑과 남녀의 사랑까지 모두 포함하는 말이다. '~을 더 선호하다, ~을 위해 사랑의 행위들을 하다, ~에게 충실하다, ~를 불쌍히 여기다'라는 의미도 포함하고 있다. 주님께서는 이스라엘에 대한 당신의 사랑을 통해 '충실한 사랑'이 무엇인지 보여주셨다. '나를 사랑하고 내 계명을 지키는 이'라는 표현처럼 주님을 향한 진실한 사랑은 그분의 계명을 준수하는 것으로 드러난다. 여기서 '아하브'는 하느님과 이스라엘의 충실하고 진실한 관계를 의미하는, 근본적으로 주님과 이스라엘이 맺은 계약관계를 내포하는 용어라고 할 수 있다. 사람이 사랑의 대상을 올바로 인정하면 온 마음과 힘을 다하여 사랑한다.

이 말씀은 주님이 심판만 하시는 분이 아니라 끝까지 자애가 넘치는 분이라는 사실을 강조한다. 심판이 삼 대, 사 대까지 가는 것과 대조적으로 자애는 천대에 이르기까지 베푼다고 하신다. 이는 주 하느님이 이스라엘 후손들에게 인간이 셈하고 헤아릴 수 없을 만큼, 한도 없는 자비를 베푸시는 자애와 사랑이 넘치는 분이심을 함축한 말씀이다.

자애를 베푼다

"천대에 이르기까지 자애를 베푼다"(20,6)는 말씀에서 '자애'라고 번역된 히브리어는 '헤세드(חסד)'이다. '자비, 인자, 자애, 신의, 친절'을 뜻하는 이 단어는 구약성경에 약 245회 정도 나오는데, 그중 탈출기에 4회 나온다. '헤세드'는 '하느님의 자비'라는 종교적 의미뿐 아니라 일반적으로 사람들 사이에 오가는 '호의'라는 의미도 지닌다(창세 21,23; 여호 2,12).

'헤세드'가 하느님의 자애를 뜻할 때는 '이스라엘 백성을 향한 그치지 않고 변치 않는 주님의 자비'를 말한다. 이스라엘의 모든 세대에 하느님이 동행하시는 것은 하느님의 헤세드이고, 당신 백성 이스라엘을 이집트에서 구출하고 광야에서 인도하신 것도, 계약을 맺고 당신의 법을 알려주시는 것도 하느님의 헤세드이다. 탈출기에 쓰이는 '헤세드'는 주님께서 이스라엘에 도움, 보호, 은혜를 틀림없이 베푸신다는 '충실함'의 의미가 두드러진다(15,13; 20,6; 34,6.7). 이스라엘은 하느님의 선택을 받은 특별한 민족으로 하느님이 끝까지 충실하게 사랑하는 대상이다. 하느님의 백성 이스라엘의 신앙 여정에서 주님은 때때로 당신께 반역하는 백성을 징계하시기도 하지만 결국 '영원한 헤세드(자비)'로 용서하시고 다시 동행하신다. 헤세드 자체이신 주님은 이스라엘 백성이 당신을 사랑하고, 시나이산에서 선포하시는 당신의 법을 충실히 실천한다면 끝까지 당신의 자애를 베푸실 것이다(20,6).

주 너의 하느님의 이름을 부당하게 불러서는 안 된다

주님의 이름에 관한 말씀이다. 구약성경에는 하느님의 이름 '주님'(야훼)이 약 6,823회나 나온다. 이스라엘 백성에게 하느님의 이름이 얼마나 필요하고 중요했는지 알 수 있다. 한 사람의 이름은 그의 존재와 인격을 담고 있다. 이스라엘의 하느님 이름인 '주님'(야훼)도 하느님의 능력과 현존을 상징한다. 주님의 이름을 'YHWH' 네 글자로 표기하는 것도 그 이름을 함부로 쓰거나 남용하지 않게 하려는 것이다. 공적 예배 때조차도 주님의 이름을 부주의하게 소홀히 다루는 것을 금한다. 주님의 이름과 연관 지어 예배드리는 사람의 자세를 평가하기도 한다. 주님께 올리는 예배를 무성의하게 하는 경우를 두고 '주님의 이름을 업신여겼다' 혹은 '더럽혔다'(말라 1,6.12)고 하고, 이와 반대로 주님을 올바르게 공경하는 경우를 두고 '주님의 이름을 드높인다' 혹은 '경외한다'고 표현하기도 한다(말라 1,11.14).

'헛되이' 혹은 '부당하게'(탈출 20,7; 신명 5,11)라는 말은 히브리어에서 더 깊은 의미를 드러낸다. 히브리어 '샤붸(שוא)'는 '무가치함, 아무것도 없는 것, 허위, 거짓'이라는 의미를 지니고 있다(신명 5,20). 즉, 이 말씀은 하느님의 이름을 무가치한 데서 거론하지 말고, 거짓을 목적으로 내세우거나 이용하지 말라는 것이다. 하느님의 이름을 헛되이 부르는 것은 살아 계신 주 하느님의 능력을 무시하는 행동이다. 고대 세계에서는 종종 신의 이름이 타인에게 재앙을 가져다주는 마술과 저주, 신성모독, 거짓 예언 등으로 남용되었다. 탈출기는 이런 문화에서 개인의 유익을 도모, 거짓 맹세, 근거 없는 저주, 이웃에게 피해를 주기 위해 하느님의 이름을 사용하려는 모든 시도를 금한다.

안식일을 거룩하게 지켜라

안식일 규정에 대한 서술은 십계명 가운데 가장 긴데, 탈출기(23,12; 31,13-17; 34,21; 35,2-3)뿐 아니라 오경 전체에서 자주 볼 수 있다(레위 19,3.30; 23,3; 26,2; 민수 28,9-10; 신명 5,12-15). 역사에서 안식일 규정은 이스라엘 백성의 삶에 다른 어떤 규정보다도 구체적으로 적용되고 새롭게 정의되었고, 그에 따라 안식일에 관한 본문 내용도 확대되었다. 그들은 그만큼 이 법규를 매우 중시하였다. 안식일 규정은 고대 근동 지역에서 보편적인 것이 아니라, 이스라엘의 야훼 신앙에서만 찾아볼 수 있는 독특한 것으로 이스라엘인들의 정체성과 직결된다. 이스라엘이 안식일 규정을 지켜야 하는 이유는 그들의 하느님인 주님께서 명령한 것이고, 그분이 세상을 창조하며 엿새 동안 노동하고 이렛날에 쉬셨기 때문이다.

'기억하다'라는 히브리어 '자코르(זכר)'는 계약의 의무와 관련되어 나올 때 '착오 없이 지키다', '우선해서 지키다'라는 의미로 쓰인다. 이스라엘 자손들은 7일마다 주기적으로 오는 이 특별한 안식일을 우선해서, 착오 없이, 매번 새롭고 철저하게 지켜야 한다.

안식일 규정은 주님을 섬기는 것과 인간의 존엄성을 존중하는 두 측면을 모두 포함하고 있다. 안식일은 생계유지를 위한 일상적인 노동을 그치고 주님을 기리는 거룩한 목적을 가진 날이기 때문에 안식일을 '거룩하게 지키라'고 하신다. 8절과 11절에 반복되어 나오는 '거룩하다'라는 히브리어 '카도쉬()'의 기본 뜻은 '구별하는 것'이다. 따라서 안식일은 주님을 기리도록 구별된 날이다.

서언에서 밝히듯 주님께서 이스라엘 자손들을 이집트 땅, 종살이하던 집에서 이끌어내셨다(20,2). 휴식 없이 살았던 노예 생활에서 이스라엘 자손들을 구원하신 주님께서, 안식일을 그 누구도 일하지 않고 '쉬는 날'로 선포하셨다(20,10). 이스라엘은 안식일에 주님의 구원 사건을 회상하며 감사하는 것에 그치지 않고 주님이 그들에게 베푼 자비를 그들도 이웃에게 베풀어야 한다. 이런 면에서 안식일은 이스라엘 자손뿐 아니라 모든 피조물에 적용되는 명령이다. 그래서 안식일에도 일할 가능성이 있는 '아들과 딸, 남종과 여종, 집짐승과 동네에 사는 이방인' 모두가 이렛날에 노동을 그치고 쉼으로써 안식일의 수혜자가 되도록 한다. 이렇게 이스라엘 자손들이 자비를 베풀어야 할 대상은 자신들이 부리는 종, 함께 사는 이방인뿐 아니라 집짐승에게까지 미친다. 이스라엘 백성이 안식일의 의도대로 사회적 약자들에게 자비를 베풀어 쉬게 하는 관대함은 주님께서 모든 피조물의 해방자이심을 드러내는 것이기도 하다.

이스라엘은 자신들의 생각대로가 아니라 하느님이 행하신 대로 안식일을 따름으로써 주님의 주권을 인정한다. 안식일 규정에 대한 이스라엘의 전인적인 순종은 결과적으로 이스라엘 백성이 주님께서 강복하고 거룩하게 하신 안식일을 자유롭게 누리며 복된 날로 살 수 있게 한다.

아버지와 어머니를 공경하여라

인간 상호 관계에 관한 첫 번째 법규로 아버지와 어머니를 공경하라는 말씀이 나온다. 십계명은 고대 근동 세계에서 예외적으로 아버지와 어머니에 대한 비중에 차등을 두지 않는다. 아버지만 언급한 함무라비 법전(기원전 1750년)과 달리 아버지와 어머니를 함께 공경하라고 한다. 부모는 세상에서 제일 먼저 관계를 맺는 사람이다. 부모는 '자기와 비슷하게 제 모습으로'(창세 5,3) 자식을 낳아 하느님의 모상과 하느님과의 관계를 전수하는 사람이다. '부모를 공경하라'는 결국 인간 존엄성에 대한 계명이다. 인간 생명의 가장 근본이 되는 존재는 생명 창조의 유일한 자리인 부모이다. 그런 부모에 대한 멸시나 불경은 곧 자기 생명의 근원에 대한 멸시와 불경이고, 근원적으로는 생명을 주신 창조주 하느님에 대한 불신과 불경이 된다.

'공경하라'를 가리키는 히브리어 '카베드(כבד)'는 '무겁다, 비중이 크다, 중요하게 여기다, 영광스럽다, 명예롭다'라는 의미를 지닌다(1사무 2,30; 잠언 3,9). 이 단어는 사람에게 사용하기도 하고 주님에게 사용하기도 한다. 12절에서는 어떤 사람을 신중하게 대하거나 그에게 우선권을 부여한다는 '공경하다, 존중하다'의 뜻으로 사용되었다. 부모를 공경하는 것은 그들을 존중하고 귀하게 여기며 그들의 말을 귀여겨듣는 것을 말한다. 부모가 존경을 받을만한지, 부모의 자격에 대한 언급은 전혀 없다. 다만 아버지와 어머니를 공경한다면 주님이 주시는 땅에서 오래 살 것이라는 축복을 약속하신다.

살인해서는 안 된다, 간음해서는 안 된다

13-17절의 계명들은 인간 상호 관계를 파괴하는 행위를 금지한다. 계약 공동체 구성원들은 어떠한 이유로든지 형제를 살해해서는 안 된다. 이 말씀은 '인간 생명의 신성함', 즉 인간의 생명이 하느님께 속한 것이기에 사람들이 마음대로 해할 수 없을 뿐 아니라 주어진 생명을 존중하고 소중하게 여겨야 함을 알리는 말씀이다. 의도나 방법이 어떻든 모든 살해 행위를 금지한다. 살인은 생명의 주인이신 하느님의 권능을 거역하는 것이며, 같은 피조물로서 인간의 한계선을 넘어서서 창조주 하느님의 영역을 침범하는 돌이킬 수 없는 악행이다.

간음을 금지하는 것은 단순히 성행위를 금지하는 것만이 아니다. 이 명령은 자신의 욕망에 이끌려 계약에 불충실한 마음의 행위들까지 포괄한다. 간음은 개인에게만 국한되거나 타인과 분리된 행동이 될 수 없다. 성경에서 간음한 사람들에게 무거운 형벌을 내리는 것은 간음이 이스라엘 공동체에 지대한 악영향을 끼치기 때문이다. 간음은 우선 이스라엘과 주님의 관계를 그르치게 할 뿐 아니라 사회의 기초 공동체인 가정을 파괴하는 주범이었기 때문에 살인과 마찬가지로 중죄에 해당했고, 이를 어길 시에는 사형에 처했다.

도둑질해서는 안 된다, 거짓 증언을 해서는 안 된다

'도둑질하다'를 뜻하는 동사는 '가잘(גזל)'과 '가나브(גנב)' 두 가지가 있다. '가잘'은 '빼앗다, 강탈하다, 탈취하다, 도둑질하다'의 뜻으로 강도 행위처럼 강자가 폭력으로 약자의 것을 빼앗는 것을 말한다. '가나브'는 '훔치다, 몰래 가져가다, 도둑질하다, 끌려오다'는 뜻으로 무력을 사용하는 '가잘'과 구별해 '남몰래 도둑질하다'는 의미로 쓰기도 한다. 15절의 '도둑질해서는 안 된다'에서는 '가나브' 동사를 사용하여, 무력을 쓰지 않는 일상에서의 소소한 도둑질까지도 해서는 안 된다는 엄격한 금지 명령을 암시한다.

도둑질은 물질적·정신적 재산과 권리 등 타인의 소유를 정당한 이유 없이 억지로 빼앗는 모든 행위를 가리킨다. 이 법은 단순히 남의 소유를 부당한 방법으로 취하는 행위를 금지하는 차원이 아니다. 어떤 방법으로든 남의 것을 가지려는 행동 자체에 초점을 맞춘다. 도둑질은 십계명뿐 아니라 모든 공동체에 존재하는 보편적 금지법이다. 계약 법전에서도 '도둑질에 관련된 금지령'은 여러 차례 등장한다(21,16.37; 22,1-3.6-11).

"도둑질해서는 안 된다"(20,15)는 명령에 '무엇을'이라는 목적어가 정확하게 진술되지 않는다. 따라서 도둑질에 대한 해석의 범위가 더 넓어질 수 있다. 이 말씀은 우선 재물에 초점을 둔 것이지만 사람에게까지 적용될 수 있다. 재산을 훔치는 것을 넘어서 사람을 훔치는 유괴와 인신매매까지도 포함할 수 있다는 것이다. 이는 고대 사회에서 사람을 납치하여 자기 소유로 두거나 타인에게 파는 경우가 많았기 때문이다(21,16). 폭력이 난무하는 환경에서 도둑질하지 말라는 명령은 가난하고 약한 사람이 가진 마지막 재산인 몸을 힘 있는 타인이 강탈할 수 없도록 한 것이다.

"이웃에게 불리한 거짓 증언을 해서는 안 된다"(20,16)는 명령은 법정 진술을 염두에 둔 말씀이다. 선의에서든 악의에서든 법정에서의 위증을 최대한 방지하려는 노력이다. 이스라엘 백성은 이를 위해 법정에서 증언할 때 최소한 두 명의 증인이 필요하다는 규정을 세워둔다(민수 35,30). 그럼에도 불구하고 늘 위증의 여지는 있다(다니 13장). 법정에서의 증언은 타인의 명예와 생명이 달린 중대한 일이기에 위증한 사실이 밝혀지면 큰 처벌을 받게 된다. 허위 진술은 인간 사회의 질서를 유지하는 최후의 보루인 법정 질서를 깨뜨린다. 무엇보다도 법정에서의 거짓 증언은 죄 없는 이의 죽음을 가져올 수도 있는 파괴적 행위이다. 거짓 증언은 정의를 실현하려는 사회의 법 제도가 올바른 기능을 유지하지 못하게 하기에 궁극적으로 정의로우신 주님을 배반하는 짓이다. 법정에서의 거짓 증언뿐 아니라 작게는 숙고하지 않고 습관적으로 행하는 이웃에 대한 판단, 거짓말, 험담, 소문내기 등도 거짓 증언과 같다. 타인의 인격에 흠집을 내고 파괴하는 데 힘을 실어주는 그릇된 언사들도 모두 거짓 증언의 범주에 속하기 때문이다.

이웃의 소유는 무엇이든 탐내서는 안 된다

여기서 언급되는 두 가지 법은 탐욕이 일어나는 인간 마음의 영역까지 포괄하는 규정이다. '집, 아내, 남종, 여종, 소, 나귀' 등 이웃의 그 어떤 소유물에 대해서도 탐심을 갖지 말라고 한다. 이웃의 집을 탐내지 말라는 말씀은 재산에 대한 '인간의 권리'를 보호하는 명령이다. '집'이란 단순히 건물을 뜻하는 것이 아니라 어떤 사람에게 속한 모든 것을 나타낸다. 여기서 '탐내다'(히브리어 하마드)는 자신의 유익을 위해 어떤 사람이나 어떤 물건을 '원하다, 갖기를 열망하다, 탐내다, 탐심을 가지다'는 뜻이다. 그러므로 탐욕은 이웃이 소유한 것에 집착하고 그것을 갖기 위해 수단과 방법을 가리지 않고 욕심내는 것이다. 탐욕을 제어하지 않고 방치하면 마음에 품는 것으로 끝나지 않고, 그 속성상 인간에게 탐욕에 따라 행동하도록 부추긴다. 그래서 계명은 이웃의 재물을 탐내는 탐욕조차 그대로 품고 있지 못하도록 금지한다.

이웃의 아내를 탐내서는 안 된다는 말씀도 생각이나 욕구를 금하는 명령이다. 이 명령은 다른 이의 배우자에 대하여 마음으로 품은 탐욕이 행동으로 이행되지 않도록 한다. 만일 이웃의 아내를 탐하여 소유한다면 그 범죄는 도둑질, 간음과 연결될 뿐 아니라 아내에 대한 소유권을 상실한 남편에게 증오를 불러일으키는 원인을 제공하여 살인을 저지를 가능성도 열어 놓게 되기에, 앞에 나온 다른 금지 명령들과 연관되는 규정이다. 행동을 금하기 이전에 마음으로 탐내지 말 것을 강조하여 외적인 행동의 규제뿐 아니라 내적으로 지닐 수 있는 탐욕 자체를 금지하고 있다.

열 가지 말씀의 의미

이스라엘 백성의 구원 역사는 인류 역사의 흐름 속에 있다. 그들의 신앙체험을 바탕으로 제시된 주님의 명령은 하느님의 백성 이스라엘이 어떻게 살아야 하는지 그 지침을 제시한다. 왜 주님은 시나이 계약을 맺고 이 법규들을 주셨는가? 열 가지 말씀에는 이스라엘이 주님의 법에 순종해야 한다는 근본적인 가르침이 담겨 있다. 열 가지 말씀의 대부분은 이스라엘 백성의 삶에서 모든 것이 각자의 선택에 맡겨졌을 때, 자신의 유익과 안위를 위해서라도 결코 행하지 않아야 하는 것들을 최소한으로 명기한 주님의 법이다.

6) 백성이 모세의 중개를 요청하다 20,18-21

중개 요청

이 짧은 대목은 어떤 큰 사건의 마무리처럼 등장한다. 계약에 따르는 의무조항을 계시한 이후에 나오는 이 본문은, 법령을 서술하다가 왜 갑자기 백성의 반응을 이야기하는지 의구심을 불러일으킨다. 그래서 이 단락을 십계명이 선포되는 단락 이전에 위치했던 것으로 추정하기도 한다. 하지만 이 단락 자체는 시나이산에서의 하느님 현현을 마무리하는 기사이다.

앞에서 주님이 이스라엘 백성에게 현현하시어 직접 법령을 계시하셨고(20,1-17), 이 단락은 그에 따른 백성의 반응을 담고 있다. 시나이산에서 처음으로 주님의 현현을 경험하고 이스라엘 백성이 떨었던 것(19,16)과 같이 다시 이곳에서도 '우렛소리, 불길, 뿔 나팔 소리, 연기에 싸인 산' 등 주님의 현현을 상징하는 현상들을 보고 듣는 백성의 체험을 서술한다(20,18). 이스라엘 백성은 십계명을 선포하시는 주님의 계시를 직접 듣고 두려움에 떨었다. 그들이 이런 일을 경험하게 된 것은 주님의 권능을 두려워하여 주님 앞에 서지 못하게 하려는 것이 아니다. 오히려 주님을 경외하여 주님께서 원하시는 방향으로 신중하게 살아가도록 만들기 위한 것이다.

그럼에도 불구하고 백성은 주님의 현현을 경험하고 너무나 두려운 나머지 "우리에게는 당신이 말해주십시오. 우리가 듣겠습니다"(20,19) 하며 모세에게 중개를 요청한다. 주님이 직접 그들에게 말씀하시지 않도록 모세가 주님의 말씀을 듣고 그들에게 전달해달라는 것이다.

중개자 모세

탈출기에는 믿음에 관한 말씀뿐 아니라 믿음에 관한 다양한 양상, 즉 믿음을 잃지 않도록 타협하는 것, 믿음을 소홀히 여기는 것, 믿음을 유지하지 못하도록 위협하는 것, 믿음을 상실하고 회복하는 것 등 이스라엘 백성의 신앙 여정이 모두 담겨 있다. 이와 연장선에서 모세는 이스라엘 백성에게 세 가지를 알린다(20,20-21).

첫째, 두려워하지 마라. 주님은 이스라엘 백성 안에 거룩한 두려움이 생겨나 죄를 짓지 않게 하려고 나타나셨다. 주님의 현존 가운데에서는 죄를 지을 수 없다. 사실 죄는 주님을 향한 두려움이 없어 마치 주님이 계시지 않는 것처럼 거침없이 행하는 데서 비롯된다. 주님은 위엄에 찬 권능으로 백성 앞에 나타나셨지만, 그들을 위협하려는 것이 아니라 당신 현존으로 초대하는 것이기 때문에 모세는 백성에게 두려워하지 말라고 한다.

둘째, 주님은 시험하러 오셨다. 주님은 광야에서도 이스라엘이 당신에게 신뢰를 두는지 아닌지 시험하셨다(16,4). 같은 단어를 사용하지만 여기서 시험의 의미는 계약을 체결한 이스라엘 백성이 하느님께 어떠한 말과 행동으로 응답하는지 보고자 하는 것이다.[13] 주님께서 웅장하게 현현하신 이유는 이스라엘이 당신 현존을 강하게 경험하게 하시려는 것이다.

셋째, 주님은 백성이 경외하는 마음을 지녀 죄짓지 않게 하려고 오셨다. 모세는 주님이 오신 이유를 이스라엘 백성이 주님을 눈으로 직접 보고 들어, 살아 계신 주님, 시나이산에서 현존하신 주님을 잊지 않고 항상 경외하여, 죄짓지 않게 하기 위함이라고 말한다. 죄짓지 않게 한다는 것은 바로 직전에 주님이 직접 계시하신 열 가지 법령을 이스라엘 백성이 소중히 여기고 충실히 지키게 하는 것이다.

백성은 여전히 멀찍이 떨어져 있었고 모세는 주님 현존을 상징하는 먹구름 쪽으로 가까이 갔다(22,21). 이는 모세가 그들이 요구하는 중개 요청을 수락하였음을 말한다. 그러므로 십계명 선포 이후 이스라엘 백성에게 내리는 주님의 모든 말씀은 모세를 통해서 전해진다.

13) 박요한 영식, 《탈출기 2》, 성서와함께, 2018, 52쪽.

4. 계약의 책 20,22-23,33

1) 명칭

오경에는 십계명과 연결되는 추가 법규들을 담고 있는 본문을 찾아볼 수 있다(탈출 20,22-23,33; 34,11-26; 레위 19장; 신명 5,6-21; 27,15-26). 이 가운데 계약의 책(계약 법전)은 탈출기에서 십계명에 바로 이어서 나오는데 십계명의 법령들보다 훨씬 내용이 길다(20,22-23,33). '계약의 책'이라는 명칭은 주님과 이스라엘 자손들 사이에 계약을 맺고 그에 따른 의식들을 기록하는 24,7에서 나왔다.

2) 범위와 형성 과정

계약의 책이라 일컫는 20,22-23,33은 열 가지 말씀(십계명)의 확대이며 해설이라 할 수 있다. 십계명을 일상생활에 적용한 상세한 규정들을 포함하고 있기 때문이다. 십계명을 마무리하고 계약의 책을 시작하는 도입 부분인 20,22은 앞으로 하실 말씀이 주님께서 모세를 통해 이스라엘 백성에게 전하는 명령임을 알린다. 또한 주님이 현현하시어 이스라엘 백성에게 주님의 법을 말씀하셨음을 상기시킴으로써 십계명과 계약의 책의 연계성을 강조한다. 그러나 주님께서 이스라엘 백성에게 직접 말씀하신 십계명(20,1)과 달리 계약의 책은 모세가 들은 주님의 말씀을 백성에게 일러준 것이다. 따라서 열 가지 말씀으로 명료하게 요약된 십계명과, 주님의 모든 말씀과 모든 법규를 가리키는 계약의 책은 명확히 구분된다(24,3).

계약의 책에 담긴 말씀들은 백성이 시나이 계약을 지키면서 일상을 거룩하게 살기 위한 생활 원칙들이다. 이 법규들은 모두 주님께서 일러주신 말씀과 법규(24,3)라는 동일한 토대 위에 있기에 서로 연계된다. 하지만 처음부터 한 번에 쓰인 것이 아니기에 주제나 구성이 일목요연하지 않고 산만하게 보이기도 한다. 십계명을 실생활에 구체적으로 적용하기 위한 이 법규들은, 이스라엘의 역사에서 새로운 법규의 필요성이 대두될 때마다 조금씩 보충되고 확장되면서 십계명과 함께 통용되었다. 그렇기에 계약의 책은 시나이산에서 주님의 현현과 십계명의 계시에 뒤따르는 지점에 자연스럽게 자리하게 되었다.

3) 양식과 구성

십계명과 계약 법전은 형식상 차이가 있다. 우선 십계명은 일괄적으로 단정법 양식으로 기록되었다. 다시 말해, 옳고 그름에 대한 일반적 원리가 담긴 십계명에는 법령의 위반에 대한 경고나 그에 상응하는 어떤 형벌들을 제시하지 않는다. 계약 법전의 경우, 각 조항을 구성하는 전반부(21,2-22,16)에서는 판례법이 주류를 이루어 뒤따르는 결정문이 대부분 조건법으로 제시된다. 후반부(22,17-23,19)에서는 당위 형식의 금지법들이 주류를 이루어 단순히 그들이 하지 말아야 할 것만을 지시하는 정언법(단정법)을 채택한다. 그래서 제단에 관련된 규정을 다루는 본문(20,23-26)에는 단정법 유형의 법령이, 히브리 노예에 관련된 규정을 다루는 본문(21,2-11)에는 조건법 유형의 법령이 나타난다.

서문	제단에 관한 법(20,22-26)
	판례법(21,1-22,16)
	금지법(22,17-23,19)
결문	가나안 땅 입주에 관한 약속과 경고(23,20-33)

계약의 책 서문인 제단에 관한 법(20,22-26)과 결문인 가나안 입주, 곧 가나안에서의 우상숭배에 관한 짧은 경고(23,20-33)는 계약의 책에 담긴 신학적 관심이 잘 드러나기 때문에 주의 깊게 살펴볼 필요가 있다. 일상의 사례법들이 즐비하게 언급되는 계약의 책에서도 근본적으로 '누구를 섬길 것인가'라는 주제를 중시하고 있다는 것을 앞뒤에 배치된 우상숭배에 관한 경고에서 알 수 있다.

계약의 책은 매일매일 삶에서 벌어지는 세부 사안들을 구체적으로 설명한다. 각 사안에 따라 제시된 법규들은 인간을 얽어매어 구속하려는 것이 아니라 인간이 더 건강하고 정결하게 삶을 유지하고, 공동체가 더불어 살아가는 방법을 가르치는 내용이다.

4) 계약의 책에 담긴 법령들

(1) 제단에 관한 법 20,22-26

어떠한 것으로도 신들의 형상을 만들지 말라는 경고는 열 가지 말씀의 두 번째 말씀과 일맥상통한다. 주님은 인간에 의해 만들어진 신이 아니라 하늘에서 이스라엘 백성에게 말씀하시는 분이라는 사실을 상기시킨다(20,22-23). 우상숭배에 대한 강한 경고는 이스라엘 자손과 주님 사이에 곧 맺게 될 계약을 깨트리지 말라는 경고이다. 이스라엘 백성은 어떠한 상황에서도 다른 신들을 섬겨서는 안 되고 '그 신들의 형상을 만들어서도 안 된다.'

주님은 이스라엘 자손을 이집트에서 해방하시어 그들이 당신을 섬길 수 있도록 하였다. 따라서 이스라엘 백성에게 주님을 섬기고 예배하는 제단은 매우 중요하다. 제단은 이스라엘 백성이 주님의 이름을 기억하여 예배하는 곳이고 주님께서 찾아와 강복해주시는 곳이다. 시나이 계약에서는 주님이 머무시는 장소를 특정하지 않는다. '제단'이 주님의 이름을 기억하여 예배하는 곳을 대표한다.

주님을 기억하여 흙으로 제단을 만드는(24절) 이유는 창조된 그대로의 자연 상태를 보존하는 물질을 사용하고자 하는 것이며, 다듬지 않은 돌로 제단을 만들어야 한다는 규정(25절)은 정을 대면 제단이 부정하게 된다고 여겼기 때문이다. '다듬은 돌'은 '다듬다, 자르다'라는 '가자(גזז)' 동사에서 나온 명사이다. '가자' 동사는 양털을 깎아 양을 다듬는 것을 표현할 때 사용하는 단어이다(창세 31,19; 38,12). 양털을 깎듯이 돌을 깎아내고 다듬어 제단을 만들던 가나안 사람들의 관습과 구별하기 위한 규정으로 볼 수 있다.

제단에 관한 금지 규정에서는 사제가 짧은 웃옷을 입고 제단을 올라가다가 간혹 옷이 벗겨져 예배하는 사람들의 시선을 끌 수 있으므로 제단을 층계로 오르는 것을 금지했다(탈출 20,26). 고대 근동에서는 의식을 행할 때 사제가 자기를 과시하고 사람들의 시선을 끌기 위해 하체를 드러내는 일이 흔했다. 이스라엘 백성에게 층계로 제단에 오르는 것을 금지하고, 후일 사제직에 관한 규정에서 속옷을 입도록 하는 복장 규정(28,42)도 이러한 폐단을 방지하려는 것으로 볼 수 있다.

(2) 종에 관한 법 21,1-11

계약의 책은 제단에 관한 지침 이후에 '종'에 관련된 법규를 제일 첫 자리에 둔다. 이스라엘뿐 아니라 주변 나라들도 종의 신분과 역할에 관한 법령들이 있었다. 근동 법전의 경우 종에 관한 법은 주로 말미에 나오는데 반해 계약의 책에서는 앞 부분에서 먼저 다룬다. 고대 사회에서 종은 대개 주인의 재산으로 여겨졌다. 계약의 책은 종이 단순한 소유물이 아니라 사람이라는 사실에서 출발하여 종을 어떤 사물보다도 귀하게 다루며, 그에 관한 법도 비교적 상세히 규정한다.

주님께서는 "이것이 네가 그들 앞에 세워놓아야 할 법이다"(21,1) 하시며 종에 관한 법에 대하여 상세히 말씀하신다. 이스라엘인들이 과거 이집트에서 노예였던 처지를 기억하고, 구원받은 체험을 바탕으로 종들을 자비롭게 대하라고 명령하신다. 계약의 책은 종들의 기본적인 인권을 보호한다. 고대 세계에서 종이 되는 대상은 주로 전쟁 포로나 도둑, 또는 빚을 갚지 못한 사람들이었다.

종에 관한 법은 우선 히브리 남종에 관하여 말하는데, 6년간 종살이를 하면 7년째 되는 해에는 해방하라는 것이다. 만일 그 종이 주인집에 계속 머물기를 원한다면, 주인은 그의 귀를 문에 대고 송곳으로 뚫는다. 이로써 그는 종신토록 주인의 종이 된다. 평생 종이 되는 것이 당시에는 빈곤한 사람들이 생존할 수 있는 길이기도 했기 때문에 가난한 종들은 이러한 선택을 하기도 하였다. 어쨌든 법은 7년째 되는 해에 종이 자유인 신분을 회복할 기회를 보장한다. 하지만 그 종을 자유인으로 내보낼 때 그에게 줄 보상은 명시적으로 언급하지 않는다. 이스라엘의 종에 관한 법령은 종을 통제하려는 것이 아니라 비록 미비하지만 종들이 행사할 수 있는 권리를 보장해주려는 데 그 목적이 있다.

한편 빚 때문에 팔린 종에 대한 해방을 히브리 종에게만 적용하는 것은 암묵적으로 노예제도를 인정하는 것이 되기에, 아쉬울 수 있는 부분이다. 그러나 노예제도와 같은 인간을 억압하는 불의한 제도들은 하루아침에 없어지지 않는다. 자유롭고 평화로운 세상 역시 손쉽게 이루어지지 않는다. 인류 역사에서 정의와 평등, 자유 등의 가치는 계속해서 발전하고 실현되어야 하는 과제이다.

(3) 폭력과 상해에 관한 법 21,12-36

사형에 관한 법 21,12-17; 22,17-19

폭력과 상해에 관한 법에서, 제일 먼저 타인에게 입힌 육체적 상해에 대한 규정들이 짧게 나온다(21,12-17). 살인의 경우 가해자의 고의성 여부에 따라 형을 달리 적용한다. 고의적 살인에 대해서는 사형이 선고되지만, 고의성

없이 실수로 살인한 경우에는 도피 성읍을 마련하여 생명을 보존할 수 있게 허락하였다. 함무라비 법전 8조는 배상할 수 없는 도둑에게 사형을 언도하거나 희생자의 사회적 지위에 따라 벌금을 더 무겁게 부과한다.[14] 계약의 책에 기록된 법령에는 재산 침해에 대해서만 사형을 선고하는 규정은 없고 사람을 상해했거나 우상숭배를 했을 경우 사형을 선고한다. 탈출기에서는 도피 성읍으로 지정된 장소에 대해 언급하지 않는다. 다만 제단이 일차적인 피신 장소인 것은 '그가 제단을 붙잡았더라도 끌어내야 한다'는 말씀을 통해서 알 수 있다(21,14).

이처럼 사형은 재산에 대한 범죄가 아니라 생명에 대한 범죄로 한정된다. 하지만 부모에 대한 범죄는 생명의 유해 여부를 떠나 중형이 적용된다. 부모에 대한 폭력은 매우 엄격하게 다루어, 신체적 상해뿐 아니라 저주 등과 같이 언어로 폭력을 가한 경우에도 사형에 처한다(21,15.17). 이 규정들은 십계명의 '부모를 공경하라'는 명령과 맞물려 있기에 그 위반에 대해 더욱 엄중한 처벌을 내린다.

폭력에 관한 또 다른 사례는 유괴이다(21,16). 부모에 관한 폭력을 규제하는 말씀이 십계명과 연관되듯이 유괴에 관한 규정도 십계명의 '도둑질해서는 안 된다'는 명령과 맞닿아 있다. 하느님의 창조물인 사람은 하느님 외에 누구의 소유도 될 수 없다. 그런데 유괴는 사람을 마치 자기 소유물처럼 가져다 유익을 얻으려는 것이다. 고대에는 자유인을 유괴하여 노예로 팔아버리는 일들이 빈번하게 발생하였다. 주님께서는 이를 엄하게 다루시어 유괴를 행하는 사람을 사형에 처해야 한다고 말씀하신다(21,16).

---

14) 채홍식, 《고대 근동 법전과 구약성경의 법》, 한님성서연구소, 2018, 79쪽.

앞서 폭력에 관한 법에서 규정한 사람 외에 사형에 처할 죄인은 주술쟁이 여자, 수간하는 자 그리고 우상숭배자들이다(22,17-19). 이 세 가지 죄는 완전히 다른 것처럼 보이지만 본질적으로는 다른 신을 섬기는 것으로 규정된다. 짐승과 교접하는 수간자의 행위에서 쾌락과 풍요를 추구하는 목적을 배제할 수 없기 때문이다.

상해에 관한 법 21,18-21.26-36

이스라엘 자손들은 주님에게서 다 같이 구원받은 백성이지만, 그들 사이에도 폭력과 상해 등이 현실적으로 존재하였음을 알 수 있다. 살인, 유괴와 같은 사회적으로 심각한 범죄보다는 덜 심각한 사건들이 공동체 안에서 훨씬 많이 발생하였기 때문에 그에 대한 상세한 규정들을 언급한다. 계약 공동체 안에서 강자와 약자, 가해자와 피해자 사이에 일상적으로 발생하는 폭력을 최대한 줄이고 공존하기 위해서는 공인된 법질서가 필요하다. 따라서 이 대목은 일상에서 발생하는 폭력, 상해, 절도에 관한 법과 이웃에게 물리적 피해를 주었을 경우 합의를 볼 수 있는 손해배상에 관한 구체적 해결 방안을 서술한다.

언쟁이 폭력으로 확대되어 신체에 상해를 가했을 경우 그에 상응하는 보상과 치료를 해주어야 한다. 설사 피해자가 당시 통념상 재산의 일부로 여기던 종이라도 이 같은 법을 적용한다. 주인의 폭력이 직접적인 원인이 되어 종이 죽게 되면 그 주인은 자신의 재산 손실로만 그치는 것이 아니라, 종의 죽음에 대한 책임을 지고 그에 상응하는 벌을 받아야 한다. 하지만 어떤 벌을 받는지는 밝히지 않는다. 노예를 주인의 재산으로 여기던 시대이지만, 노예도 같은 사람이라는 것을 일깨워주어 폭력을 제지하려는 목적이 있다.

'하루나 이틀을 더 산다'면 주인은 형벌에서 면제되고 재산 가운데 하나인 종을 잃는 손실만 있을 뿐이다. 종이 주인의 폭력을 당하고 하루나 이틀 정도를 더 살았을 경우 정상을 참작하는 것은 아마 당시 사고방식에서 노예를 순전히 주인의 재산이라 여겼기 때문이고, 한편으로는 주인이 의도적으로 종을 죽이려고 폭력을 행사하지 않았다고 보기 때문일 것이다. 이런저런 추측은 해볼 수 있으나 정확한 해석은 어렵다.

다음은 일반인과 다른 부류의 사회적 약자인 종들이 당하게 되는 상해에 관한 규정이다. 종들은 사회에서 가장 낮은 신분이기 때문에 신체적 상해를 당해도 아무런 보상을 요구할 수 없었다. 계약의 책에서는 종들이 주인들의 악행에 희생되지 않도록 그들을 보호하려는 규정들을 구체적으로 선포한다. 주인이 종에게 신체적 상해를 입힌 경우는 동태복수법을 적용하지 않고 그 폭력에 대한 적절한 배상으로 '그 종을 자유인으로 풀어주어야 한다'고 요구한다.

이어서 신체적 상해를 입은 대상이 평등한 관계인 '사람'(21,18-19)에서 종속 관계인 '종'(20-21절), 임신한 '태아'(22절), 그리고 다시 종의 상해를 언급한 후 '짐승'이 사람에게 상해를 입힌 것과 짐승이 상해를 입은 경우를 말한다. 만일 짐승이 상해를 입힌 경우 그 짐승의 주인은 불의의 사고인지, 관리 소홀인지에 따라 달리 배상해야 한다. 28-32절은 짐승 가운데에서도 소가 피해를 주었을 경우의 배상법을 말한다. 관리 소홀인 경우는 짐승의 주인이 모든 책임을 지고 적절한 대가를 지불해야 한다. 사람을 죽인 소는 돌로 쳐서 죽이고 죽은 소의 고기는 먹지 못하도록 금한다(28절). 추측해보면 사람의 생명을 앗아간 소를 죽여서 그 피로 물든 고기를 취하는 것 자체를 부정하다고 생각했을 것이다.

동태복수법 21,22-25

폭력과 상해에 관한 규정으로는 이스라엘 백성이 타인에게 상해를 입혔을 경우 똑같은 상해를 주고받아 폭력이 계속해서 증폭되는 것을 막는 동태복수법이 적용된다(21,23-27).

고대 사회에서 개인 간의 다툼은 흔히 '피의 복수'로 이어져 폭력이 확산되는 악순환을 낳았으며 공동체에 치명적인 영향을 주었다. 공동체는 이러한 유혈 사태를 규제하고자 신체적 처벌보다 양자의 합의에 따른 금전 보상으로 다툼을 해결하고자 하였다. 하지만 이러한 규제는 부유한 사람들을 위한 해결책이었다. 기득권자들이 타인에게 육체적 상해를 입히고 돈으로 무마하려 했기 때문이다. 따라서 동태복수법은 모든 이를 똑같이 보호하여 공동체의 평화와 질서를 유지하고 이웃의 생명과 권익을 보호하는 데 의도가 있었다.

동태복수법의 기준은 재산과 상관없이 누구나 가지고 있는 신체였다. 신체적 상해에 대해 똑같은 신체적 처벌을 받는 동태복수법은 법의 공정성을 나타내고 강자의 폭력을 막으며 사회적으로 약자인 가난한 사람들의 보호 수단이 되기도 하였다. 상해를 입힌 자에게 요구되는 벌은 그가 상대방에게 행한 상해보다 더 크지도 않고 더 작지도 않았다. 이렇게 상해를 초과하지 못하도록 함으로써 복수를 위한 것이 아니라 결과적으로 복수의 한계를 설정하려는 것이다.

(4) 절도에 관한 법과 손해 배상법 21,37-22,19

절도에 관한 법 21,37-22,3

절도죄는, 사형에 처할 만큼 종교적·사회적으로 아주 심각한 죄는 아닐지라도 이스라엘 백성이 공동체를 형성하고 함께 생활하는 가운데 발생하는 다양한 사례를 구체적으로 다루고 있다. 이 법은 '도둑질해서는 안 된다'는 십계명의 금지 조항을 해석하고 구체적으로 설명한다. 절도의 경우 그 자체가 정당하지 않기에 동기를 따지지 않고 반드시 그에 따른 배상의무가 있다는 것을 밝힌다. 하지만 정황에 따라 배상 정도가 다르므로 훔친 것을 도살한 경우, 팔았을 경우 등 세부적으로 구분하여 배상하도록 한다.

손해 배상법 22,4-14

고의나 실수로 이웃에게 재산상 손해를 입혔을 경우 그에 상응하는 배상을 해야 한다. 부주의로 인해 발생한 손해라도 배상해야 하는데, 만일 그에 해당하는 배상금이 없으면 자기 몸을 팔아서라도 반드시 배상하도록 엄격하게 요구한다. 공동체에서 발생하는 어떤 사안에 대해서도 가난한 사람이나 부유한 사람이나 누구에게도 치우치지 않고 적절한 배상이 돌아가도록 강조한다.

처녀를 범한 자에 대한 처벌 22,15-16

어떤 남자가 처녀를 유혹하여 동침하였을 경우 자신이 범한 처녀에 대해 책임을 져야 한다. 곧 그는 처녀의 아버지에게 신부 몸값을 내고 그 처녀를 아내로 맞아들여야 한다. 그러나 만일 처녀의 아버지가 이를 거절할 경우 처녀의 몸값을 보상해야 한다. 범법 행위를 한 사람에게는 결정권이 없다. 설사 그가 아무리 경제적으로 부유하다 할지라도 결정권은 처녀의 보호자인 아버지에게 있다.

(5) 약자 보호법 22,20-26

구약성경에서 과부와 고아, 이방인은 사회의 대표적 약자이다. 이스라엘 백성은 고아나 과부, 이방인 등 가난한 사람들에게 자선을 베풀라는 권고를 끊임없이 받는다. 계약의 책에서도 공동체는 스스로를 보호할 수 없는 사회적 약자인 과부, 고아, 이방인들을 보살펴야 한다고 명시한다.

이방인

'이방인' 혹은 '나그네'는 일시적으로 고향 밖의 지역을 떠도는 사람을 지칭한다. 이방인에는 특정 지역에 잠시 머물다가 떠나는 거류민이 있고(12,45), 영구적으로 이스라엘에 체류하는 이방인(게르 גר)이 있다. 나그네가 되는 이유는 다양하지만, 대부분이 전쟁이나 기근으로 고향을 떠난다. 이들은 이스라엘 백성과 달리 땅이나 재산 그리고 법적 권리도 갖고 있지 않아 착취와 억압의 대상이 되기 쉬웠다. 그들은 짧게든 길게든 떠돌아다니는 사람이기 때문에 많은 경우 가족이나 직업이 없기도 했다.

주님은 이스라엘 백성이 이 사람들을 억압하거나 학대해서는 안 된다고 단호하게 말씀하신다. 왜냐하면 이스라엘 백성도 과거에 이집트에서 이방인으로 살았기 때문이다. 주님께서는 타국에서 소외당하며 이방인으로 살던 이스라엘 백성을 선택하시어 큰 민족으로 만드셨다. 따라서 그들은 이집트에서 이방인으로 살던 때를 기억하며 자기들 가운데 거류하는 이방인과 사회의 약자들을 자비롭게 대해야 한다(22,20; 23,9).

과부와 고아

가부장제 사회에서 과부와 고아는 경제적·물리적으로 보호받거나 의지할 가장이 없어 사회의 불이익을 당하기 쉽기에 보살핌을 받아야 할 우선적 대상이 된다. 당시 이스라엘 민족은 끊이지 않는 전쟁이나 재해로 인해 안정적인 생활을 영속하지 못해 과부와 고아가 늘 존재할 수밖에 없었다. 따라서 주님은 사회의 약자인 이들을 조건 없는 연민을 가지고 보호하고 돌볼 것을 명하신다.

채무자

채무자 역시 사회적으로 보호받아야 할 대상이다. 약자들을 자비롭게 대하는 것은 무엇보다 가난한 사람들의 절실한 필요에 민감하게 배려하는 것이고(22,25-26), 그중 하나가 '이자' 문제이다. 신앙 공동체의 구성원들은 서로 형제이기 때문에 그들 가운데서 어려운 처지에 놓인 사람들에게서 이자 받는 것을 금지한다(탈출 22,24; 레위 25,35-38; 신명 23,20-21).

히브리어로 이자 혹은 고리高利를 '네셰크(נֶשֶׁךְ)'라고 한다. 명사 '네셰크'는 '물다, 물어뜯다, 깨물다'를 뜻하는 동사 '나샤크(נשׁך)'에서 나온 것으로, 이자는 '물어뜯는 것', 타인의 재산에서 일부를 취하여 '입에 문 것'을 말한다. 이는 가난한 사람들이 생존을 위해 돈을 빌릴 때 채권자가 이자와 담보 등을 요구하는 것은 채무자를 더 곤경에 처하게 하는 것임을 단적으로 표현하는 말이다. 그러므로 이자뿐 아니라 무언가 담보를 취했을 경우 그로 인해 채무자가 어려움을 당한다면 바로 담보를 돌려주어야 한다. 아무리 채권자라도 채무자의 생존에 꼭 필요한 것을 빼앗을 권리가 없기 때문이다. 즉 이스라엘 백성은 누구든 곤경에 처한 형제를 더 어렵게 할 권리가 없다. 채권자의 소유권보다 채무자의 생존권이 더 중요하다. 이 규정은 형제의 궁핍과 어려운 처지를 이용하여 자신의 유익을 얻으려고 하지 말라는 가르침이기도 하다. 그러므로 가난한 사람들에게 돈을 빌려주는 채권자는 채무자를 이익의 수단으로 여겨서는 안 된다. 주님께서는 이스라엘 자손들에게, 가난한 이들 역시 이집트의 억압에서 풀어주신 같은 주님을 모시고 사는 형제임을 상기시키면서 사회에서 소외된 이들을 자비롭게 대하라고 명령하신다. "나는 자비하다"(22,26)라는 주님의 선언은 이스라엘 백성이 채무자들에게 자비를 실천해야 하는 근거이다.

가난한 사람에게 돈을 빌려주는 것은 본질상 자선 행위이다. 하지만 가난한 사람에게 이자를 받기 위해 돈을 빌려주는 것을 법으로 금지한 경우는 이스라엘뿐이다. 따라서 이 법규는 주변 국가들이 가지고 있지 않은, 계약의 책의 특징이라고 할 수 있다.

(6) 하느님을 섬기는 법과 정의 실현에 관한 법 22,27-23,9

주님을 섬기는 법(22,27-30)은 하느님으로 시작해서, 사람·수확물·하느님의 몫이 되는 사람·가축까지 언급한다. 이를 요약하자면 다음과 같다. '하느님을 모욕해서는 안 된다, 하느님의 사람(수장首長, 히브리어 나시)을 저주해서는 안 된다, 수확물을 봉헌하는 데 아까워해서는 안 된다, 맏이와 맏배는 주님께 바쳐야 한다, 이스라엘은 모두 거룩한 사람이 되어야 한다, 취하지 말아야 할 음식을 함부로 먹어서는 안 된다'. 이스라엘은 주님과 계약을 맺어 특별한 관계를 형성하고 있는 주님의 백성이므로 주님을 위해서 거룩한(카도쉬) 사람이 되어야 한다. 만일 거룩한 사람이 되지 않는다면 주님을 경시하는 것으로 간주된다. 거룩한 사람은 주님을 경외한다.

계약의 책은 하느님을 섬기는 법(22,27-30)을 중심에 놓고, 앞뒤로 약자보호법(22,20-26)과 사회정의와 관련된 법규들(23,1-9)을 언급한다. 이처럼 주님을 섬기는 법은 주님과의 관계뿐 아니라 사람 사이의 정의 문제와도 관계된다. '길을 잃고 헤매는 원수의 소나 나귀와 마주칠 경우', '미워하는 사람의 나귀가 짐에 눌려 쓰러져 있는 것을 보았을 경우' 도와주라는 말씀은 양심에 호소하는 법규들이다(23,4-5). 이 법규의 초점은 길을 잃은 소나 쓰러진 나귀에 대한 태도가 아니라, 적이라는 이유로 그 사람이 현재 당하는 어려움을 외면하고 더 불행해지기를 바라는 복수심을 금하는 데 있다.

재판에서는 악인과 손잡고 거짓 증언하는 것, 다수를 따라 정의를 왜곡하는 증언을 하는 것, 약자라는 이유로 무조건 관용을 베푸는 것을 금지하여 치우치지 않는 사법상의 정의를 강조한다(23,1-3). 가난한 사람이든 부유한 사람이든 진리에 근거하지 않고 사리사욕에 따라 요구를 할 경우 그 요구를 수용해서는 안 된다. 이러한 사회정의의 연장선에서 안식일과 안식년에 관한 규정이 등장한다.

(7) 안식년과 안식일 23,10-13

안식년과 안식일은 앞에서 다룬 주님을 섬기는 법·사회정의 실현에 관한 법과 매우 밀접하게 연관된다.

안식년

안식년은 7년마다 땅에 휴식을 주기 위해 정해진 제도이다. 이에 따라 안식년에는 씨 뿌리는 일이나 열매 거두는 일 등이 금지되었다. 땅이 쉬면 사람도 노동을 중단하기 때문에 결과적으로 안식년에는 사람이 함께 쉴 수 있게 된다.

23,11에서 땅의 휴식을 표현하는 동사는 '놀리다'와 '묵히다'이다. '묵혀두다'라는 동사 '샤마트(שמט)'는 '그만두다, 중지하다, 경작하지 않다'라는 의미뿐 아니라 '풀어주다, 손에서 놓다'라는 의미도 지닌다. 따라서 안식년에 땅을 묵히는 것뿐 아니라 빚을 '탕감해주다'라는 표현에도 이 단어가 사용된다(신명 15,1).

'놀리다'라는 동사 '나타쉬(נטש)'는 '방치하다, 그냥 두다, 땅을 놀리다' 등을 뜻한다. 안식년에는 포도원과 올리브 밭 등 모든 땅을 놀려 저절로 자라난 작물은 수확하지 않고 그대로 남겨둔다. 가난한 이들이 그것을 먹고, 거기에서 남는 것은 들짐승이 먹는다. 23,10-11에 나타난 안식년의 궁극적 목적은 가난한 이들, 들짐승들에 대한 배려이다. 농산물을 수확하기 위해 특별히 노동하지 않았기에 땅 주인은 저절로 난 소출에 대해 소유권을 주장하지 말라는 것이다.

이렇게 안식년은 단순한 활동의 금지뿐 아니라 가난한 사람들을 배려하고 축복하는 시간으로 자리매김한다. 땅을 쉬게 하고 열매를 거두어들이지 않아도 주님은 여섯째 해에 복을 베푸시어 그해의 수확물로 안식년 이듬해 추수할 때까지 먹을 수 있도록 해주신다.

안식일

안식일은 하느님이 정하신 거룩한 날이다(창세 2,1-3; 탈출 20,11). 여기서 안식일에 대해 강조하는 점은 엿새 동안 노동하고 맞이하는 휴식의 날이라는 것이다. 이 쉼의 대상에는 이스라엘인들뿐 아니라 집에서 부리는 가축(소, 나귀)과 여종의 아들과 이방인까지 포함하여, 그들이 숨을 돌리게 하려는 것이라고 명시된다(23,12).

31,12-17에 또 한번 안식일 규정이 나타나는데, 거기서는 안식일의 준수가 이스라엘 민족과 타민족을 구별하는 기준이 된다. 그날 노동을 금하는 것도 안식일이 주님을 위해 성별된 거룩한 날이기 때문이다(31,15; 35,2-3).

5) 이스라엘의 삼대 축제 23,14-19

주님께서는 백성에게 "너희는 일 년에 세 차례 나를 위하여 축제를 지내야 한다"(23,14)고 말씀하신다. 따라서 '무교절, 수확절(주간절), 추수절'이라고 하는 삼대 축제에 이스라엘 남자들은 반드시 주님 앞에 나와 예물을 드려야 한다(23,17.19; 34,22-23.26). 이때 "아무도 빈손으로 내 앞에 나와서는 안 된다"(23,15)는 말씀은 계절, 그리고 농사와 연관된 이스라엘의 삼대 축제의 의미를 다시 소개한다. 이스라엘 자손들은 이 축제들을 통해 하늘과 땅의 주인이신 창조주 하느님께서 베풀어주신 선물에 감사하고 그분과 맺은 계약에 대한 충실성을 표현할 수 있었다.

무교절

무교절은 곡식 중 봄에 제일 먼저 거두어들이는 보리 수확의 시작을 알리는 축제이다. 축제 기간은 첫째 달(아빕 달) 14일 저녁부터 21일 저녁까지 이레 동안이었다(12,18; 23,15; 34,18). 무교절 축제 동안에는 '누룩 없는 빵'을 먹어야 한다. 그달에 이집트에서 나왔기 때문이다(13,3-10). 이스라엘이 이집트의 억압에서 자유와 해방을 맞은 사건을 기념하는 파스카와 무교절이 끝나면 새로운 누룩을 넣은 빵을 먹을 수 있다.

수확절

수확절은 보리 수확기에 지내는 무교절에서 50일 뒤인 밀 수확기의 여름 축제로, 시완 달 6일에 지냈다. 무교절에서 일곱 주간을 세면 수확절 또는 주간절(34,22)이 되기에 칠칠절 또는 오순절(사도 2,1)로 불리기도 한다.

고대 근동의 다른 민족들도 추수한 맏물을 그들이 섬기던 신에게 바치던 관습이 있었다. 또 수확절이 농경과 깊이 관련되기 때문에, 일반적으로 이스라엘이 가나안 땅에 들어가 정착한 이후에 가나안인들의 영향을 받아 생긴 축제로 본다. 수확절은 무교절과 달리 구약시대의 어떤 역사적 사건을 기념하지는 않지만, 이스라엘의 구원 역사와 관련하여 수확한 맏물을 주님께 바친다. 맏물을 봉헌하는 것은 첫 수확 이후에 수확하는 모든 것을 대표하여 바치는 것이다.

추수절

추수절은 히브리어로 '수콧(סֻכּוֹת)'이라고 부르는데, 포도나 올리브 등 각종 과일과 곡식을 수확한 뒤 주님의 은혜에 감사하며 지내는 추수 감사 축제

(23,16; 34,22)이다. 한 해의 마지막 수확기로서 이른 비가 내리는 우기가 시작되기 전 가을, 일곱째 달(티쉬리 달, 태양력 9-10월에 해당)에 열려 7일 동안 지냈다. 훗날 이스라엘 자손들이 거친 초막에서 살았던 광야 생활 동안 그들을 지켜주신 주님의 은혜를 기억하고 기념하는 초막절이 되었다. 초막절에는 볶은 곡식과 다른 예물을 주님께 드리고, 야자나무나 버드나무 가지 등으로 만든 초막을 세워 축제 동안 그곳에 머문다(레위 23,39-43).

주의 사항

주님께서는 삼대 축제를 지내라는 명령과 함께 이스라엘이 축제를 거행하면서 지켜야 할 네 가지 주의 사항을 알려주신다(23,15-19).

첫째, "아무도 빈손으로 내 앞에 나와서는 안 된다"(15절). 이 말씀은 모든 사람이 곡식을 수확할 수 있도록 베푸신 주님의 은혜에 감사해야 한다는 의미이다. 주님께 봉헌하는 제물은 결국 그분이 주신 축복의 일부를 바침으로써 자신이 받은 모든 축복이 주님에게서 왔음을 인정하는 것이다.

둘째, "희생제물의 피를 누룩 든 빵과 함께 바쳐서는 안 된다"(18ㄱ절). 이 규정은 누룩이 희생제물의 피와 섞이게 되면 불결해진다고 여긴 데서 기인한다.

셋째, "주님께 바친 굳기름을 이튿날 아침까지 남겨두어서도 안 된다"(18ㄴ절). 기름은 제물로 바친 고기 중에 가장 좋은 부위로 생각하였기 때문에 반드시 불에 태워 주님께 드려야 했다(29,13.22). 그것은 또한 피와 함께 생명을 유지하는 힘의 근원으로 여겨졌기에 생명의 주인이신 주님께 속한 것으로 생각하여 남기지 말고 봉헌해야 했다. 이것을 서둘러 봉헌하는 것은 그만큼 주님이 베푸시는 은혜가 크다는 사실을 인정하는 행동이다.

넷째, "새끼 염소를 그 어미의 젖에 삶아서는 안 된다"(19ㄴ절). 이 명령의 기원을 분명하게 알 수 없기 때문에 다양하게 해석한다. 그 가운데 하나가 가나안에서 새끼 염소를 어미의 젖에 삶는 의식이 종교 관습으로 행해졌기 때문에 금지한다는 주장이다. 이러한 종교적 이유뿐 아니라 유제품과 육류가 섞이지 않도록 철저하게 분리한 것으로도 이해한다. 생명을 주는 젖과 생명이 없는 죽은 고기를 섞는 것을 금지한다는 것이다.

6) 가나안 땅 입주에 관한 약속과 경고 23,20-33

계약의 책 말미에 나오는 가나안 입주에 관한 약속과 경고는 주님에 대한 절대적 충성을 이스라엘에게 요구하는 탈출기의 특별한 신학적 관심을 담고 있는 대목이다. 앞에서 계약 규정들을 나열하다가 이 대목에 와서는 신명기의 상선벌악식 어법이 나타난다. 계약의 책 서문을 우상숭배에 대한 경고로 시작하였듯이(20,22-23), 결문에서도 우상을 철저히 배격하고 근절하라는 경고를 되풀이하며 오직 주님만 섬기라고 강조한다. 이러한 특징들은 계약의 책 시작과 마침에 균형을 맞추고 있는 것으로 나타난다.

23장 말미에는 주님께서 이스라엘을 가나안 땅에 데려가겠다는 약속(20-21절), 이스라엘이 순종한다면 번영을 주시겠다는 약속(22-23절), 우상숭배에 대한 경고(24절), 주님이 주실 복(25-26절)을 언급한 뒤 다시 가나안 입주에 대한 약속(27-31절)과 우상숭배에 대한 경고(32-33절)가 나온다. 반복되는 약속과 경고는 이스라엘이 앞으로도 그들을 약속의 땅으로 인도하실 창조주이시며 구원자이신 주 하느님만을 섬겨야 한다는 것을 강조한다. 가나안 땅을 정복하는 이는 이스라엘 백성이 아니라 그들이 섬기는 주님이시다. 그러므로 이스라엘은 광야에서뿐 아니라 가나안 땅에 들어간 뒤에도 주님의 법을 철저히 지키고 주님에게만 순종해야 한다. 이스라엘이 주님과의 계약을 충실히 지킨다면 가나안 땅에서 이스라엘의 번영을 약속하시지만, 만일 주님이 아닌 다른 신들과 계약을 맺고 그 신들을 섬긴다면 그것이 이스라엘을 멸망에 이르게 하는 덫이 될 것이라 경고하신다.

부록

오경의 법

오경에는 하느님이 이스라엘에게 주신 네 종류의 법 모음집이 나온다. 첫 번째는 십계명으로 탈출 20,1-17과 신명 5,6-21에 나오는 윤리 십계명과 탈출 34,12-26에 나오는 제의 십계명이다. 두 번째는 탈출 20,22-23,33에 나오는 계약의 책(계약 법전)이다. 세 번째는 레위 17-26장에 나오는 성결법聖潔法이고, 네 번째는 신명 12-26장에 기록된 신명기 법전이다. 계약 법전은 성결 법전이나 신명기 법전보다 더 오래되었다.

정언법과 조건법

오경에서 법조문의 형식은 크게 정언법(당위법, 필연법)과 조건법(상황법, 가언법) 두 가지로 나타난다. 정언법은 절대적이거나 필연적으로 해야 하는 것에 대해 '너희는 ~ 해서는 안 된다' 혹은 '너희는 ~ 해라'라는 형식으로 표현된다. '만약'이라는 조건이나 상황을 전제하지 않는 무조건적 명령이므로 간결하고 분명한 문체로 제시된다. 십계명은 정언법 형태의 대표적 예이다. 조건법은 '만약 A라는 상황이 벌어지면 B라는 결과가 초래된다'는 형식으로 나타난다. 예를 들면, 제단에 관련된 규정을 다루는 본문(20,23-26)은 정언법 유형의 법률이고, 히브리 노예에 관련된 규정을 다루는 본문(21,2-6)은 조건법 유형의 법률이다. 십계명에 언급되는 '도둑질하지 말라'(20,15)는 정언법과 계약의 책에 서술한 도둑질에 관한 조건법(21,37)을 비교하면 그 차이를 명백히 알 수 있다. 정언법은 조건법과 달리 명령을 위반했을 경우 받아야 할 벌 조항을 덧붙여 설명하지 않는다.

계약 법전과 고대 근동 법전의 차이점[15)]

고대 근동의 법전에는 수메르어 법전으로 우르-남무 법전, 리피트-이쉬타르 법전이 있고, 아카드어 법전으로 함무라비 법전, 에쉬눈나 법전, 중기 아시리아 법전, 신바빌로니아 법전이 있으며, 히타이트어로 기록된 히타이트 법전이 있다. 이집트의 경우 문명이 발전했기에 고대 근동의 법전들과 유사한 법전이나 더 오래 전에 기록된 법전이 있을 법하지만, 예상과 달리 어떤 법전도 남아 있지 않다.

계약 법전 조항 가운데 특별히 공동체에서 벌어지는 사건들에 대한 판결을 기록한 탈출 21,12-22,16은 고대 근동 법전과 매우 유사한 내용을 담고 있다. 하지만 차이점도 많아 모세의 법과 근동 법전의 관련성을 지나치게 강조할 수는 없다. 20세기 초까지만 해도 계약의 책과 함무라비 법전과 같은 고대 근동 법전들

15) 채홍식, 같은 책, 12-18쪽; 노세영·박종수, 《고대 근동의 역사와 종교》, 대한기독교서회, 2000, 397-403쪽; 크리스토퍼 B. 헤이즈, 《고대 근동 문헌과 구약성경》, 임요한 옮김, 기독교문서선교회, 2018, 277-289.319-367쪽.

과의 유사성을 많이 강조하였지만, 현재는 그렇게까지 단순화하여 규정하지 않는다. 유사성을 부인할 수는 없지만 둘 사이의 차이점을 다음과 같이 정리할 수 있다.

1) 고대 근동 법전에 담겨 있는 법령들은 신이 직접 언급하지 않고 일방적으로 왕이 백성에게 부과한 것들이다. 예를 들면 함무라비 법전의 경우 신이 법을 건네주는 모습이 법령들과 함께 석비에 새겨졌지만, 282개 법령 가운데 신이 직접 말하는 것은 하나도 없다. 이와 달리 계약의 책은 전체가 주님이 하신 말씀이다. 성경에 기록된 법령들은 주님과 이스라엘 백성 사이에 체결한 계약을 근본으로 삼아 계약을 충실히 지키며 살도록 도와주는 내용을 담고 있다. 먼저 주님이 내리시는 법이 모세를 통해 모든 백성에게 공표되고 그들의 자발적 동의와 응답으로 계약이 체결되었기에, 백성에게는 그 법령들을 책임지고 실행할 종교적 의무가 뒤따른다. 근동의 법전 모음집의 경우에는 법령들을 먼저 기록하고, 그다음에 공포하기 때문에 백성의 자발적인 동의 과정을 생략하고 있다.

2) 고대 근동 법전에서 법령들이 구원 이야기와 통합되어 있는 경우는 전혀 없다. 계약의 책 경우에는 근동의 법전들과 달리 이스라엘 자손들이 체험한 그들의 구원 역사, 즉 '주님께서 이스라엘 자손들을 이집트의 억압에서 구원하고 인도하셨으며, 위험에 처할 때마다 지키고 돌보아주셨다'는 근본적인 신앙 체험 혹은 역사적 체험과 깊이 연관된다(20,22; 22,20; 23,9.15). 이러한 특성은 법령에서 그대로 드러나는데, 바로 '창조주요 구원자이신 주님과 이스라엘의 특별한 관계'가 법령에서 중요한 위치를 차지한다.

3) 고대 근동 법전들은 계급사회에서 과부, 고아, 이방인과 같은 사회적 약자에게 관심을 두기보다 상류층의 재산 보호를 더 중시했다. 함무라비 법전의 경우 동태복수법은 피해자가 상류 계층의 일원이었을 때만 적용했고 그렇지 않으면 금전적 배상이 규칙이었다. 반면 계약의 책에서는 사회적·경제적 신분에 따른 차등이 없이 동태복수법을 적용했다. 게다가 재산보다는 인간 생명에 더 큰 가치를 두었기 때문에 가난하고 소외된 사회의 약자들에게 많은 관심을 보인다(22,20-26).

5. 계약 체결 24,1-18

19장에서 이스라엘 백성은 계약 체결을 위해 사흘 동안 성결하게 준비하였다. 주님께서는 당신의 현존을 상징하는 우렛소리와 뿔 나팔 소리, 산의 흔들림 등 다양한 현상 가운데 나타나셨다. 20장에서는 이스라엘 백성이 지켜야 할 생활의 열 가지 기본 원칙과 백성의 응답이 나오며, 그 이후 23장까지 이어지는 계약의 책에서는 그 기본 원칙들이 일상생활에 적용되는 경우들이 나온다. 그리고 24장은 이 모든 계시에 대한 응답이다. 이 부분이 시나이 계약의 이상적 끝맺음이지만, 진정한 결론은 32-34장에 있다.[16)]

24장은 다음과 같이 세 부분으로 구성되었다.

1-2절	도입
3-11절	계약 체결 의식
12-18절	산 위에서 주님과 머무는 모세

시나이 계약의 마지막을 장식하는 24장은 이스라엘 백성과 주님 사이의 계약 체결 의식을 전하는 두 개의 이야기가 병행문 형식으로 구성되어 있다. 하나는 산에서 혹은 산 위에서 백성의 원로들이 주님의 현존 안에서 연회

16) 존 더햄, 앞의 책, 566-567쪽.

를 누리는 장면(1-2.9-11절)이고, 다른 하나는 산기슭에서 계약을 체결하는 피의 예식을 행하는 장면(3-8절)이다. 두 이야기 모두 이스라엘 백성이 주님께서 모세를 통해 내려주신 모든 법령을 받은 후 주님과의 계약을 체결하는 과정을 담고 있다.

계약 체결 과정에서 공동체의 원로들이 이전보다 훨씬 친밀하게 주님의 현존을 체험하며, 그들이 공식적인 권위를 부여받는 것을 볼 수 있다. 주님 현존을 통해 계약 체결에 대한 권위를 부여하고 중재자로서 모세의 역할을 확고히 하는 것과 주님과 맺는 계약이라는 중대성을 염두에 두고 계약 체결 의식을 중심으로 상세히 설명한다.

1) 사제 대표들과 일흔 명의 원로들 24,1-2

시나이 계약의 당사자는 이스라엘 백성 전체이지만, 주님은 모세에게 아론과 그의 두 아들 나답과 아비후, 그리고 일흔 명의 원로를 데리고 계약 체결 장소인 시나이산 위로 올라오라고 명령하신다. 앞서 모세가 이트로의 조언에 따라 선발한 "하느님을 경외하고 진실하며 부정한 소득을 싫어하는 유능한 사람들"(18,21)이 여기에서 처음으로 일흔 명이라는 구체적인 숫자로 나타난다. 원로들은 모세와 함께 산 위에 올라 주님의 현존을 더 강하게 체험하는 계약의 참여자들이 된다. 하지만 산 위에 오른 다음에는 모세만 주님께 가까이 다가갈 수 있다. 산 아래에서 머물러 있어야 하는 백성, 산 위에 올라갔으나 멀찍이 서서 경배해야 하는 사제 대표들과 원로들, 그리고 주님께서 더 가까이 부르신 모세, 이렇게 삼중으로 주님과의 거리에 차등을 둔다. 이는 모세가 계약의 중재자로서 주님이 직접 세우신 탁월한 지도자의 위치에 있음을 드러내며, 모든 백성 앞에서 모세의 권위를 확고히 한다(19,9; 20,19).

2) 계약 체결 의식 24,3-11

주님은 이스라엘 자손을 구원하고 당신 백성으로 새롭게 만드시어 그들 가운데 머물고자 하셨다. 이를 위해 이스라엘 자손을 이집트에서 이끌어내셨고 시나이산에서 계약을 맺으신다. 주님과 이스라엘 백성의 계약 체결 의식은 다섯 장면으로 구분되는 진행 과정을 거쳐 완결된다.

백성의 동의와 응답 24,3

계약 체결을 위한 첫 번째 단계는 모세가 주님의 말씀과 법규들을 백성에게 전하는 것으로 시작한다(24,3). 백성은 모세가 들려준 말씀을 통하여 주님과 맺는 계약이 어떠한 것인지 알고, 동시에 계약 체결에 따라 자신들에게 부과되는 의무 사항이 무엇인지도 알게 된다. 이스라엘은 이제 계약에 따른 책임과 의무를 수행해야 하는데, 그것은 모세를 통해 내려주신 '주님의 법'을 실행하는 것이다. 일방적으로 이스라엘 백성에게만 의무가 부과되는 것은 아니다. 시나이 계약은 주님과 이스라엘 백성 양쪽 모두의 의무를 수반하는 계약이다.

이 계약은 주님이 이스라엘에 내리시는 조건 없는 은총이다. 이에 대해 이스라엘 자손들은 자발적 순종으로 응답한다. 백성은 이미 19,8에서 주님의 분부를 모두 실천하겠다고 한목소리로 응답하였다. 그와 같이 여기서도 주님께서 모세를 통해 일러주신 모든 말씀과 법규를 실행하겠다고 대답한다(24,3).

제단과 제사 24,4-6

두 번째 단계에서는 모세가 주님께서 하신 모든 말씀을 기록하였다(24,4). 모세가 기록했다는 사실을 밝힘으로써 7절에 있을 계약의 책 낭독을 준비한다. 모세는 이튿날 아침 계약 체결 의식을 준비하는 다음 단계로 산기슭에 주님 현존의 표상인 제단을 쌓고, 이스라엘 열두 지파에 소속된 모든 사람이 계약에 참여한다는 의미로 기념 기둥 열둘을 세운다. 돌기둥을 계약의 증거로 삼아 하느님 현존과 그분과 맺은 항구한 계약을 기억하기 위한 것이다. 사제들의 직분이 세워지기 전이었으므로 모세는 젊은이들을 보내어 번제물을 올리고 소를 잡아 친교제물을 바쳤다. 주님께 친교제물로 봉헌한 제물의 피 절반을 대접에 담아두고 나머지 절반을 받아 제단에 뿌렸다. 제물의 피를 제단 밑이나 위에 뿌림으로써 주님께 바쳐지는 것으로 이해하였기 때문이다.

계약의 책 낭독과 백성의 응답 24,7

모세는 계약의 책을 백성에게 읽어주고, 백성은 다시 "주님께서 말씀하신 모든 것을 실행하고 따르겠습니다"라고 응답하며 계약을 이행하기로 결의한다(24,3.7). 거듭되는 응답은 주님과 맺는 계약에 대한 굳은 신뢰와 순종, 주님이 내리신 말씀에 따라 살겠다는 견고한 의지를 표현한다.

"주님께서 이르신 모든 것을 우리가 실천하겠습니다"(19,8).

"주님께서 하신 모든 말씀을 실행하겠습니다"(24,3).

"주님께서 말씀하신 모든 것을 실행하고 따르겠습니다"(24,7).

피 뿌리는 의식 24,8

모세는 친교제물로 바친 소의 피 절반을 여러 대접에 담아두었는데, 이제 그 피를 백성에게 뿌린다. "이는 주님께서 이 모든 말씀대로 너희와 맺으신 계약의 피다"(24,8). 여기서 피는 생명을 표상하는 것으로 주님과 맺은 계약의 실현을 보증한다는 의미이다. 시나이 계약에서 주님께서 이스라엘 백성과 기꺼이 계약을 맺는다는 표지로 제단에 피가 뿌려지고, 이스라엘 백성에게는 주님과 맺은 계약을 지키겠다는 서약의 표지로 피가 뿌려진다. 피를 뿌리는 특별한 예식은 새로운 관계에 들어가는 주님과 이스라엘 백성의 결속을 대변하고 계약 체결을 확인한다. 이제 이스라엘은 주님만을 섬기는 그분의 백성으로 묶였고 주님은 시나이 계약을 통해 이스라엘 백성과 함께 계신다.

주님과의 연회 24,9-11

이스라엘 백성이 주님과의 계약 체결로 받은 말씀과 법령들은 그분의 뜻을 따라 살 수 있는 길을 열어주었다. 그 길은 그들을 생명으로 이끌 것이다.

산 위와 산 아래 두 장소를 두고 이야기를 전개하면서 1-2절에서 명하신 말씀이 9절에서 실행된다. 이제 모세는 아론과 그의 아들인 나답, 아비후와 원로 일흔 명과 동행하여 산으로 올라간다(9절). 그들은 그곳에서 주님을 뵈었고 계속해서 먹고 마셨다(11절). 함께 먹고 마시는 것은 당대에 잘 알려진, 계약 체결을 마무리하는 수단(창세 26,30; 31,46)이었다. 그리하여 그들은 산에 올라 친교의 상징이자 계약 비준의 표징으로서 주님 앞에서 음식을 먹으며 마침내 계약이 체결되었음을 알린다.

계약 체결 과정에 모세와 원로들이 '하느님을 뵈었다'고 표현하는데, 하느님의 형상이나 얼굴 등을 보았다고 하지 않는다. 다만 하느님의 주변, 거룩하신 발밑에 놓여 있는 것을 묘사하여 그들이 본 것을 설명한다. 아마도 고개를 들어 하느님 얼굴을 보는 일이 두려워서 엎드렸기 때문에 그들에게 허용된 하느님 현존의 표면적 부분만 볼 수 있었던 것으로 이해할 수 있다. 그래서 그들이 하느님을 보았으나 '주님께서는 그들에게 손을 대지 않으셨다'고 말한다. 모세와 원로들이 그들 앞에 나타나신 하느님 현존을 환상으로가 아니라 직접 체험을 하였다는 것이 중요하다. 주님이 허락하셨기 때문에 가능하였던 이 독특한 체험은, 이스라엘 원로들이 지도자로서 자신의 본분을 수행하는 데 필요한 권위를 갖는 계기가 되었다. 곧 사제 대표들과 원로 일흔 명이 산 위에서 이스라엘의 하느님을 뵙고 먹고 마셨다는 것은 계약의 체결을 확증함과 동시에 그들이 앞으로 수행할 역할의 토대가 되는 하느님 체험을 하였다는 말이다.

3) 예배를 위한 주님의 가르침 24,12-31,18

탈출기의 구조

예배를 위한 주님의 가르침을 살펴보기 전에 탈출기의 전체 구조를 상기할 필요가 있다.

① 1,1-15,21	주님의 주권 문제
② 15,22-18,27	이집트에서 시나이산으로의 이동 과정
③ 19,1-24,11	계약 - 시나이 계약과 십계명, 계약 법전
④ 24,12-31,18	성막 - 성소 건립 준비, 예배에 대한 가르침
⑤ 32-34장	재계약 - 금송아지 사건
⑥ 35-40장	성막 - 성소 건립

탈출기 후반부(③-⑥)인 19-40장은 교차대구법처럼 매우 흥미롭게 구성되었다. 19-24장의 시나이 계약 이후 25-31장에는 성막 제작에 관한 지시가 나온다. 성막 설화는 25-31장과 35-40장 두 차례에 걸쳐 나오는데, 두 이야기 사이에 금송아지 사건이 위치하여 성막을 만드는 일과 금송아지를 만드는 내용이 교차하여 나온다. 분부대로 성막을 만들어 주님을 섬기는 순종(25-31장)과 금송아지를 만들어 우상을 섬기는 불순종(32-34장), 그리고 다시 성막을 만들어 주님을 섬기는 순종(35-40장)이 대조된다.

24,12-31,18은 시나이 계약을 마무리하는 단락이다. 처음(24,12)과 끝(31,18)에 거듭 돌판을 언급하여 하나의 주제를 나타내고 있다. 24장은 19장부터 이어지는 탈출기의 핵심 주제인 '주님께서 시나이산에 나타나시어 이스라엘 백성에게 자비를 베푸셨다'는 사실을 확연히 보여준다. 백성의 대표들이 주님과 계약을 체결하고 그분 앞에서 연회를 거행하는 이야기와 모세가 홀로 주님 영광 속에 머무는 이야기를 전하며, 주님의 현존 안에 머무는 이상적인 공동체의 모습으로 마무리한다. 25-31장은 성막에 관한 주제로 전환되어, 예배를 드리는 데 필요한 성막 기물들에 대한 지시가 나온다.

24,12-31,18의 구조를 살펴보면 다음과 같다.

① 24,12-18	시나이산에서 40일. 돌판을 주겠다는 약속
② 25,1-9	성소 건립을 위한 예물
③ 25,10-27,21	성물과 성막 제작 지시
④ 28,1-29,35	사제직에 관한 지시
⑤ 29,36-30,38	일일 번제물, 분향 제단, 물두멍, 성유 등에 관한 지시
⑥ 31,1-11	성막 제조 기술자
⑦ 31,12-18	안식일, 돌로 만든 증언판

모세가 시나이산에서 사십 일을 지내다 24,12-18

모세는 자기 시종 여호수아만을 데리고 시나이산에 다시 올라갔다(24,13). 모세가 여호수아만을 동행하였다는 보고는 미래에 후계자가 되어 이스라엘을 이끌어갈 여호수아에게 권위를 부여해준다(33,11; 민수 11,28; 여호 1,1). 모세는 주님과 머물기 위해 시종 여호수아마저 남겨두고, 홀로 구름을 뚫고 산 정상에 올라가 그곳에서 밤낮으로 사십 일을 지냈다(24,18). 모세가 산 위에서 율법과 계명을 기록한 돌판(24,12)을 받는 동안 이스라엘 자손들은 산을 덮은 구름과 산봉우리에서 타오르는 불과 같은 주님의 영광을 보았다(24,15-17). 이 돌판에는 주님과 백성의 관계를 규정하는 근본 조건들이 명시되어 있다.

'주님의 영광'은 주님의 현현을 표현하는 용어이다. 탈출기에서 주님의 영광은 광야에서는 구름 기둥과 불기둥으로, 이스라엘과 계약을 맺는 시나이산에서는 타오르는 불과 산을 덮은 구름으로 나타났다. 이 묘사는 비록 인간이 주님을 직접 볼 수는 없지만 그분의 영광 즉 그분의 현존은 체험할 수 있음을 보여준다.

성소 건립에 관한 지시 25-31장

예물, 성물, 성막, 사제, 번제물, 안식일, 증언판 등에 관한 지시가 25장부터 31장까지 이어진다. 이 부분은 예배와 관련된 여러 자료를 모아 단일한 형태로 편집한 것이다. 예배를 위해 사용되는 성물과 주님께서 현존하시는 거룩한 장소인 성막 제작에 관한 말씀들은, 주님께서 이스라엘을 구원하고 인도하고 그들에게 꼭 필요한 것을 채워주며 주님이 이스라엘 가운데 현존하시고 그들과 함께하신다는 탈출기 신학을 생생하게 보여준다.

성막을 만드는 일은 주님의 축복을 확신하고 기대할 수 있는 긍정적 이야기이지만, 이후 32장에 나오는 금송아지를 만드는 일은 시나이 계약을 파기하고 주님의 심판을 가져오는 부정적 이야기이다. 이렇게 탈출기 말미에는, 계약에 충실하기로 약속한 이스라엘 백성이 함정에 빠진 이야기를 전하며 빛과 어둠이 교차되는 모습을 보여준다.

제3장 이스라엘의 배반과 하느님의 자비 32-34장[17)]

32-34장은 이야기가 매우 극적으로 전개되어 긴장감마저 감도는 본문이다. 분량은 많지 않지만 탈출기의 신학적 주제들을 풍부히 담고 있는 본문이기도 하다. 하느님과 이스라엘이 계약을 체결한 뒤, 모세는 주님의 율법과 계명을 기록한 돌판을 받기 위해 밤낮으로 사십 일을 시나이산에서 지냈다(24,18). 32장은 산 아래에서 모세를 기다리던 백성이 타락하는 사건을 전한다. 모세는 주님께 간청하여 백성에게 내리려는 재앙을 거두시게 한다. 그는 주님의 법령이 적힌 두 증언판을 들고 산에서 내려와, 이스라엘의 범죄를 확인하고 그 증언판을 깨뜨린다. 일을 수습한 후 모세는 다시 산에 올라가 주님께 용서를 청한다. 주님께서는 모세의 기도를 듣고 자비를 베푸시어 다시 계약을 맺으신다. 모세는 새로 받은 증언판을 들고 백성에게로 내려오고, 이스라엘은 주님의 자비로 시나이 계약을 회복한다.

아이러니하게도 이스라엘이 주님의 모든 법을 따르겠다고 서약한 곳도, 우상숭배로 그 서약을 어긴 곳도 시나이산이다. 금송아지 사건은 공동체의 토대가 되는 계약관계를 흔들어 이스라엘에 총체적 위기를 가져왔다. 이스라엘 자손들은 이미 계약의 백성이 되었음에도, 자신들을 보호하고 이끄신 주님을 버리고 우상을 만들어 약속의 땅으로 인도할 신으로 숭배하였다.

---

17) 본서는 시나이 계약(19-24장)에 이어 재계약을 다루는 32-34장을 먼저 해설하고, 성막 건립에 관한 25-31장과 35-40장을 나중에 설명할 것이다.

1. 이스라엘 백성의 타락 - 계약 파기

모세가 시나이산에서 주님께 성소 건립과 사제직 등에 대한 지침을 받는 동안(24,12-18), 32장에서는 산 아래에 있는 백성이 아론에게 우상 제작을 요구하는 장면이 극적으로 대조되어 펼쳐진다. 모세를 기다리던 이스라엘 백성은 그의 귀환이 늦어지자 지극히 인간적인 방도를 찾는다.

- 그 백성은 모세가 내려오지 않는 것을 **보았다**(ראה).
- 그 백성은 **모였다**(קהל).
- 우리를 **이끄실** 신을 **만드시오**(עשׂה).
- 모세라는 사람은 어떻게 되었는지 **모르겠습니다**(לא ידע).

이스라엘 자손들은 주님께서 계시하신 명령들을 망각하고 모세의 전권을 위임받은 아론에게 몰려와 모세를 대신하여 '자신들을 인도할 신(하느님)을 만들라'고 강요한다(32,1ㄴ). 이는 이스라엘 백성이 아직 고대 근동 국가들의 다신론적 신관에서 벗어나지 못했음을 보여준다.

이스라엘이 우상을 요구하는 이유는 '이집트 땅으로부터 그들을 데리고 온 모세가 어떻게 되었는지 알지 못하기 때문'이다(32,1ㄷ). 그들은 모세의 귀환이 지체되는 것을 보고 확실한 근거도 없이 부정적 판단을 내린 것이다. 부정적 판단은 또 다른 부정적인 판단을 불러오고, 백성은 아론에게 몰려가 우상을 만들어달라고 조른다. 이 요구는 하느님과의 관계를 적대적으로 몰고 간다. 이는 "너희는 내가 이집트인들에게 무엇을 하고 어떻게 너희를 독수리 날개에 태워 나에게 데려왔는지 보았다"(19,4)라고 선언하신 주님을 거스르는 행위이다.

군중심리에 휩쓸려 신중함을 잃어버린 이스라엘 백성은 주님을 거부하는 최악의 상황, 즉 우상숭배를 초래했다. 우상을 제작하는 시도는 주님께서 지금까지 이집트 탈출, 광야에서의 보호, 시나이 계약 등을 통해 이스라엘에 베푸신 자애를 완전히 부정하고 주님의 지도력을 박탈하는 의미를 내포한다. 이렇듯 백성의 계책은 계약 파기라는 돌이킬 수 없는 결과를 부르고, 이는 이스라엘 백성의 존속 여부까지 위태롭게 하는 심각한 문제의 발단이 된다.

1) 금송아지 숭배 32,1-6

아론과 이스라엘 자손들의 계약 위반, 곧 금송아지 숭배 과정을 정리하면 다음과 같다.

① 아론은 백성의 요구에 따라 금송아지를 만든다.
② 금송아지 상이 이집트에서 이스라엘을 구출해냈다고 선언한다.
③ 금송아지 상 앞에 주님 현존을 나타내는 제단을 쌓고 번제물과 친교제물을 바친다.
④ 아론은 금송아지 숭배를 공공연히 인정하는 축제를 선포한다.

주님을 대신하는 신으로 금송아지 상을 만든 이유는 당시 종교적 관습과 연관된다. 고대 근동 지역에서는 소를 풍요와 다산의 상징으로 여겨, 소의 문양을 새기거나 그 형상을 만들어 신처럼 경배하고 섬겼다. 특히 이집트에는 소의 형상을 한 우상이 많았는데, 다산을 관장하는 신도 황소 모습이었다. 따라서 이집트에서 살던 이스라엘 자손들도 황소 숭배에 익숙했다. 가나안 지역에서 종종 황소 형상의 고고학 유물이 출토되는 것을 보아도 황소 숭배가 팔레스티나 지역에서 보편화된 종교 현상이었음을 알 수 있다.

신을 만들어달라는 이스라엘 백성의 요구에 아론이 장신구로 착용하고 있는 금 패물을 가지고 오라고 지시하자, 회중은 망설임 없이 즉각 그에게 금을 가져왔다(32,2-3). 그 금은 장차 성막 건축의 재료가 될 것이었는데, 이스라엘 자손은 그것을 다른 신(하느님)인 금송아지 상을 만드는 데 바친다. 나중에 이스라엘은 이 금송아지 사건을 참회하면서 호렙산에서부터 일체의 패물을 벗어버린다(33,6).

아론이 금 패물로 만든 수송아지 상을 만들어 보여주자 백성은 "이스라엘아, 이분이 너를 이집트 땅에서 데리고 올라오신 너의 신(하느님)이시다"(32,4)라고 외쳤다. 이는 주님이 그들을 위해 행하고 약속하신 모든 것을 왜곡하는 일이었다. 백성은 자신들이 만든 금송아지 상을 신(하느님)으로 부르고 경배한 뒤 먹고 마시며 놀았다(32,6). 축제는 단순히 먹고 마시며 노는 것만 의미하지 않는다. 축제는 일상에서 벗어나 주님의 특별한 업적을 기리고 그분의 현존에 감사와 찬미를 드리며 사람들과 기쁨을 나누는 시간이다. 24장에서 이스라엘 백성은 하느님과 계약을 맺은 후 "먹고 마셨다"(24,11). 그 축제는 계약을 확증하는 것이었지만, 32장에 나오는 축제는 계약 파기를 불러온다. 백성은 지금까지 구원의 길로 이끄셨던 주님을 거부하고 자신들이 만든 우상을 주님의 자리에 세워놓고 경배할 뿐 아니라 그 앞에서 흥청거리며 노는 것을 주님을 위한 축제라고 선포한다.

주님께서 계시하신 계명을 충실히 지키겠다고 맹세한 이스라엘 백성은 금송아지 숭배로 불순종의 죄를 지었다. 이스라엘은 야훼 신앙에 정면으로 도전했고, 그 결과 스스로 해결할 수 없는 전멸의 위기에 처한다.

2) 주님의 진노 32,7-10

주님과 이스라엘의 관계는 주님께서 먼저 이스라엘에게 구원의 길을 여시어 시작되었다. 백성은 해방의 주님을 체험하고 계약을 맺은 다음에야 그분을 자신들의 주님으로 고백하였고, 주님의 백성으로 살기 위해 그분이 내려주신 모든 말씀을 지키겠다고 공동체가 공적으로 서약하였다. 그러나 이스라엘은 주님의 권능을 의심하여 스스로 계약을 저버렸다. 주님과 맺은 계약의 첫 조항이 '우상을 만들지 말라'는 명령이었기에 이스라엘 백성이 금송아지를 만든 것은 주님과의 계약을 직접적으로 파기하는 행위이다.

주님께서는 이스라엘 백성의 타락에 진노하신다. 지금까지 '내 백성'이라 부르던(3,7.10; 5,1; 10,3-4; 22,24) 이스라엘을 '너(모세)의 백성'(32,7)이라 부르는 데서 계약을 어긴 이스라엘에 대한 주님의 노여움이 강하게 드러난다. 이스라엘 백성이 이제는 당신의 백성이 아니라고 말씀하시는 이유는 그들이 주님의 계명을 어기고 계약을 깨뜨렸기 때문이다. 주님과 이스라엘의 계약은 계명을 수호해야 하는 의무가 따르는 조건적 계약이었다. 그런데 이스라엘이 계약 조건을 어겼으니 계약은 파기될 수밖에 없었다.

2. 모세의 중재기도 32,11-33,23

모세는 이스라엘이 저지른 죄와 주님의 진노, 이스라엘을 멸하시겠다는 말씀을 듣고 수습에 나선다. 그는 우선 시나이산 위에서 주님의 말씀을 듣자마자 이스라엘의 생명을 구하기 위해 주님께 간청한다. 그리고 산에서 내려와 이스라엘의 타락을 보고 분노하며 돌판들을 내던져 깨뜨린다. 그런 다음 아론을 만나서 사건의 진상을 조사하여 그들의 잘못을 낱낱이 밝혀낸다. 마지막으로 레위인들의 도움으로 우상숭배자들을 처단함으로써 이스라엘을 정화한다.

탈출 32-33장에는 모세의 중재기도가 여러 번 나온다. 중재자는 화평을 이루기 위하여 혹은 계약을 체결하기 위하여 두 당사자 사이에 개입하는 사람이다. 모세는 주님의 진노를 풀고 주님과 백성의 관계를 회복시키기 위하여 중재기도를 바친다(32,11-13.31-32; 33,12-16).

금송아지 사건 이후 모세의 중재로 주님께서 백성에게 내리려던 재앙을 거두시는 이야기가 32-33장의 중심을 이룬다. 주님과 이스라엘의 계약이 유지될 수 있었던 것은 이스라엘이 죄를 짓지 않아서가 아니다. 금송아지 사건처럼 계약을 파기할 만큼의 큰 잘못을 저질렀음에도, 주님께서 모세의 간절한 간청을 들으시고 다시 자비를 베푸셨기 때문이다. 세 차례에 걸친 모세의 중재기도는 '주님의 결정(처벌 계획) → 모세의 청원 → 주님의 응답'으로 이루어지는데, 결국 34장에서 파기된 계약을 회복하기에 이른다.

1) 첫 번째 중재기도와 이스라엘의 정화 32,11-29

(1) 모세의 첫 번째 중재기도 32,11-14

주님은 이스라엘에게 진노를 내려 그들을 멸망시키시고, 모세를 큰 민족으로 만들어 당신의 구원 계획을 시행하겠다고 밝히신다. 그러나 모세의 관심은 자기가 무엇이 되기를 바라는 데 있지 않고 오직 자신이 이끄는 이스라엘 백성에게 쏠려 있다. 책임을 회피하는 아론과 달리 모세는 백성을 위한 중재자로 나선다. 그는 비록 이스라엘 백성이 잘못을 저질렀지만, 주님이 이스라엘을 멸망시키실 계획을 철회해주시기를 간청하며 이스라엘이 내쳐지지 않도록 필사적으로 매달린다.

모세는 세 가지 이유를 들어 주님이 재앙을 거두시도록 한다. 첫째, 이스라엘은 주님이 큰 힘과 강한 손으로 이집트에서 이끌어내신, 부인할 수 없는 주님의 백성이다(11절). 둘째, 주님이 몸소 구하신 이스라엘 백성을 광야에 데려와 죽인다면 주님의 놀라운 권능을 보고 두려워했던 이집트인들이 조롱할 것이다(12절). 셋째, 주님이 이스라엘 백성의 성조들에게 당신 자신을 걸고 후손과 땅을 약속하셨다(13절). 모세는 이렇게 백성에게 내릴 재앙을 거두어주시기를 간청한다.

(2) 이스라엘의 정화 32,15-29

두 증언판을 깨뜨림

산에서 내려온 모세는 이스라엘 진영 가까이 당도하여 수송아지와 춤추고 있는 무리를 보았다. 아론이 백성을 제멋대로 하게 내버려 두어 결국 이스라엘 백성이 적들에게 비웃음거리가 된 것이다. '제멋대로 하다'(파라 פרע)는 헐렁한 상태, 묶이지 않은 것, 풀려 있는 것을 말한다. 즉 이스라엘이 계명에 묶여 있지 않고 방종한 모습을 모세가 보았다는 의미이다.

모세는 타락한 백성에게 격분하여 돌판을 깨뜨렸다. 돌판은 계약을 통해 맺어진 주님과 이스라엘의 결속을 상징한다. 그러므로 돌판을 깨뜨리는 행위는 우상숭배로 인해 주님과 이스라엘 사이의 결속이 단절되었다는 것, 즉 둘 사이에 맺은 계약이 파기되었음을 드러낸다.

모세가 금송아지를 파괴하는 것은 이스라엘 백성이 얼마나 큰 잘못을 저질렀는지를 나타내는 행동이다. 모세는 금으로 만든 수송아지를 불에 태워서 가루를 만든 후, 그것을 물에 타서 이스라엘 자손들에게 마시게 한다. 불태워 가루로 만드는 것은 우상의 완전한 파괴를 의미하고, 그 재를 탄 물을 백성에게 마시게 하여 흔적조차 남기지 않는 것은 완전히 소멸하여 헛되이 사라지는 우상의 무능함을 상징한다.

모세는 아론에게 "이 백성이 형님에게 어떻게 하였기에, 그들에게 이렇게 큰 죄악을 끌어들였습니까?"(32,21) 하고 묻자 아론은 모든 사건의 책임을 '악한 백성'에게 있다고 떠넘기며 자신이 주도적으로 개입했다는 사실을 부인한다. 아론은 금을 불에 던졌더니 수송아지가 저절로 나온 것이라는 궁색한 변명으로 책임을 회피한다.

레위인들의 열성

모세는 아론과 이스라엘 백성이 저지른 잘못을 엄단하기 위해, 여전히 제멋대로인 백성을 향해 "누구든지 주님의 편이거든 나에게 오너라"(32,26) 하고 공표한다. 모세의 요청은 주님께 충성을 다하는 사람들에게 우상숭배의 잘못을 처벌하는 일을 도와달라는 요청인 동시에 그들에게 우상을 버리고 주님을 선택하도록 촉구하는 초대이다. 모세의 말을 듣고 주님의 편으로 나선 레위인들은 형제와 친구와 이웃을 불문하고 우상숭배에 빠진 사람 삼천 명가량을 처단한다. 이로써 주님의 법령을 가볍게 여기고 거스른 사람들이 어떻게 사멸하는지 보여준다. 자신이 저지른 죄에 대해 회개하지 않는다면 누구든 멸망의 구덩이로 떨어지고, 그렇게 사멸하는 그 사람은 아무도 구원할 수 없다.

레위인들의 행동은 충성에서 비롯되었지만 자칫 종교의 이름으로 행해지는 갖가지 폭력을 정당화할 위험이 있다. 여기서 탈출기 저자는 이스라엘을 타락하게 하는 우상숭배자들을 주님이 얼마나 싫어하시는지 보여주고자 한다. 신앙을 수호하려는 레위인들의 결단과 주님에 대한 그들의 충성을 강조하는 것은 주님과 우상숭배 사이에는 어떤 타협도 있을 수 없다는 것을 각인시키려는 것이다. 모세의 부름에 응답한 레위인들은 불순종한 우상숭배자들과 달리 신앙으로 무장하였고 순명하였다. 그래서 모세는 우상숭배를 저지른 사람들을 처단한 레위인들을 축복하고(32,29) 이스라엘도 주님의 법과 명령에 온전히 순종해야 한다는 것을 강조한다.

2) 두 번째 중재기도 32,30-35

모세는 주님께 충성한 레위인들에게 복을 기원한 후, 백성이 속죄할 수 있는지 여쭙기 위해 다시 산으로 올라간다. 구약성경에서 '속죄'의 목적은 죄를 정화하고 주님과 멀어진 관계를 회복하는 것이다. 그러므로 속죄는 근본적으로 '죄를 갚고 화해를 이룬다'는 제의적 개념을 가지고 있다. 죄를 갚는다고 할 때 '갚다'(카파르 כפר)라는 동사는 모세나 이스라엘이 죄에 상응하는 보상을 할 수 있다는 의미가 아니라 주님의 자비 때문에 용서받을 수 있다는 의미이다.

모세가 올린 중재기도는 이스라엘 공동체 전체를 위한 기도에서 절정을 이룬다. 주님께서 진노를 터뜨리시자 모세는 "아, 이 백성이 큰 죄를 지었습니다. 자신들을 위하여 금으로 신을 만들었습니다. 그러나 이제 그들의 죄를 부디 용서해주시기 바랍니다. 그렇게 하시지 않으려거든, 당신께서 기록하신 책에서 제발 저를 지워주십시오"(32,31-32) 하며 간청한다. 이 기도에서 드러나듯이 모세는 백성과 멀리 떨어져 있지 않고 그들과 운명을 같이하고자 한다. 이스라엘 백성의 잘못을 속죄하기 위해 자신의 전 존재를 내어놓고 투신하여 그들을 용서해주시기를 호소한다. 모세는 백성과 함께 기꺼이 고난을 감수하기로 작정하고 그들의 속죄를 간청함으로써, 백성과 강하게 연대하고 있는 지도자요, 중재자로서의 면모를 보인다.

주님은 모세가 말한 양자택일 가운데 어느 쪽도 수용하지 않으시고 당신이 생각하신 대로 "나는 나에게 죄지은 자만 내 책에서 지운다"(32,33)고 말씀하신다. 모세가 말하는 '주님께서 기록한 책'이란 주님께서 모든 생명이 모태에서 생길 때부터 기록하고 계신 "생명의 책"(시편 69,29)을 가리킨다.

이 책에서 이름이 지워진다는 것은 그 사람의 죽음과 멸망을 뜻한다. 모세의 간청을 들으신 주님께서는 모든 사람이 자신의 죄로 인해서만 생명의 책에서 이름이 지워진다고 말씀하시고(32,33), 이스라엘에 대한 심판을 보류하신다(32,34-35).

3) 주님의 출발 명령과 세 번째 중재기도 33,1-17

(1) 이스라엘과 동행을 거부하시는 주님 33,1-6

주님께서는 모세에게 이스라엘이 가나안 땅을 차지하도록 하시겠다는 약속을 다시 말씀하신다(33,1-3). 이 말씀은 탈출기에서 주기적으로 등장한다. 유의해서 보면 중요한 계시를 내리시기 전이나 후에 이 말씀을 언급하시는 것을 볼 수 있다. 주님이 당신의 이름을 모세에게 계시하시기 전후로 말씀하셨고(3,7-8.16-17), 모세에게 소명을 내리시면서 또다시 이 약속을 하신다(6,4.8). 파스카 사건 전후에는 이에 대한 언급이 없다가 시나이에서 계약을 맺기 직전에 다시 나온다(23,20.23). 그리고 시나이산에서 이스라엘이 계약을 파기하여 그들이 가나안 땅을 차지하는 일이 불가능하게 보이는 상황에서 그 약속을 다시 언급하시며, 마치 강한 군대처럼 가나안에 사는 민족들을 몰아내시겠다는 의지를 드러내신다.

주님이 이스라엘에 대한 심판을 미루신 지금, 이제 문제의 관건은 '과연 주님께서 계속 이스라엘 가운데 현존하시며 그들을 인도하실 것인가'에 있다(33,3.5.12.14-16; 34,9). 주님은 성조들을 통해 이스라엘에게 약속하신 땅은 주겠다고 하시지만, 이스라엘과 동행은 거절하신다. 그 이유는 이스라엘이 '목이 뻣뻣한 백성'이기 때문이다(32,9; 33,3.5). 이스라엘은 주님의 말씀에 순종하지 않고 제멋대로(32,25) 행동하며, 겸손하게 주님의 법을 따르지 않으니 목이 뻣뻣한 백성이라는 것이다. 그들은 금송아지를 만든 죄 때문에 주님 가까이에 머물 수 있는 은총을 더는 누릴 수 없다.

33,3-6은 이스라엘 백성이 몸에서 패물을 떼어낸 것을 두 번 이야기한다. 같은 이야기를 반복하지만 두 이야기의 강조점이 다르다. 앞에서는(3-4절) 주님께서 백성과 동행하지 않는 이유를 말씀하시고, 그 말씀을 들은 백성이 스스로 패물을 제거한다. 반면 뒤에서는(5-6절) 주님께서 앞서 하신 말씀을 반복한 뒤에 '패물을 몸에서 떼어내라'고 명령하시고, 그 말씀을 듣고 이스라엘이 패물을 벗어버린다. 두 이야기에서 모두, 뒤늦게 잘못을 깨달은 이스라엘 백성은 후회하고 탄식하며 금송아지를 만들 때 사용하였던 온갖 패물을 몸에서 떼어낸다(33,4.6).

배경은 다르지만, '벗어버리다'라는 행동은 3장에서도 등장한다. 모세가 처음 하느님 현존을 체험할 때 자신의 신발을 거룩한 땅에서 벗어버린 것은 주님에 대한 경외심에서 비롯되었다(3,5-6). 이스라엘 백성이 자신들이 착용한 패물을 벗어버리는 것은 주님에 대한 배반이라는 돌이킬 수 없는 잘못에서 비롯된 행동이다. 그들이 회개의 표시로 패물을 제거하였어도 금송아지 사건은 '계약 파기'를 가져왔고, 결국 이스라엘 가운데 머무시는 주님의 지속적인 현존을 기대할 수 없게 만들었다. '벗다'라는 히브리어 동사 '나찰(נצל)'은 여기에서 장신구들을 떼어버렸다는 물리적 의미뿐 아니라 무언가 집착하거나 소유한 것에 얽매이지 않고 자유로워졌다는 내적 의미 또한 담고 있다. 백성이 소유하고 있는 장신구들과 온갖 패물은 앞으로도 우상을 만드는 데 사용될 가능성이 있다. 이스라엘 백성은 그러한 패물을 떼어냄으로써 우상에 빠질 여지조차 남겨두지 않겠다는 의지를 드러낸다. 백성이 떼어낸 패물들은 앞으로 주님을 섬기기 위한 성막을 짓는 데 봉헌될 것이다(35,21-22).

(2) 모세의 세 번째 중재기도 33,7-17

더는 이스라엘 한가운데 계시지 않겠다는 주님의 말씀을 들은 이후에 모세는 진영 밖 멀리 떨어진 곳에 천막(오헬 אהל)을 세웠다(33,7). 이 천막은 주님과 만날 수 있는 유일한 장소이며 금송아지 사건 이후 주님이 나타나시는 장소이다. 주님은 모세를 그곳에서 계속 만나주셨다. 모세가 천막으로 들어가면, 주님께서는 당신이 내려오신다는 것을 구름 기둥이 천막 어귀에 머무는 것을 통해 알려주신다. 모세는 유일하게 하느님께 가까이 갈 수 있는 사람이고, 천막에서 주님께서 "모세와 얼굴을 마주하여 말씀하시곤 하였다"(33,11)는 진술은 모세가 주님의 얼굴을 직접 대면하였다는 의미가 아니라 아주 '긴밀한 관계'를 암시하는 표현이다. 천막에서 모세는 주님과 함께 머물 수 있는 은총을 받았기 때문에 세 번째 중재기도를 올릴 수 있었고 그에 따른 주님의 응답을 들을 수 있었다.

33,12-17은 모세의 간청(12-13절), 주님의 응답(14절), 모세의 간청(15-16절), 주님의 응답(17절)으로 구성되었다. 앞에서 주님이 당신의 의도를 말씀하시고 제안하신(1-6절) 데 대한 모세의 응답인 동시에 간청이다. 모세는 주님께 백성과 동행해주시기를 간청하고, 주님은 이스라엘과 함께 가지 않겠다고 하셨던 말씀을 철회하신다.

모세가 주님께 올리는 12절의 첫 문장은 백성과 동행하지 않겠다는 주님의 말씀(33,1-3)에 대한 모세의 청원이다. "**보십시오**, 당신께서는 저에게 '이 백성을 데리고 **올라가거라**' 하고 말씀하셨습니다." 이 단락은 '보십시오'라는 짧은 명령형으로 시작한다. 이는 '주님께서 생각해보십시오, 고려해보십시오'라는 의미로, 모세가 이제부터 드리는 청원을 주님께서 수락하실지 아닐지 긴장감이 고조된 상황을 반영함과 동시에, 주님께서 모세가 올리는 간구를 생각해보고 들어주시기를 바라는 강한 요청이 담긴 말이다.

모세는 주님께서 이스라엘 가운데 오신 것은 이스라엘 자손들을 고통의 땅 이집트에서 건져내어 젖과 꿀이 흐르는 땅으로 '데려가기 위해서'라고 말씀하셨다(3,8)는 것을 기억하고 있다. 그는 '올라가다, 데려가다, 이끌다'라는 의미를 지닌 같은 단어를 사용하여, 주님께서 그에게 소명을 주시며 '내가 그들을 구하여 데리고 올라가려고 내려왔다' 하신 말씀을 상기시킨다. 이는 모세가 '주님의 동행' 문제를 진지하게 거론하려는 것이다. 33,12ㄱ에서 '데려가다'라는 히브리어 '알라(עלה)' 동사를 사용하여 주님께서 "이 백성을 데리고 올라가거라" 하고 명령하신 말씀을 인용하여 모세가 아니라 주님이 데리고 올라가시겠다고 하신 것을 강조한다. 모세가 주님의 동행을 이렇게 중요시하는 것은 주님께서 동행해주지 않으신다면 그들이 앞으로 어떻게 될 것인지 너무나 명백하기 때문이다. 이스라엘이 이집트에서 나올 수 있었던 것과 시나이산에 머물 수 있었던 것도 항상 주님이 계셨기에 가능했다. 따라서 주님의 동행이 보증되지 않으면 이스라엘의 앞날은 없음을 모세는 누구보다도 잘 알고 있었다.

"당신께서는 저와 함께 누구를 보내실지 알려주시지 않았습니다"(33,12ㄴ). 모세는 하느님께서 하신 말씀을 상기시키며 계속 간청한다. 33,5에서 주님께서는 "내가 너희를 어떻게 할지 결정하겠다"는 모호한 말씀만 남기시고, 결정의 내용은 모세에게 계시해주지 않으셨다. 금송아지 사건 이전까지 주님은 계속해서 당신이 누구이신지 계시하셨고, 당신의 생각과 계획 그리고 당신의 현존까지 드러내고 알려주셨다. 그런데 이제 '당신께서 저와 함께 누구를 보내실지 알려주시지 않았다'는 것은 위기에 놓인 이스라엘의 현실을 알게 한다. 주님은 침묵하셨고 당신의 길을 계시하시지 않았다. 이에 대해 모세는 주님이 당신 현존의 보증으로서 누구를 함께 보내실지, 또한 당신 계획이 무엇인지 알고자 한다.

"당신께서는 '나는 너를 이름까지도 잘 알뿐더러, 너는 내 눈에 든다'고 하셨습니다"(33,12ㄷ). 모세는 자신이 주님의 은총을 받고 있음을 안다. 그는 주님의 마음에 드는 사람이고 주님은 모세의 이름을 잘 알고 계신 분이다. 모세의 이름을 잘 알고 있다는 것은 모세가 특별한 은총을 받고 있다는 증거이고 모세와 주님이 친밀한 관계임을 드러내는 말이다. 모세는 그 친밀함으로 주님께서 어떤 계획을 갖고 계신지 '당신의 길을 알려주시고 이스라엘과 동행해주시기'를 청원한다. 주님께서 이스라엘과 동행해주신다는 것은 이스라엘이 주님의 은총을 계속 받고 있다는 증표가 된다.

모세는 여기서 주님의 은혜를 언급한다. 은혜(히브리어 '헨')는 하느님의 순전한 사랑이다. 이스라엘이 구원받는 것은 그에 합당한 자격을 갖추고 있어서가 아니라 하느님이 선택하셨기 때문이다. 하느님께서 모세를 '눈에 든다' 하시거나 그에게 '은혜를 베푸셨다'는 것은 이스라엘이 이집트를 탈출하여 시나이에 이르기까지 모든 공로가 하느님께 있다는 말이다. 하느님은 이스라엘을 사랑하시기 때문에 당신의 백성으로 선택하신다. 하느님에게 있어, '사랑하다'는 많은 경우에 '선택하다'와 같은 뜻이다. 그러므로 하느님께서는 이스라엘을 선택하여 이집트에서 구원하심으로써 그들에 대한 사랑을 보여주셨다. 모세는 주님이 베푸신 사랑과 은혜로 시작된 관계를 상기시키며 이스라엘의 잘못을 용서해주시길 간청한다.

"제가 **당신 눈에 든다면**, 저에게 당신의 길을 가르쳐주십시오"(33,13ㄱ). '당신 눈에 든다면'의 히브리어 원문을 직역하면 '제가 당신 눈에서 호의(헨)를 발견한다면'이다. 여기서 '헨(חן)'은 '은총, 고마움, 호의, 은혜'라는 뜻이다. '헨'은 하느님에게서 받는 경우(창세 6,8)가 대부분이지만, 어떤 사람이 윗사람에게 간청할 때(창세 33,8.10)나 권력 있는 사람이 비천한 사람을 도와줄 때(창세 39,4) 그리고 탈출기에서 이스라엘 자손들이 이집트 사람들에게 호감을 살 때도(탈출 3,21) 쓰였다.

33,12-17에서는 주님께서 모세와 이스라엘 백성을 호의로 바라보신다는 뜻을 강조하기 위해 '헨'을 다섯 번이나 사용한다[12.13(2회).16.17절]. 모세는 광야 여정에서 '주님의 눈에 드는 것'이 얼마나 중요한 의미를 지니는지 알기에 "당신께서 몸소 함께 가시지 않으려거든, 저희도 이곳을 떠나 올라가지 않게 해주십시오"(33,15) 하며 주님께서 동행해주시기를 간청한다.

이 단락에서는 모세나 이스라엘 백성이 무엇인가를 하는 것보다 그분이 무조건 은혜를 베풀고 호의로 대하신다는 점이 강조된다. 이는 이스라엘이 가야 할 광야 여정의 주도권이 전적으로 주님께 있다는 것을 드러낸다. 경건하고 겸손한 모세는 자신이 주님의 눈에 든다면 주님께서 당신의 길을 가르쳐주시어, 자신이 그 길을 더 잘 알고 따라감으로써 주님의 눈에 더 들도록 해달라고 간청한다. 주님이 당신의 길을 가르쳐주시는 것은 곧 이스라엘과 동행한다는 의미이다. 그들의 여정에서 주님의 동행은 반드시 필요하다.

(3) 주님의 응답

모세의 간청에 주님께서 응답하신다. “내가 몸소 함께 가면서 너에게 안식을 베풀겠다”(33,14). 모세와 함께 가실 뿐 아니라 그에게 함께 머무는 평화를 주시겠다는 약속이다. 주님의 응답은 모세에게 집중되어 있음을 볼 수 있다. 주님과 이스라엘 백성 사이의 중재자인 모세는 주님의 응답을 듣고 자신만이 아니라 이스라엘 백성 전체를 포함한 응답을 계속 간청한다(15-16절). 여기서 ‘안식’(누아흐 נוח)은 새로운 약속의 내용으로 나온다(여호 1,15). 이 단어는 성경에서 다양한 상황에 적용된다. 이 단어는 ‘구원’(욥 3,13.26; 시편 23,2; 116,7; 예레 45,3)을 말하기도 하고, 또한 주님 안식의 처소를 말하기도 한다(시편 132,8.14). 여기서 안식은 주님이 주시는 선물로서 주님과 함께 사는 삶, 주님께 전적으로 의탁하는 삶을 의미한다.

주님께서 모세의 간청을 받아들이시어 이스라엘 백성과 함께하시지 않겠다는 뜻을 철회하신다. 모세의 끊임없는 간청은 자신뿐 아니라 백성 전체에게 주님의 은혜가 미치게 하였다. 주님께서 앞으로도 이스라엘과 함께하신다는 약속으로 ‘주님의 처벌 계획과 모세의 중재 그리고 주님의 응답’(32,10-33,17)으로 이어진 무거운 긴장이 해소된다.

4) 모세의 청원 33,18-23

이스라엘과 동행을 거부한 주님께서 모세의 간절한 중재기도를 들으시고 마음을 바꾸시어 ‘이스라엘과 함께하신다’고 약속하셨다. 모세는 주님께 어렵게 받아낸 동행 약속을 확인하고자 주님의 영광, 곧 주님의 현존을 보여 달라고 요청한다. 모세의 간청에 대해 주님은 당신의 모든 '선善'(좋다, 선하다)을 그 앞으로 지나가게 하시고, '야훼'라는 당신 이름을 선포하겠다고 대답하신다. 선은 하느님의 본질적 성품이다. 여기에서 표현하는 '선'은 아름다운 모습이 아니라 신神 현현을 의미한다. 주님이 모세 앞을 지나가지만 모세가 그분 얼굴을 볼 수는 없다.

시나이산에서 주님의 영광이 나타났을 때도 모세와 이스라엘 자손들의 눈에는 마치 산봉우리에서 불이 타오르는 것처럼 보였다(24,16-17). 이 표현은 주님의 영광이 나타났을 때 그들이 주님의 온전한 실체, 그분의 얼굴 혹은 모습을 뵈었다기보다는 주님의 현존을 대면한 것으로 설명한다. 실제로 주님의 선하심이 드러나는 것이 곧 '주님의 영광'이고, 주님의 영광은 주님께서 이스라엘에게 당신 이름으로 베푸신 기적과 은총, 자비를 통해 볼 수 있다. 모세와 이스라엘 백성은 그들을 이집트에서 구하시고 광야에서 이끄시고 시나이산에서 계약의 백성으로 부르신 주님의 구원 업적을 통해 그분의 영광을 이미 보았다. 수없이 주님의 영광을 보았음에도 주님의 현존하시는 실체를 직접 보여달라는 모세의 요청을 주님께서는 들어주지 않으신다.

모세가 주님의 모습을 보지 못하는 두 가지 이유는, 누구도 주님의 모습을 보고 살아남을 수 없다는 점과 유한한 존재인 인간과 무한하고 영적인 존재인 주님 사이의 간격이 너무나 커서 인간이 직접 경험할 수 없다는 점이다. 인간의 한계를 지닌 모세는 주님의 영광을 간접적으로만 접할 수 있다. 그래서 주님은 모세가 서 있을 자리를 정해주시고 당신의 영광이 지나갈 때 손바닥으로 그를 덮어 보호하시며 당신의 등만을 볼 수 있도록 허락하신다(33,21-23).

주님께서는 모세에게 "나는 내가 자비를 베풀려는 이에게 자비를 베풀고, 동정을 베풀려는 이에게 동정을 베푼다"(33,19)는 말씀으로 당신의 성품을 계시하신다. 이 말씀은 두 가지 의미를 담고 있다. 첫째, 주님의 주권에 관한 말씀이다. 주님은 본성상 절대적으로 자유로운 분이시기 때문에 당신 스스로 원하는 사람에게 자비와 동정을 베푸신다(33,19). 둘째, 주님이 내리시는 자비의 일방적 혹은 무조건적 성격을 드러낸다. 이스라엘에게 내리시는 자비와 동정은 주님이 거저 베푸시는 선물이다.

3. 재계약 34,1-35

모세는 주님과 이스라엘 백성의 재계약을 준비한다(1-4절). 주님께서 먼저 당신을 계시하시고(5-7절) 모세가 이어 응답한다(8-9절). 다음에 주님께서 재계약을 선언하시고(10절), 계약에 따른 명령들을 제시하신다(11-27절). 모세는 이것을 새 증언판에 기록하고(28절), 그것을 들고 시나이산에서 내려와 이스라엘 백성에게 주님의 말씀을 알린다(29-35절).

1) 재계약 준비 34,1-4

주님께서는 깨진 계약관계를 회복하기 위해, 모세에게 새로운 돌판을 처음 것과 똑같이 만들도록 명하신다. 이는 '파기된 계약을 당신께서 먼저 회복하겠다'는 의지를 밝히시는 말씀이다. 주님의 명령에 따라 모세 혼자서 돌판 두 개를 들고 시나이산에 올라간다.

2) 주님의 계시와 모세의 기도 34,5-9

주님의 계시

주님께서 당신의 고유한 이름 '야훼'를 선포하시며 자신을 계시하신다. 금송아지 사건 이후 주님의 계시를 통해 이스라엘은 그들이 믿고 섬기는 주님이 어떤 분이신지 그분의 본성을 재확인한다(33,19; 34,5-7). 이 대목에서 가장 강조되는 주님의 속성은 자비이다. 모세는 주님이 자비롭고 너그러우시며 용서하시는 분이라는 믿음으로 파기된 계약을 회복하고자 한다. 계시하신 말씀을 다음과 같이 세 가지로 요약할 수 있다.

첫째, 주님은 자비하고 너그러운 하느님이다. 이스라엘은 금송아지 사건과 같은 죄를 통해 자비로운 하느님을 체험한다. '자비' 혹은 '긍휼'이라는 뜻의 히브리어 '라훔(רחום)'은 33,19에 나타나는 '자비를 베풀다'라는 동사 '라함(רחם)'의 명사형이다. 유사한 단어인 '헤세드(חסד)'는 '자애, 자비, 친절, 인자'를 의미한다(1역대 17,13). 라훔(자비)은 어원적으로 '모태, 자궁'이라는 뜻의 단어 '레헴'과 관련이 있다(창세 49,25; 이사 46,3). 여기서는 주님의 자비를 마치 '모태처럼 부드러운 것'으로 묘사한다. 주님의 라훔(자비, 긍휼)은 종종 곤경에 처한 자식을 향한 부모의 감정으로 표현되기도 한다. 그러므로 라훔(자비)은 여인이 모태에서부터 자식을 조건 없이 사랑하듯이 주님께서 거저 베푸시는 자비를 말한다.

둘째, 주님은 분노에 더디신 분이다. 그런데 만일 주님이 분노하지 않는 분이기에 주님의 절대적 품성인 거룩함에 위배되는 불의와 악조차 허용한다고 본다면, 그분의 성품을 부정하는 것과 같다. 탈출기에 나타나는 주님의 진노는 소명을 거부하던 모세에게 화내신 것(4,14) 외에는 당신이 선택하신 이스라엘 백성을 향한다. 그런데 주님은 이스라엘이 철없이 불평하고 잘못을 저지르던 때뿐 아니라(14,11-12), 계약을 맺고 얼마 되지도 않아 금송아지 우상을 만들어 숭배했을 때조차 즉각 처벌을 내리시지 않고 회개할 수 있도록 인내하며 기다리신다. 따라서 '분노에 더디신 주님'은 이스라엘이 체험하여 알게 된 주님의 품성이다.

셋째, 주님은 자애가 넘치고 진실이 충만하신 분이다. '자애' 혹은 '사랑'이라는 의미의 '헤세드(חסד)'는 진노하지 않는 주님의 속성이다. 주님과 맺은 계약과 약속의 말씀을 신뢰할 수 있는 것도 주님의 헤세드 때문이다. 그분은 이스라엘 백성을 사랑하시기 때문에 이집트에서 구원하셨고 그들을 당신 백성으로 선택하셨다. '자애'(헤세드)와 '진실'(에메트 אמת)은 자주 함께 쓰인다(창세 24,49; 47,29; 여호 2,14; 2사무 2,6; 15,20 등). 주님께서 자애롭고 진실하신 분이라는 고백은 비록 이스라엘이 주님과 맺은 계약에 불충실할지라도 주님께서는 충실하신 분임을 말한다. 시편 86,15에서도 "주님, 당신은 자비하시고 너그러우신 하느님, 분노에 더디시고 자애와 진실이 충만하십니다"라고 고백한다.

주님께서 계시의 말씀을 마치자 모세는 즉시 엎드려 경배하며 응답한다. 이러한 태도는 주님의 말씀은 무엇보다도 경배를 받아 마땅한 거룩한 말씀이라는 것을 드러낸다(탈출 4,31; 12,27).

모세의 기도

모세는 주님께서 당신 자신을 계시하신 말씀을 듣고 땅에 무릎을 꿇어 경배한다. 이어서 모세는 다시 한번 주님께 이스라엘 백성과 동행해주시기를 간구한다. 그는 백성의 죄악과 허물에 대해 용서를 청하고 이스라엘 백성을 주님의 소유로 삼아달라고 간청한다. 모세의 이 간청은 19,5에서 주님께서 이스라엘에게 계약을 제안하신 것과 긴밀히 연결되어 있다.

모세가 주님께 자신들의 죄악과 잘못을 용서해주시기를 청하면서 전제하는 것은 이스라엘이 목이 뻣뻣한 백성이라는 사실이다. 그렇기에 그들은 끊임없이 주님의 용서를 받아야 주님의 백성, 주님의 소유가 될 수 있다. 모세는 무엇보다도 주님의 자비와 연민에 호소한다. 주님이 베푸시는 용서는 백성을 위해 바치는 모세의 중재기도(32,32-34; 33,17) 덕분이 아니라 궁극적으로 주님의 은총에 근거한 것임을 알기 때문이다.

3) 재계약 선언 34,10-28

"**이제 내가 계약을 맺는다.** 나는 세상 어느 곳에서도, 어떤 민족에게서도 **일어난 적이 없는 기적들**을 너의 **온 백성 앞에서** 일으키겠다. 너를 둘러싼 온 백성이 **주님의 일**을 보게 될 것이다. 내가 **너와 함께할 이 일**은 참으로 놀라운 것이다"(34,10).

주님께서는 이제 이스라엘과 다시 계약을 맺는다고 선언하신다. 여기서 주님께서 이스라엘을 위해 행하실 '일'이 무엇인지 구체적으로 드러나지는 않지만, 주님께서 앞으로 이스라엘과 맺을 계약과 관련된 일임을 알 수 있다. 재계약에서 이스라엘 백성의 공식적인 동의와 응답을 요구하지 않는 이유는 앞선 계약(24장)과 달리 이스라엘 백성이 동의하는 경우에만 체결되는 계약이 아니기 때문이다. 그래서 주님께서 이 계약을 세우시고, 그에 따른 기적들을 일으키겠다고 약속하신다. 이스라엘 백성은 약속에 따른 의무를 잘 지켜나갈 때 새로 맺은 계약관계를 지속하고 그들이 살게 될 가나안 땅을 보존할 수 있을 것이다.

금송아지를 만들어 섬겼던 우상숭배는 처음 계약을 깨뜨리는 결과를 초래했기 때문에, 주님과 이스라엘이 재계약을 맺을 때는 우상숭배를 더욱 배격하고 주님에 대한 완전한 충성을 강조한다. 주님은 당신에 대한 믿음과 사랑을 절대로 우상들과 나누어 받을 수 없다. 이스라엘이 변함없이 충실하게 주님을 섬기려면 주님 외에 다른 신을 섬겨서는 안 되며, 그들이 살게 될 가나안 땅에 이미 있는 다른 민족들과 계약을 맺어서도 안 된다. 질투하시는 주님은 이스라엘이 주변 민족들이 섬기는 우상들을 숭배하는 것을 조금도 허용하지 않기 때문이다. 만일 이스라엘이 주변 민족들과 계약을 맺게 되면 불가피하게 친교를 맺어야 하고, 결국 그들이 섬기는 신들을 숭배하게 될 것이기에, 주님은 처음부터 이를 강하게 금지하신다. 이스라엘은 우상에 관하여 단호한 주님의 뜻을 전적으로 받아들여 그들이 누구를 섬겨야 하는지 자신의 의무를 명확히 알고 재계약을 맺어야 한다.

재계약에서 이스라엘이 지켜야 할 의무는 열두 가지이다. 이중 '다른 신 경배 금지'와 '신상 제작 금지'라는 근본 계명을 제외한 나머지 열 가지 의무를 흔히 '제의 십계명'이라 부른다. 이렇게 부르는 이유는, 이 열 가지 의무가 첫 번째 계약의 윤리적 성격을 지닌 법령과 구분되는 주로 종교의식과 관련된 법령들이기 때문이다.

재계약에 따른 의무는 다음과 같다. ① 다른 신 경배 금지 ② 신상 제조 금지 ③ 무교절 준수 ④ 맏아들과 맏배 봉헌 ⑤ 안식일 준수 ⑥ 주간절 준수 ⑦ 추수절 준수 ⑧ 남자들은 일 년에 세 번 주님 앞에 나갈 것 ⑨ 희생제물의 피를 누룩 든 빵과 함께 바치지 말 것 ⑩ 파스카 규정 준수 ⑪ 햇곡식 가운데 가장 좋은 것을 바칠 것 ⑫ 새끼 염소를 어미젖에 삶지 말 것.

주님께서는 '이 말'을 기록하라고 명령하시고, '이 말'을 조건으로 모세와 이스라엘 백성과 계약을 맺으신다. 모세는 주님과 함께 밤낮으로 사십 일을 지내면서 계약의 말씀을 십계명 판에 기록하였다(34,27-28).

4) 모세의 얼굴 34,29-30

계약 체결 후 모세는 새 증언판을 가지고 산에서 내려온다. 처음 주님과 계약을 맺기 위해 모세가 산에 올라가고 없을 때 이스라엘 백성은 그를 기다리지 못하고 너무나 빠르게 모세를 배척해버렸다. 그러므로 주님께서는 모세를 배척했던 백성 앞에서 그의 권위를 다시 세워주신다. 모세는, 주님께 나아간 증표이자 주님의 영광을 드러내는 징표인 빛나는 얼굴을 한 채, 두 번째 증거판을 가지고 산에서 내려온다. 이스라엘 백성은 모세의 빛나는 얼굴을 보고 두려움에 사로잡혀 그를 맞이한다. 주님께서 부여해주신 모세의 빛나는 얼굴은 주님과의 특별한 교제 덕택에 그가 얻게 된 권위의 상징이었다. 모세 자신은 이 권위에 대해서 알아차리지 못하였으나 아론과 백성은 모세의 빛나는 얼굴을 보며 두려움을 가졌다.

모세의 '빛나는 얼굴'을 라틴어 번역본인 불가타 성경에서는 '뿔이 난 얼굴'로 번역하였다. 히브리어로 뿔(케렌 קרן)은 '힘, 자만, 약동하는 생명력'을 뜻한다(신명 33,17; 2사무 22,3). 케렌은 제단의 뿔을 가리키기도 한다. 주님의 광채가 뿔 모양으로 묘사되는 것과 관련하여 후에 상징적으로 주님의 현존과 권능을 드러내기 위해 제단에 뿔이 설치되었다. 빛나는 모세의 얼굴은 주님의 용서와 현존, 계약의 회복, 주님과 이스라엘의 관계 회복을 확증하는 가시적 표징이다. 마침내 계약은 갱신되고 돌판들도 새로운 돌판으로 대체된다. 모세는 재계약의 표징으로 주님이 산 위에서 다시 써주신 '증언판 두 개'를 들고 내려와 이스라엘 백성에게 주님의 말씀을 전한다.

제4장 이스라엘 가운데 현존하시는 주님 25-31; 35-40장

1) 주님과 이스라엘 백성 사이에 계약이 체결되고 이스라엘은 십계명과 계약 법전이라는 사회적·종교적 법령들을 받았다. 이스라엘은 사법상의 체계를 갖추고, 이를 실행하게 됨으로써 이집트인들에게 속박되었던 노예 생활을 마감하고 해방된 자유인으로 첫걸음을 걷게 되었다. 이제 그들은 스스로 체제를 정비하고 공동체를 운영하며 주권을 행사하는 자유로운 주님의 백성이 되었다. 비록 그들이 지속해서 머무를 약속의 땅이라는 영토는 아직 받지 못했지만 한 국가로서 발돋움한 셈이다. 여기에 그치지 않고 주님은 당신의 법 아래 사는 이스라엘 백성에게 모세를 통해서 성막 건립이라는 또 다른 선물을 내리신다. 이스라엘은 성막 건립과 함께 예배에 사용되는 기구들의 제작과 사용, 사제들에 관한 지침 등 예배에 관련된 다양한 제의적 규정을 구체적으로 듣게 된다. 탈출 25장에서 시작되는 제의적 규정들은 연속적이지는 않지만 민수 10장까지 이어진다.

2) 주님께서는 이제 이스라엘 백성이 주님과 만날 수 있다는 표지, 주님이 당신 백성 이스라엘과 동행한다는 표지로 성막 건립을 지시하신다. 성막의 존재 이유는 주님의 영광을 드러내는 것이다. 그러므로 예배를 통해 살아계신 주님과 그분의 백성 이스라엘이 만나는 것은 곧 주님의 영광을 이스

라엘 가운데 드러내는 일이 된다. 파라오에게 이집트를 떠나게 허락해달라고 요구한 것도 이스라엘 자손들이 광야로 나가 주님께 예배를 드리기 위해서였다. 성막과 공동체 예배에 관한 주제는 탈출기 전체 40장에서 3분의 1인 열세 장이나 되는 분량을 차지한다. 탈출기에서 가장 중요한 시나이 계약에 관한 본문이 단지 여섯 장(19-24장)에 불과하다는 점을 감안하면 탈출기 저자가 주님의 현존 가운데 올리는 공동체의 예배를 얼마나 상세히 설명하였는지 분명히 알 수 있다. 이토록 예배를 중시하는 것은 이스라엘 백성의 구원자요 인도자이신 주님이 그들 가운데 계시고, 백성 공동체가 함께 예배를 통해 그분에게 나아갈 수 있기 때문이다.

성막에 대한 지침은 서론이나 별다른 소개도 없이 25-31장에 언급되고 35-40장에 다시 나온다. 두 본문의 많은 부분이 순서상으로 완전히 일치하지는 않지만 본질상 동일한 내용을 반복하고 있다. 이 두 본문의 내용을 살펴보면 25-31장은 성막 건립에 대한 구체적인 지시들을 기록하고, 35-40장에는 앞서 나온 지시들이 실행되는 과정과 그 결과를 설명한다. 즉 25-31장에서 주님께서 성막 건립에 관해 모세에게 내린 명령이, 35-40장에서 모세와 이스라엘 백성이 합심하여 바친 노고로 온전히 실현된다.

3) 주님은 이스라엘 백성과 계약을 맺으시고 그들이 지켜야 할 법령들을 내리실 때처럼 성막 건립에 대해서도 세세한 부분까지 구체적으로 설명하고, 얼핏 보기에 지루할 정도로 많은 재료 목록을 알려주신다. 그러나 이는 주님이 지극히 작은 것도 소홀히 하지 않는 분이며 인간이 자칫 소홀히 여길 수 있는 세부적이고 구체적인 데까지도 현존하는 분임을 드러내기에 가벼이 여길 수 없는 말씀이다.

4) 성막 건립에 대한 지시 사항들은 시각적인 면에서 이스라엘 자손들이 시나이산에서 체험하였던 주님 현현과 연관된다. 시나이산에서의 주님 현존 체험에는 눈으로 보는 것처럼 굉장히 생동적인 장면 묘사가 많았다. 시작 부분에서는 우렛소리, 뿔 나팔 소리 등 청각적 현상의 묘사가 많이 나왔다(19,16.19). 이어서 점차 시각적인 표현이 두드러지게 나오다가 나중에는 '보는 것'의 극치를 이루는 장면으로 "하느님을 뵙고서 먹고 마셨다"고 전한다(24,10-11.17). 연이어 나오는 25장도 성막과 그곳에서 사용되는 성물들을 제작하고 완성해가는 이야기로 주님에 대한 시각적 체험의 연장이라고 할 수 있다. 성막은 주님 현존을 눈으로 볼 수 있는 공간을 제공하기 때문이다. 이스라엘 백성은 그들 가운데 특별한 방식으로 머무시는 주님의 현존을 성막을 통해 눈으로 확인할 수 있었다. 그러므로 이스라엘 백성은 광야의 불안정한 생활에서도 주님이 그들과 함께하신다는 확신과 믿음을 갖게 되었다.

1. 사제의 복장과 사제 임직식 28-29; 39장

1) 사제직

주님의 명령에 따라 아론과 그의 아들들 그리고 그 후손들만이 합법적인 사제가 될 수 있었다(28,1.43; 40,12-15). 사제가 되면 주로 주님께 제사를 올리는 일, 포괄적으로는 성소와 제단에 봉사하는 일을 총괄한다. 주님의 법을 백성에게 가르치고 우림과 툼밈으로 주님의 뜻을 묻는 일 역시 사제의 직무에 해당한다(28,30; 신명 33,8-11).

2) 사제의 복장

에폿 28,6-14; 39,2-7

에폿이란 용어가 어디에서 나왔는지는 아직까지도 알지 못한다. 다만 히브리어 '에폿(אפד)'을 음역하여 사용한다. 에폿은 가슴받이, 겉옷, 성직패와 함께 대사제가 입는 옷 가운데 하나이다. 일반 사제들은 두건을 쓰고, 속옷과 가늘게 꼰 아마실로 만든 속바지를 입고, 허리띠를 두른다. 다만 구약성경에 나오는 에폿은 대사제가 입는 복장만을 가리키지 않고 다양한 의미로 사용되기 때문에 에폿이 한 종류만 있었던 것이 아니라고 추측할 수 있다(판관 18,20; 1사무 2,18-19; 2사무 6,14).

에폿은 조끼 형태로 무릎까지 내려오는데, 현대의 민소매 원피스와 유사하다. 가슴에는 가슴받이를 부착한다. 에폿 위에는 금과 자주와 자홍과 다홍 실, 가늘게 꼰 아마실로 만든 허리띠가 붙어 있었다. 또 에폿의 양쪽 멜빵에는 이스라엘 지파의 이름을 여섯 개씩 각각 새긴 마노 보석 두 개를 달았다.

사제 복장, 《오경: 성서사십주간 전정판》 166쪽.

가슴받이 28,15-30; 39,8-21

가슴받이 안에는 대사제가 주님의 뜻을 알아볼 때 사용하는 우림과 툼밈이 있다. 우림과 툼밈은 모든 결정권이 주님께 달려 있음을 상징적으로 보여준다. 우림과 툼밈은 제비를 뽑는 도구인데 보통 주사위 같다고 말하지만 사실 어떤 모양인지 정확히 알 수 없다. 가슴받이에는 이스라엘 12지파 이름이 새겨진 각기 다른 보석을 네 줄로 박았다. 이는 주님의 찬란한 현존을 상징한다. 대사제는 성소에 들어갈 때 가슴받이를 매야 한다. 이는 대사제가 백성의 책임을 통합하여 주님 앞에 나아가는 것을 의미했다.

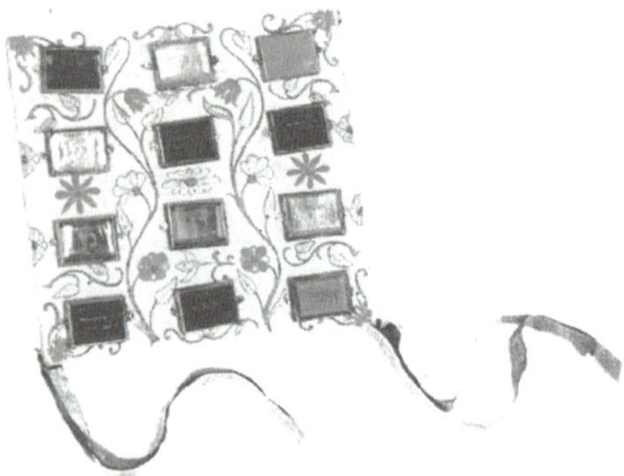

홍옥수	황옥	취옥
홍옥	청옥	백수정
풍신자석	흑요석	자수정
녹주석	마노	벽옥

가슴받이, 《오경: 성서사십주간 전정판》 166쪽.

겉옷 28,31-35; 39,22-26

대사제는 보통 소매가 짧은 겉옷과 겉옷보다 좀 더 긴 속옷을 입고, 관과 띠를 둘렀다. 옷자락 끝에 금방울과, 자주·자홍·다홍의 세 가지 실로 석류를 만들어 달았다. 석류는 씨가 많아서 '복, 유복함, 풍요로움'을 상징한다. 금방울의 상징에 대해 다양한 해석이 있다. 대개 대사제의 겉옷에 달린 금방울은 사제가 성소나 지성소에 출입할 때에 이를 미리 알리는 도구가 된다.

성직패 28,36-38; 39,30-31

대사제는 베실을 가늘게 꼬아 만든 관을 쓰는데, '주님께 성별된 이'라고 새긴 패를 순금으로 만들어 단다. 금관을 히브리어로 '치츠(관) 자하브(금)'라고 하는데 머리에 쓰는 관을 칠십인역에서는 '패'를 뜻하는 '페탈론'이란 말로 번역한다.

대사제가 성직패를 쓰는 목적을 '이스라엘 자손들이 거룩한 예물을 봉헌할 때, 그 봉헌물로 짓는 죄를 아론이 짊어지게 하고, 그 예물이 그들을 위해 주님 앞에서 호의로 받아들여지게 하기 위함'이라고 밝힌다(28,38). 이는 백성이 알지 못하는 사이에 흠 있는 제물을 주님께 바치는 경우 아론이 그 죄를 제거하는 것이다.

28장과 39장에는 아론과 그의 아들들이 갖추어 입어야 하는 사제의 복장에 관하여 상세히 서술한다. 주님의 지시대로 정성껏 만든 사제복은, 사제들이 성소에서 주님을 섬길 때 사제 직분의 고귀함을 더하고 주님께 경건하고 아름다운 예배를 올리도록 한다. 대사제와 일반 사제의 예복에는 차등이 있어 대사제의 복장은 더 화려하고 복잡하다. 대사제인 아론의 사제복은 머리에서부터 모든 부분을 감싸지만 발은 덮지 않는다. 이는 대사제가 성막에서 맨발로 직무를 수행했다는 것을 알 수 있는 단서가 된다. 아론의 아들들에게 입힐 일반 사제의 예복은 대사제의 복장처럼 위엄 있고 화려하지 않다(28,39-41; 39,27-29). 일반 사제들은 아마실로 만든 저고리와 가는 베실로 짜서 만든 속옷을 입고, 대사제의 두건보다 수수한 두건을 쓰고 띠를 두른다.

3) 사제 임직식

임직 예식은 사제 후보자들이 사제직을 수행할 수 있도록 일반 사람들과 구별하여 따로 떼어놓는 성별 예식이다. 이 예식은 이레 동안 매일 속죄제물을 바치며 거행되었다(29,10-37).

사제 임직식에서도 모세는 예식을 주관한다. 모세는 임직식에 참여하는 예비 사제들을 물로 씻겨 정결하게 한 다음 미리 준비한 옷을 그들에게 입힌다. 그들이 옷을 입고 나면 모세는 기름을 부어 성별한다. 이러한 성별 예식은 주님께서 말씀하신 명령에 따른 것이고(30,30; 40,15), 예식에 사용되는 기름은 30,23-25에 제시된 재료와 방법으로 만든다.

29,4-9의 사제 임직식에서 정결례와 기름부음 의식은 다음과 같다.

① 물로 씻는 의식을 하다(아론과 그의 아들들).
② 예식에 맞는 의관을 갖추다(아론).
③ 머리 위에 기름부음을 받다(아론).
④ 예식에 맞는 의관을 갖추다(아론의 아들들).

사제들을 성별하는 의식은 대사제의 성별 의식보다 간략하다. 대사제가 먼저 기름부음을 받고, 그 이후에 사제들과 함께 옷에 기름과 피를 뿌리는 예식을 거행한다. 기름과 피를 뿌리는 예식을 통해 대사제인 아론과 그의 옷, 그리고 사제들인 아론의 아들들과 그들의 옷이 성별된다(29,21). 여기에서는 대사제의 기름부음 예식과 사제들의 기름과 피 뿌리는 예식이 구분되는데 40,12-15에서는 대사제와 사제가 같은 예식을 거행하는 것으로 설명한다. 정결례를 한 다음 아론에게 거룩한 옷을 입히고 기름을 부어 그를 성별하고, 그의 아들들에게도 저고리를 입히고 아론에게 한 것처럼 기름을 부어 성별하도록 한다. 여기서 알 수 있는 것은 기름부음을 받은 대사제나 기름 뿌림을 받는 사제나 모두 주님만을 섬기도록 성별된 사람이라는 사실이다. 따라서 아론과 그의 아들들은 모두 사제직에 부합하지 않는 것을 물로 씻어 제거하는 예식(정결례)을 치르고 직무 수행에 합당한 의복을 착용해야 한다. 대사제는 율법에 따라 세습되었고 종신직이었으며 사제보다 더 까다롭고 엄격한 규정을 지켜야 했다.

모세는 주님께서 알려주신 규정에 따라 아론과 그의 아들들에게 직무를 맡긴다(29,9). '직무를 맡기다', '위임하다'는 말은 히브리어로 '손을 채우다'라고 표현한다(29,9.29). 본문을 직역하면 '너는 아론과 그의 아들의 손을 채우라'이다. 사제 직분을 받게 되는 사람이 수행할 직무에 필요한 재료와 도구를 받는 것을 관용적인 표현으로 '손을 채운다'고 한다. 이렇게 모세는 주님께 위임받은 권위로 아론과 아론의 아들들을 성별하여 사제로 세운다. 이후로 아론의 후손들만이 희생제사를 관할하는 사제가 될 수 있었다(28,43). 사제의 임직식을 통해 주님의 자비를 다시 볼 수 있다. 아론이 금송아지 사건의 주범이었음에도 불구하고 주님께서는 은혜를 베푸시어 그를 대사제로 세우신다.

2. 성소 건립 25-31; 35-40장

성소聖所(미크다쉬 מִקְדָּשׁ)는 광야에서 주님이 이스라엘 백성 가운데 거처하신 성막(미쉬칸 מִשְׁכָּן)을 포함한 모든 '거룩한 장소'를 말한다(탈출 15,17; 여호 24,26; 에제 11,16; 아모 7,9). 어원적으로 보면, 성소는 '거룩하다'는 의미가, 성막은 '머무르다'는 의미가 더 강조된 말이다. 이스라엘의 역사에서 성소는, 광야 생활 동안 주님께서 이스라엘 가운데 현존하신 장소인 성막이 세워진 곳이었는데, 나중에 가나안 땅에 정착하여 예루살렘 성전을 건립한 이후에는 그 성전이 성소가 된다.

계약의 백성인 이스라엘 민족이 주님을 정기적으로 만날 수 있는 장소인 성막은 그 자체로는 지극히 거룩하신 주님을 모시기에 미흡한 공간이지만, 주님께서 그곳에 기꺼이 현존하시기 때문에 거룩한 장소가 된다(40,34-35). 성막은 광야 생활을 하는 이스라엘 백성의 구심점이 되는 곳으로, 진영 한가운데 성막을 세움으로써 주님이 이스라엘 백성의 삶의 중심에 현존하고 계심을 상징한다.

주님은 25-31장에서 성막을 어떻게 만들어야 하는지 당신이 의도하고 있는 바를 모세에게 계시해주셨다. 성막뿐 아니라 성막에 둘 성물들의 제작 방법과 그것을 배치할 장소까지 세세히 설명하는 이유는, 이 모든 것이 주님께 올리는 예배와 직결되기 때문이다. 35-40장은 성막 제작에 대한 주님의 가르침이 실현되어가는 과정을 서술한다. 이 부분은 31장 끝에서 언급한 안식일 준수에 관한 이야기로 시작하여, 성소 건립을 위한 예물들을 드리는 내용으로 이어진다.

이와 같이 25-31장과 35-40장은 '성소 건립'이라는 같은 주제로 서로 깊이 연계되어 있다. 25-31장에서 다룬 이야기를 35-39장에서 약간 수정하거나(37,29) 생략하고(25,8-9.30.37) 덧붙이기도 하는데(35,20-29) 거의 같은 내용이 반복된다. 그리고 40장에서 성막이 완성되어 봉헌하는 이야기를 서술한다. 탈출기를 마무리하는 40장은 1-16절과 17-33절이 평행 구조를 이룬다. 1-16절은 25-31장에 언급된 성막 제작에 관한 지시 사항을 다시 요약하여 전하고, 17-33절은 주님의 말씀에 충실히 따른 모세가 성막을 세우는 모든 일을 마쳤다고 한다. 이어서 주님의 지시대로 만든 성막 위에 주님께서 내려오셨다(34-35절)고 하며, 낮에는 주님의 영광을 드러내는 구름이 성막 위에 있고 밤에는 불이 그 구름 가운데 자리를 잡았다는 말씀, 즉 주님께서 성막에 현존하고 계시다는 말씀으로 마친다.

1) 주님의 뜻에 따라 시행

광야에서 성막을 건축하는 일은 주님께서 직접 계획을 세우고 정하셨다. 다만 모세를 산으로 부르시어 성막 건립을 지시하시고 또한 당신이 계획하신 성막을 만들 수 있도록 모형도 보여주셨다. "주님께서 모세에게 이르셨다"(25,1). "내가 너에게 보여주는 성막의 모형과 온갖 기물의 모형에 따라 모든 것을 만들어라"(25,9). "내가 이 산에서 너에게 보여준 모형대로 만들어라"(25,40). "주님께서 모세에게 명령하신 대로 다 하였다"(39,42). 이는 주님의 계시에 따라 성막이 제작되었음을 확증하는 말씀들이다. 탈출기의 전반부에서 전개되었던 이집트에 내린 재앙, 이집트 탈출 사건과 시나이에서 완성한 계약 체결과 마찬가지로, 성막 건립도 모세나 다른 특출한 어떤 사람이 아니라 주님이 주도권을 가지고 계시하신 바에 따라 시행되었다는 사실을 강조한다.

성막 제작뿐 아니라 성막에서 사용할 성구들의 제작에 관한 세부 항목도 주님께서 일일이 지시하셨다. 하지만 성구 제작에 참여하는 사람들이 창조적으로 일할 수 있는 여지는 남겨두셨다.

2) 이스라엘 자손들의 참여

주님께서는 모세에게 성소를 짓는 데 필요한 예물을 이스라엘 자손들에게 받되, 마음에서 우러나와 주님께 바치는 것이면 누구에게서든 그 예물을 받으라고 하신다(25,2). 이 말씀에서 성소 건립의 특징을 알 수 있다. 고대 국가에서는 신전을 지을 때 대부분 왕의 재력과 권력으로 세웠고, 백성은 강제로 불려가서 노동력을 제공해야 했다. 따라서 백성은 노역으로 건축에 참여하는 것이 일반적인 방식이었다. 이스라엘의 경우 성소를 짓는 데 모든 주도권은 주님에게 있지만, 모든 백성이 계약에 참여한 것처럼 백성 누구나 마음에서 우러나오는 재물을 바쳐 성소 건립에 참여할 수 있다. 그러므로 모세 혹은 일흔 명의 원로들이나 사제들만이 아니라, "그들이 나를 위하여 성소를 만들게 하여라"(25,8)라는 말씀처럼 누구도 제외되지 않고 이스라엘 자손들 모두가 물심양면으로 성막을 짓는 일에 기꺼이 참여하였다.

예물로 바칠 수 있는 특별한 재료들 가운데 금속 종류로는 금, 은, 청동이 있었다. 백성은 성소 건립을 위해 기쁘게 예물을 바쳤다(35,21-29). 너무 많은 예물을 봉헌하였기 때문에 예물이 넘쳐 더 가져오지 않도록 중단시킬 정도였다(36,2-7). 이처럼 주님이 계획하시는 성막 건설에 이스라엘 자손들이 적극적으로 응답하여 필요한 재료를 채우고도 남았다.

3) 성막

탈출기에서 성막은 두 가지 의미로 쓰인다. 넓게는 번제 제단과 물두멍이 있는 성막 뜰을 포함하는 주님의 처소 전체를 가리키지만, 좁게는 성소와 지성소의 공간만을 가리키기도 한다(26,1). 성막(미쉬칸 מִשְׁכָּן)의 다른 이름은 '만남의 천막'(오헬 모에드 אהל מועד)인데(33,7) 둘 다 '주님께서 이스라엘 백성을 만나주시는 거룩한 장소'를 가리킨다. 40,2에서처럼 이 두 단어를 같이 쓰는 경우도 있다.

성막은 성막 뜰, 성소, 지성소 세 구역으로 나뉜다. 성소(성막)는 제사상, 주님의 현존을 상징하는 등잔대, 분향 제단이 있는 공간과 계약 궤가 있는 지성소를 포함하는 공간이다. 성막을 성막 뜰, 성소와 지성소 이렇게 세 구역으로 나눈 것은 거룩함의 정도에 따라 공간을 구분하려는 것이다. 직무에 따라 허용되는 공간의 범위가 달랐고 그 안에 두는 성물도 달랐다. 일반 백성은 바깥뜰까지만 들어갈 수 있었고, 사제들과 레위인들은 성소에서 맡은 직무를 수행했다. 지성소는 주님이 머무르시는 가장 거룩한 공간으로, 1년에 한 번 속죄일에 대사제만 들어갈 수 있었다(30,10). 이와 같은 공간의 분류는 거룩함의 원천이신 주님께서 현존하시는 곳에 함부로 접근할 수 없다는 것을 말한다.

성막은 공간의 분류 외에도 기능적인 부분에서 '이동 가능한 재료'로 지어졌다는 특징이 있다. 광야에서 이스라엘 백성은 계속해서 움직이며 생활했기 때문이다. 성막 안에 두는 성물들조차도 모두 이동 가능한 것으로 제작하여 백성이 머물던 진영의 장소가 바뀔 때마다 최대한 손쉽게 조립하여 세우고 철거할 수 있어야 했다.

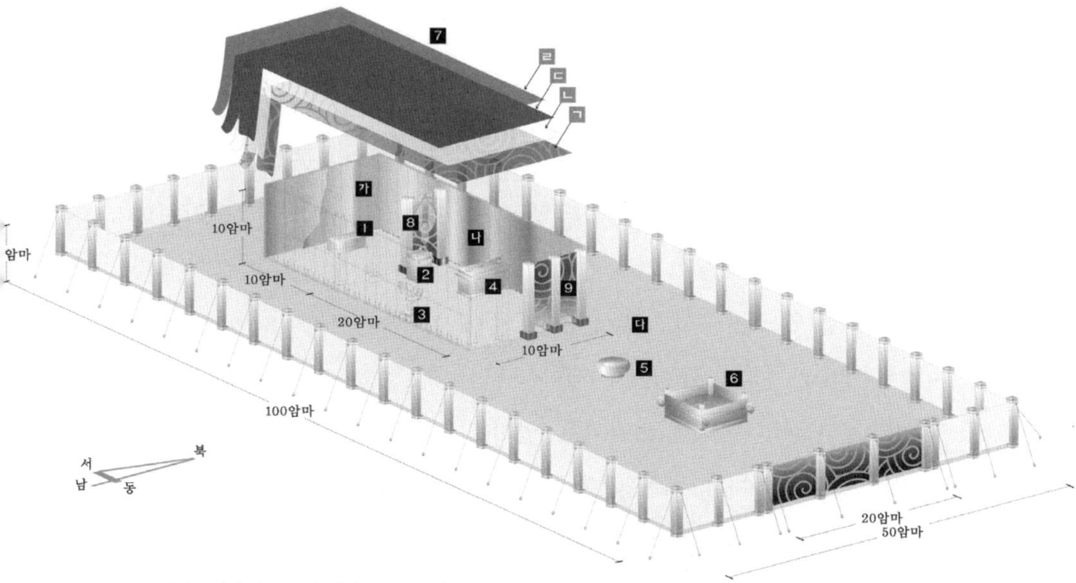

성막,《성서사십주간 성경지도》 그림 3.

단위: 암마(1암마 = 44.8cm)

폭(1폭 = 30 × 4암마)

1 계약궤(2.5 × 1.5 × 1.5)

속죄판(2.5 × 1.5)

2 분향 제단(1 × 1 × 2)

3 등잔대

4 제사상(2 × 1 × 1.5)

5 물두멍

6 번제 제단

7 성막

8 휘장: 자주+자홍+다홍+아마실

커룹을 수놓음

성소와 지성소 사이

9 휘장: 천막 어귀

ㄱ 아마실 성막 덮개: 10폭

(자주+자홍+다홍+커룹 수)

ㄴ 염소털 천막 덮개: 11폭

ㄷ 숫양 가죽 천막 덮개

ㄹ 돌고래 가죽 덧씌울 덮개

㉮ 지성소

㉯ 성소

㉰ 성막 뜰

성막 건립에 대한 지시 26,1-30

성막 건립에 대해서는 성막 안에 두는 성구들인 계약 궤, 제사상, 등잔대 제작에 대한 세부 사항을 먼저 언급하고 그다음에 성막의 구조를 지시한다. 제작 순서를 상세히 보면, 우선 성막 안에서 사용하는 성물부터 시작하여 밖에 있는 성물을 만들고, 가장 중요한 계약 궤부터 시작하여 그 이후에 다른 성물들을 만드는 순서로 지시한다. 그런데 이와 반대로 36,8-38,31에서는 바깥쪽부터 안쪽의 순서로 성막 제작을 지시한다.

성막을 제작하는 데 히브리어로 '암마'라는 단위를 사용한다. 1암마는 약 46㎝로 팔꿈치에서 가운뎃손가락(중지) 끝까지의 길이를 계산한 단위이다.[18] 이렇게 치밀하게 계산된 크기로 제작된 성막은 그 안에 거룩함의 원천이신 주님께서 현존하심을 나타내며, 성소의 거룩함을 보호하는 목적을 가졌다.

성막 뜰에는 가로(남북) 10암마, 세로(동서) 30암마, 높이 10암마로 된 또 다른 직사각형의 성막이 있다. 성막을 세우는 데 한 폭의 길이가 10암마, 너비가 1.5암마인 아카시아나무로 된 널빤지를 북쪽과 남쪽 면에 각각 스무 개씩 두고, 서편에 여섯 개와 함께 성막의 뒷면 두 양 모퉁이에 한 개씩 더 두어 총 마흔여덟 개의 널빤지가 세워졌다. 성막에서 서쪽으로 제일 안쪽에, 각 면이 10암마인 정사각형으로 된 지성소가 있다.

성막 덮개 26,1-14; 36,14-19 / 휘장 26,31-37; 27,9

성막 덮개는 네 겹으로 되어 있다. 그것들이 성막 천정을 덮고 있다기보다

18) 1암마를 45㎝로도 표기하는데 여기에서는《성경》의 도량형 기준을 따른다.

그 덮개들로 성소가 둘러싸여 있다고 표현하는 것이 더 정확하다. 네 겹의 덮개 중 안쪽 두 겹은 천으로, 바깥쪽 두 겹은 가죽으로 되어 있다. 제일 안쪽 덮개는 가늘게 꼰 아마실, 자주와 자홍과 다홍색 실로 짠 열 폭 천에 커룹 모양을 수놓았다(26,1). 각 폭의 길이는 28암마, 너비는 4암마였다(2절). 그 위에는 염소 털로 짠 열한 폭 천을 덮었는데, 각 폭의 길이는 30암마, 너비는 4암마였다(7-8절). 가장 안쪽의 덮개인 아마 덮개보다 2암마가 더 길어서 첫 번째 덮개를 완전히 덮어 보호할 수 있게 하였다. 성막 덮개의 나머지 두 겹에 대해서는, 세 번째 덮개는 숫양 가죽으로, 네 번째 덮개는 돌고래 가죽으로 만들라는 매우 간략한 지시만 나온다(14절). 성막의 방수를 위해서 가죽으로 덮개를 만들었을 것이다.

성막의 하나뿐인 출입구(동쪽)와 내부에는 각 구역을 구분하는 휘장을 쳤다. 성막 어귀의 휘장은 성막 뜰과 세속을 구분하는 것이었다(27,16). 그러므로 성막 안에는, 성막 뜰에서 성막으로 들어오는 입구에 외부와 내부 공간을 나누는 휘장이 있고, 제일 안쪽 성소와 지성소 사이에 휘장을 쳐서 지성소를 구분한다(26,31-33).

성막 뜰 27,9-19; 38,9-20

성막 뜰을 포함한 전체 성막은 직사각형 모양이다. 그 크기는 높이가 5암마, 너비가 가로(남북) 50암마, 세로(동서) 100암마이므로 성막 전체 둘레는 300암마가 된다. 이 크기는 50암마로 된 정사각형 두 개가 붙어 있는 크기이다. 성막의 입구는 동쪽에 있고 성소와 지성소는 서쪽에 있어서 누군가 예배하기 위해 성막 안으로 들어오면 서편을 향하도록 구조가 동서 방향으로 되어 있다.

뜰의 바깥 경계는 벽돌이나 흙으로 담을 쌓은 것이 아니라 아마포 휘장으로 울타리를 만들어 둘렀다. 기둥들은 은으로 테두리가 되어 있었고, 갈고리가 붙어 있었다. 5암마의 간격을 두고 5암마 높이의 청동 기둥 56개를 각각 청동으로 된 밑받침에 끼워 세웠다(북쪽 20개, 남쪽 20개, 서쪽 10개, 동쪽 6개). 이렇게 하여 밖에서 성막 뜰 안을 볼 수 없도록 차단하였고 동쪽 한 군데에만 필요한 출입문을 내었다.

고대에 아마포의 원재료인 아마는 이집트나 메소포타미아 등지에서 많이 생산되었다. 아마포는 고급 의류를 만드는 데 사용하였고, 미라 등 시신을 싸는 데도 사용했다. 신약시대에 예수님의 시신을 싼 천도 아마포였고, 요한묵시록에서도 성도들이 영적 순결과 거룩한 생활을 상징하는 아마포 옷을 입고 주님 앞에 나아간다고 전한다(묵시 19,8.14). 이스라엘 자손들은 순결과 의로움을 상징하는 아마포로 성막의 휘장과 사제들의 의복을 만들었다(28,5).

4) 성막의 기물들

계약 궤(증언 궤) 25,10-16; 37,1-5

모세가 시나이산에서 주님에게서 받은 열 가지 말씀이 새겨진 돌판을 증언판(32,15; 34,28-29)이라고 불렀고 이것을 넣어둔 궤를 증언 궤라고 불렀다. 십계명과 증언판(돌판)의 위상이 무엇보다도 높기에, 성막을 지칭할 때도 증언판을 덧붙여서 '증언판의 성막' 또는 '증언판의 천막'으로 표기하기도 한다(38,21; 민수 9,15; 10,11; 17,22; 18,2).

계약 궤는 성경에서 증언 궤(탈출 26,33), 주님의 궤(여호 3,13), 하느님의 궤(1사무 4,11) 등 여러 이름으로 불렀다. 주님이 내리신 지침에 따라 계약 궤의 길이는 2암마 반(2.5×46㎝), 너비와 높이는 1암마 반(1.5×46㎝) 크기의 직사각형 상자로 제작했다. 계약 궤를 만드는 재료는 광야의 건조한 지역에서 많이 자라는 내구성이 좋은 아카시아나무(쉬팀 שִׁטִּים)이다. 십계명을 새긴 돌판을 보관하는 계약 궤는 어느 성물보다도 매우 중요하게 다루었고, 성소에서도 가장 거룩한 장소인 지성소에 둔다. 지성소에 둔 유일한 물품이 속죄판으로 덮인 계약 궤였다. 따라서 계약 궤를 모셔둔 성막은 주님의 은총과 그분의 계명과 법규가 있는 장소였다.

영靈이기 때문에 인간의 눈으로 볼 수 없는 주님이 이스라엘과 함께 계시다는 것을 가시적으로 드러내기 위한 상징물이 계약 궤이다. 이방 민족들은 신의 형상을 만들어 우상으로 섬겼지만, 이스라엘은 주님의 말씀이 담긴 계약 궤를 만들었다. 이는 이스라엘이 우상을 배격하고 계약의 백성으로서 주님의 말씀을 따르는 상징이 된다. 이스라엘이 지닌 이러한 신앙은 이방인들의 우상숭배와 차별화된다. 주님께서는 계약의 상징인 증언판(24,12; 31,18)을 계약 궤 안에 두게 하신다. 이는 이스라엘 자손을 이집트에서 구원하고 당신의 백성으로 만드신 주님의 주권을 상기시킬 뿐 아니라, 시나이산에서 주님과 맺은 계약을 상기시키는 역할을 하기 때문이다.

계약 궤는 광야에서 이스라엘 백성을 인도하였다. 약속의 땅을 향해 행군할 때에도 항상 모든 대열의 선두에서 주님께서 이스라엘 백성과 함께 현존하시면서 그들의 길을 인도해주신다는 것을 드러냈다. 이스라엘 백성이 올리는 예배의 중심이 되는 계약 궤는 이스라엘의 역사에서 여러 번 자리를 옮겼다. 이스라엘이 가나안 땅에 들어가서도 길갈 성소(여호 4,19), 베텔 성소(판관 20,18.27), 실로 성소(1사무 3,3)로 옮겨다녔다. 그 뒤 키르얏 여아림(1사무 7,1)에 두었던 계약 궤를 다윗이 이스라엘의 임금이 된 후 예루살렘으로 옮겼다(2사무 6,15).

계약 궤 행렬, 《성서사십주간 성경지도》 그림 3.

계약 궤는 안팎을 순금으로 입혔고, 계약 궤처럼 아카시아 나무로 만든 계약 궤의 채도 순금으로 입혔다. 성막은 이스라엘 자손들과 함께 광야에서 이동하였다. 성막을 이동할 때 기물 운반을 안전하고 쉽게 하기 위하여 성물에 따라 고리를 만들어 채를 달았다. 모든 운반의 책임을 진 레위인들이 성물들의 고리에 채를 끼워서 새 진영까지 옮겼고, 다 옮긴 다음에는 채를 빼냈다. 채를 가지고 이동하는 성물은 이런 방식으로 옮기는 과정이 똑같이 적용되었는데 유일한 예외가 계약 궤이다. 계약 궤의 채는 빼지 않고 계약 궤 아래쪽 네 모서리에 단 금고리에 영구히 끼워놓았다. 이는 계약 궤를 운반할 때 자칫 사람들의 손이 계약 궤에 직접 닿지 않도록 하려는 것이었다. 계약 궤의 가장 큰 특징은 지극한 '거룩함'이기 때문에 인간의 손이 닿지 않도록 최대한 주의를 기울이는 것이다. 이스라엘 백성은 계약 궤 위에 있는 두 커룹 사이에 주님이 현존하신다고 믿었다. 그러므로 계약 궤는 지극히 거룩하신 주님의 현존을 상징하는 것이었고, 가장 거룩한 장소인 지성소 안에 놓았다.

속죄판 25,17-22; 37,6-9

주님은 계약 궤 위에 있는 속죄판의 두 커룹 사이에서 모세와 만나시고 이스라엘 자손들에게 내릴 명령을 주신다(25,22; 30,6). 계약 궤의 덮개인 속죄판을 히브리어로 '카포렛(כפרת)'이라고 한다. '카포렛'은 '덮다'라는 의미의 동사 '카파르(כפר)'에서 나온 명사로 오경에서 '속죄판' 혹은 '속죄소'의 개념으로 사용된다(1역대 28,11). '속량하다, 되찾다'(룻기 4,4.6)는 뜻의 동사 '가알(גאל)'이나 '석방하다, 구출하다, 구속하다'(신명 7,8)는 뜻의 동사 '파다(פדה)'가 세속적인 법률 용어로 사용되는 데 비해 '카파르'는 종교적이고 제의적인 것에 사용하는 동사이다.

'카포렛'은 칠십인역에서 그리스어로 '힐라스테리온(ἱλαστήριον)'이라고 번역한다. 이 용어는 신약에서 예수 그리스도의 속죄를 나타내는 중요한 단어이다(로마 3,25). 속죄판은 주님께서 죄를 용서하시는 장소이자 주님을 만나는 장소였다. 속죄는 '죄를 덮는 것, 죄를 없애는 것'을 의미하는데 이스라엘 백성은 속죄 행위를 중시하였기 때문에 '욤 키푸르'(속죄의 날)와 같이 백성 전체가 속죄하는 때를 정하기도 하고, 평상시에도 속죄 예식을 통하여 자신들의 죄를 덮었다(레위 4,1-5,13; 16장). 속죄의 날에 대사제는 주님이 현존하시는 지성소 내부로 속죄제물인 숫염소의 피를 가져가 속죄판에 뿌리는 속죄 행위를 한다. 속죄판은 속죄의 기능을 수행하기에 이곳으로부터 주님은 이스라엘 백성에게 해마다 죄 사함을 내리신다고 믿고 있다.

계약 궤의 안팎에 순금을 입힌 것과 달리 속죄판은 순금으로 만들었다. 속죄판의 좌우에는 커룹들을 세우고 커룹들의 날개가 속죄판을 덮게 하였다(25,18-20; 37,7-9; 민수 7,89; 히브 9,5). 두 커룹들은 서로 상대편을 향해 있으나 얼굴은 계약 궤로 향하고 있고, 주님의 현존으로부터 날개로 눈을 가리고 있다. 속죄판 위에 있는 커룹의 모습은 이사야 예언자가 묘사한 사랍들을 연상하게 한다(이사 6,2). 성경에서 커룹은 창세 3,24에 처음 언급되는데, 아담과 하와를 내쫓고 그들이 돌아오지 못하도록 에덴동산을 지키고 있는 문지기 역할을 하는 것으로 나온다. 탈출기에서는 커룹들이 주님의 보이지 않는 현존을 지키는 것으로 묘사되어 있다(25,19-22). 이 커룹들이 놓여 있는 속죄판을 '발판'이라는 의미로 말하기도 한다. 성경에서 '주님의 발판'(시편 99,5)이라고 표현할 때 '발판'은 속죄판뿐 아니라 넓게는 성전(애가 2,1), 땅(이사 66,1) 등을 가리킨다. 이들은 모두 주님께서 현존하시는 장소를 비유적으로 표현한 것이다. 그래서 계약 궤를 덮고 있는 속죄판은 살아 계신 주님의 발판이 된다.

제사상 25,23-30; 37,10-16

성막 뜰에서 성소 안으로 들어가면 제사상, 등잔대, 분향 제단이 있다. 그 위치를 보면 북쪽에는 제사상이 있고 제사상을 대면하여 남쪽에는 등잔대(*Menorah*)를 두었으며 그 사이에 분향 제단이 있다. 제사상은 아카시아 나무로 만들었고 순금으로 입혔다. 제사상 자체는 길이 2암마, 너비 1암마, 높이 1.5암마밖에 안 되었다. 네 개의 다리에는 각각 금 고리를 달았고, 그 고리에는 제사상을 옮길 때 사용하는 채를 끼워 넣었다.

이스라엘의 원로들이 시나이산에서 주님을 뵙고서 먹고 마셨던 것처럼 성소에 빵을 제물로 드리는 것은 자연스러운 일이다(24,11). 제사상에는 이스라엘의 열두 지파를 상징하는 빵 열두 개가 여섯 개씩 두 줄로 봉헌되었고, 안식일마다 새 빵으로 바꾸어 놓으면 남은 제사 빵은 사제의 몫이 된다(레위 24,5-9). 다윗이 사울을 피하여 부하들과 함께 도주하다가 놉의 사제 아히멜렉에게 청해서 받았던 빵도 제사상에 올린 거룩한 빵이었다. 아히멜렉은 다윗과 그 부하들의 몸이 깨끗한지를 확인하고 자신의 몫을 그들에게 주었다(1사무 21,4-7).

등잔대 25,31-40; 37,17-24

등잔대(메노라)의 크기는 나오지 않고 형상만 세밀하게 묘사되어 있다. 등잔대는 속죄판처럼 순금으로 제작하고 밑받침과 함께 등잔대의 중심대 양옆으로 가지가 세 개씩 나오게 하여 모두 일곱 가지가 되도록 만들어야 한다. 어두운 지성소와 달리, 성소는 등잔대의 빛으로 인해 밝았다. 그래서 사제들이 분향단과 제사상에서 본분을 할 수 있었다. 성소를 밝혀주는 등잔대는 주님의 현존을 상징한다. 사제가 매일 저녁 등잔에 불을 붙이면 밤새 빛을 밝혔다(40,24). 아론과 그의 아들들은 저녁부터 아침까지 등불이 꺼지지 않도록 보살펴야 했다(27,20-21). 등잔에 불을 켤 때는 올리브기름이 사용되었다(레위 24,2). 오늘날 다윗의 별과 함께 등잔대 문양은 이스라엘을 상징하는 대표적인 상징물이 되었다.

분향 제단 30,1-10; 37,25-28; 40,5.26

주님께 거룩한 향을 올리기 위하여 성막에서 사용할 향료들을 만드는 제조법도 상세히 나온다(30,34-36). 분향 제단은 성소와 지성소를 분리하는 휘장 바로 앞 중앙에 놓여 거기서 향을 살라 주님께 올렸다. 제단의 길이와 너비는 1암마이고 높이는 2암마인데 아카시아나무로 만들어 금을 입혔다. 단의 중간 부분 양쪽에는 이동 시 운반할 수 있도록 두 개의 금고리에 채를 달아 놓는다.

아론은 매일 두 번씩 아침에 등잔대를 손질할 때와 저녁 해거름에 등불을 켤 때 향을 피워야 했다(30,7-8). 분향할 때는 별도로 제작된 거룩한 향만 사용해야 하는데(30,9), 이 향은 분향 외에 다른 용도로 사용할 수 없었다. 분향 제단의 불은 번제 제단에서 주님께 번제를 드린 불을 옮겨와 사용하였고 그 외에 다른 불을 사용할 수 없었다. 분향 제단에서 다른 것을 불사르는 것은 금지되었다. 후일에 아론의 아들 나답과 아비후는 이러한 규정들을 무시하고 광야에서 다른 불을 사용하여 분향하다가 죽임을 당하였다(레위 10,1-2). 아론은 1년에 한 번씩 대속죄일(욤 키푸르)에 분향 제단 뿔에 제물의 피를 바르는 속죄 예식을 거행하였다(30,10).

번제 제단 27,1-8; 38,1-7

성막 뜰에는 번제 제단과 물두멍이 있었다. 제물을 바치는 번제 제단은 성막 뜰에서 성소로 들어가는 입구에 있었다. 번제 제단의 크기는 길이와 너비가 각각 5암마이고 높이는 3암마인데 아카시아 나무로 만들어 제단 전체를 청동으로 입혔다. 제단의 네 귀퉁이에는 뿔이 있다. 네 모서리에 청동 고리 네 개를 만들어 거기에 채를 꿰어 넣는다. 제단 안은 통으로 뚫려 있고 제단 중간에는 제물을 올려놓을 수 있는 청동 그물을 걸어 놓았고 제일 아래쪽에는 재를 담는 통을 놓았다. 매일 아침저녁에 드리는 번제물뿐 아니라 성막에서 올리는 모든 제사의 제물은 이 제단에서 바친다.

물두멍 30,17-21; 38,8

물두멍은 성막 뜰의 번제 제단과 성소 입구 사이에 두었던 청동으로 만든 큰 대야이다. 거기에 항상 물을 담아놓아서 물두멍이라고 한다. 고대에는 청동을 깨끗이 닦아서 거울로 사용했는데 천막 어귀에서 봉사하는 여인들은 그들이 사용하던 청동 거울을 봉헌하여 물두멍을 만들었다. 물두멍은 성소에 출입하는 사제들을 정화하는 데 사용된 성물이다. 아론과 그의 아들들(사제들)은 성소에 들어가기 전에 물두멍에서 손과 발을 씻었다(30,19). 이는 사제들이 번제 제단에서 희생제사를 드릴 때 묻은 제물의 피나, 성막 뜰에서 묻은 흙과 먼지 등을 씻어내기 위한 위생상의 이유였다. 또한 유다인들은 이방인들의 땅에서 돌아오면 유다 땅으로 들어가기 전에 발에 묻은 먼지를 털어버렸는데, 이와 같이 사제들이 손과 발을 물로 씻는 것은 아무리 사소하더라도 부정한 것을 모두 제거하여 그들이 수행하는 직무가 지닌 정결함과 거룩함을 유지하려는 종교적 이유도 있었다.

성막 제조 기술자 31,1-11; 35,30-36,1

성막 건축을 시행하고 관장하도록 모세를 통하여 임명된 유다 지파 출신 우리의 아들인 브찰엘과, 단 지파 출신 아히사막의 아들 오홀리압은 사실 건축가들이 아니었다. 그럼에도 불구하고 그들은 모세의 지시에 따라 다양한 성물을 만드는 데 필요한 기술을 가지고 있었다. 모세가 전반적으로 성막 건립의 감독이라면 그들은 모세의 지시를 따르는 기술자들이었다. 시나이산에서 주님께서 보여주신 완성된 성막의 모형과 조화를 이룬 온갖 기물의 모형을 모세 홀로 알고 있었기 때문이다. 주님께서는 성막을 이스라엘 사이에 거처할 거룩한 장소로 꾸밀 수 있도록 두 기술자의 탁월한 재능을 하느님의 영으로 채워주셨다. 주님께서 주신 재능 곧 그들에게 내려주신 하느님의 영은 그들이 맡은 작업을 잘 수행하도록 도울 것이고 그들은 모든 것을 주님께서 명령하신 그대로 만들어야 한다(36,1).

3. 성막 봉헌 40,1-38

탈출기 마지막 장의 중심 주제는 주님의 영광이다. 이는 마치 이사야 예언서의 말미에 주님의 영광이 드러나는 것과 유사하다(66,18). 성막을 완성하여 봉헌하는 40장에 도달하기까지 탈출기 저자는 '영광'의 신학을 미리부터 염두에 두고 발전시켜왔다. 이미 14장에서 이스라엘 백성이 무사히 갈대바다를 건너고 이집트 군사들을 무찌름으로써 '영광스럽게' 현존하시는 주님을 보여주었다(14,17-18). 바닷가에서 모세는 영광을 드러내신 주님을 칭송하였다(15,6). 주님께서 광야에서 이스라엘에게 만나를 주실 때도 그 영광이 구름 속에 나타났다(16,10). 그와 똑같은 영광이 시나이산에서 이스라엘과 계약을 맺고 엿새 동안이나 나타났다(24,16-17). 그 영광은 모세가 지상에 내려오신 주님을 만나는 만남의 천막을 가득 채웠다(33,9). 이제 주님의 영광은 성막에 가득 찼다(40,34-35). 성막은 주님께서 이스라엘 가운데 현존하시려고 세우신 것이므로 성막에 가득한 주님의 영광은 백성 한가운데 머무는 영광이다. 주님은 아브라함에게 후손과 땅 그리고 그와 후손들의 하느님이 되실 것이라는 세 가지를 약속하셨다(창세 17,2-8). 후손에 대한 약속은 이미 탈출 1,7에서 성취되었다. 탈출 40장에서는 주님의 영광이 이스라엘 한가운데 내려와 거하심으로써 아브라함에게 하신 '너와 네 뒤에 오는 후손들에게 하느님이 되어주겠다'는 약속을 성취하신다.

1) 성막 건립 지침 40,2-11

40장에서는 처음부터 마지막까지 주님이 현존하시면서 모든 일을 주관하신다. 이집트에서 나온 이후 제 이년 첫째 달 초하룻날 성막을 세워 봉헌하라는 명령으로 시작하고, 이어서 2-11절에 이르기까지 성막과 기물들의 제작과 배치에 관하여 모세에게 지시하신 내용(25-31; 35-39장)을 다음과 같이 요약한다.

성막 건립	2절
내부 기물 배치	3-5절
외부 기물 배치	6-8절
성막 기물 성별	9-11절

마침내 주님이 모세에게 내린 지시에 따라 성막이 지어졌고 주님은 말씀하신 대로 그 안에 거처하신다. 탈출기의 시작(1장)과 끝(40장)에는 건축에 관한 이야기가 나온다. 1장에서 이스라엘은 파라오와 이집트인들이 피톰과 라메세스를 짓는 데 강제 노역을 하였다. 25-31장과 35-40장에서는 기꺼운 마음으로 성막 제작에 쓰일 재료를 내놓고 온 힘을 다해 '주님께서 명령하신 대로' 성막과 그 안에 두는 성물들을 제작하였다. 피톰과 라메세스는 파라오를 위한 건축이었고 성막은 주님을 모시는 장소이다. 이뿐 아니라 규모와 자제 등 여러 가지 여건상 두 건축물에는 큰 차이가 있다. 1장과 40장에 묘사된 이스라엘 백성과 비교하면 그들이 과거 노예의 신분에서 벗어나 주님을 섬기는 예배 공동체로 변모하였음을 알 수 있다.

또한 1장에서 '일하다, 노동하다'로 번역된 동사 '아받(עבד)'이 40장에서는 하느님을 '예배하다, 섬기다, 경배하다, 복종하다'로 번역되었다. 하느님을 섬기고 복종하는 것과 성실히 일하는 것은 서로 맞물려 작동한다. 이스라엘은 정성껏 성실하게 지은 성막에서 주님을 섬기며 예배할 것이다.

2) 성막의 완성 40,12-33

모세는 주님의 지시에 따라 성막에서 예배를 드릴 사제들을 축성하여 성별한다. 아론과 그의 아들들의 성별은 주님께 올리는 예배가 사제들에게만 부여된 사명이며 의무임을 모든 이스라엘 백성에게 알린다(12-15절). 이어서 주님은 이스라엘의 새로운 출발을 의미하는 새해 첫날, 즉 파스카 축제 날에 성막을 세우도록 지시하신다(2.17절). 성막을 완성하여 봉헌한 날은 이집트 탈출 이후 둘째 해 첫째 달의 초하룻날이다. 이스라엘은 이집트에서 나온 지 1년 만에 광야에서 성막을 지어 봉헌하는 놀라운 날을 맞게 되었다.

모세는, 주님을 이스라엘 자손들 가운데에 모시기 위해 마지막까지 성막에 관련된 일을 행하였다. 성막을 세우고 모든 기물을 제 위치에 배치하고 기름을 부어 성별하는 일이다. '모세는 주님께서 명령하신 대로 다 하였다'는 문구가 39장과 40장에 집중적으로 나타나는데, 이는 성막 제작이 철저히 주님께서 내리신 말씀에 따라 이루어졌음을 확증해주는 말이다. 이스라엘 백성은 자신들 가운데 성막을 짓고 주님을 모실 수 있게 되었으며 주님의 현존 장소인 성막에서 예배를 올릴 수 있게 되었다.

3) 성막 봉헌 40,34-38

모세는 완성된 성막을 축복하고 주님께 봉헌한다. 주님의 현존에 대한 믿음과, 현존하시는 주님께서 그들을 보호하고 이끌어주신다는 믿음은 탈출기의 기본 신학인데 성막의 완성으로 그 믿음이 실현된다. 이제 이스라엘은 성막에서 규정된 예배를 드릴 수 있는 예배 공동체가 되었다. 광야 생활에서 시작된 성막은 나중에 솔로몬 임금이 예루살렘에 성전을 세우기 전까지 이스라엘의 예배 장소로 지속된다. 주님께 봉헌된 성막은 구름으로 가득 차서 주님의 영광을 드러낸다(40,34). 성경에서 주님이 현존하시는 곳은 주님의 영광이 드러나는 장소이다. 이제 이스라엘 백성은 그들과 함께 현존하시는 영광의 주님을 섬기며 약속의 땅, 가나안을 향하여 갈 수 있게 되었다(40,36-38).

참고 도서

- 고든 웬함, 《WBC 성경주석 1: 창세기》, 박영호 옮김, 솔로몬, 2001.
- 노세영·박종수, 《고대 근동의 역사와 종교》, 대한기독교서회, 2000.
- 마르틴 노트, 《출애굽기》, 한국신학연구소, 1981.
- 박요한 영식, 《탈출기 1》, 성서와함께, 2016; 《탈출기 2》, 성서와함께, 2018.
- ________, 《십계명: 출애 20,1-17; 신명 5,6-21의 삶의 자리와 적용 범위》, 가톨릭대학교 출판부, 2002.
- 배철현 역주, 《유다인의 토라》, 한님성서연구소, 2001.
- 빅터 해밀턴, 《오경 개론》, 강성열·박철현 옮김, 크리스찬다이제스트, 2007.
- 영원한도움 성서연구소, 《오경: 성서사십주간 전정판》, 성서와함께, 2010.
- 장 루이 스카, 《모세오경 입문: 오경 해석을 위한 지침》, 박요한 영식 옮김, 성바오로, 2009.
- 존 더햄, 《WBC 성경주석 3: 출애굽기》, 손석태·채천석 옮김, 솔로몬, 2000.
- 주교회의 성서위원회, 《주석 성경》, 한국천주교중앙협의회, 2010.
- 채홍식, 《고대 근동 법전과 구약성경의 법》, 한님성서연구소, 2008.
- 크리스토퍼 B. 헤이즈, 《고대 근동 문헌과 구약성경》, 임요한 옮김, 기독교문서선교회, 2018.
- C. Houtman, *Exodus 1*, (Historical Commentary on the Old Testament), Kampen: Kok Publishing House, 1993.
- ________, *Exodus 2*, (Historical Commentary on the Old Testament), Kampen: Kok Publishing House, 1996.
- ________, *Exodus 3*, (Historical Commentary on the Old Testament), Kampen: Kok Publishing House, 2000.
- F. Garcia Lopez, *Il Pentateuco*, Brescia: Paideia, 2004.

· Ludwig Koehler·Water Baumgartner, *The Hebrew and Aramaic Lexicon of Old Testament*, vol I-II, tr. M. E. J. Richardson, Leiden: Brill, 2001.
· Pier Luigi Ferrari, *Il Libro dell'Esodo*, Padova: Edizioni Messaggero, 2012.
· Thomas B. Dozeman, *Exodus*, (Eerdmans Critical Commentary Old Testament), Grand Rapids: Eerdmans, 2009.
· William H. C. Propp, *Exodus 1-18*, (The Anchor Bible 2), New York: Doubleday, 1999.

탈출기 해설서

서울대교구 인가 2019년 11월 1일
초판 1쇄 펴낸날 2020년 1월 27일
6쇄 펴낸날 2024년 10월 15일

지은이 황미숙
펴낸이 나현오
펴낸곳 성서와함께

주소 서울시 동작구 흑석로13길 7
전화 (02) 822-0125~7
팩스 (02) 822-0128
인터넷서점 www.withbible.com
전자우편 order@withbible.com
등록번호 14-44 (1987년 11월 25일)

-

-

ISBN 978-89-7635-352-8 94230
978-89-7635-908-7 (세트)